OEUVRES

COMPLÈTES

D'ÉTIENNE JOUY.

TOME X.

ON SOUSCRIT A PARIS:

Chez JULES DIDOT AÎNÉ, rue du Pont-de-Lodi, n° 6;
BOSSANGE père, rue de Richelieu, n° 60;
PILLET aîné, imprimeur-libraire, rue Christine, n° 5;
AIMÉ-ANDRÉ, quai des Augustins, n° 59;
Et chez L'AUTEUR, rue des Trois-Frères, n° 11.

ŒUVRES
COMPLÈTES
D'ÉTIENNE JOUY,

DE L'ACADÉMIE FRANÇAISE;

AVEC DES ÉCLAIRCISSEMENTS ET DES NOTES.

Essais sur les mœurs.

TOME X.

PARIS
IMPRIMERIE DE JULES DIDOT AINÉ,
RUE DU PONT-DE-LODI, N° 6.
1823.

OBSERVATIONS

SUR

LES MOEURS FRANÇAISES

AU COMMENCEMENT DU 19ᵉ SIÈCLE.

VOLUME X.

L'ERMITE
EN PROVINCE.

N° LXVI. [8 août 1819.]

LE DÉPARTEMENT DE L'ISÈRE.

LE DEUIL.

Et via vix tandem voci laxata dolore est.
Virg., *Énéide*, liv. XI.
La violence de la douleur ouvre enfin un passage à la plainte.

Les claquements du fouet des postillons, le bruit du fer des chevaux, frappant à-la-fois l'air et le pavé brillant d'étincelles, ne signalent pas notre modeste départ de *Romans*: notre vieux conducteur, d'une voix dont l'âge avait affaibli les éclats, hâte lentement la tranquille allure de ses mulets et le paisible mouvement de sa voiture.

En y prenant place, j'avais entrevu mes compagnons de voyage à la lueur incertaine d'une lanterne d'écurie : à leurs vêtements aussi sombres que leur contenance, je les pris pour des prêtres, et je me crus destiné à faire route avec un détachement de ces prédicateurs nomades, qui vont catéchisant les Français comme au siècle de Clovis, et comme si la Gaule, privée des lumières du christianisme, invoquait encore le farouche Teutatès, en immolant des victimes humaines sur les autels d'un dieu de haine et de vengeance.

Hélas! ces sanglants sacrifices ont à peine cessé sur cette vieille terre rougie du sang de tant de générations : le fanatisme, sous le masque d'une religion de charité et d'amour, y conserva long-temps un culte plus féroce que celui de la Diane taurique; car ce n'étaient pas des étrangers qu'il immolait...

Quelques soupirs mal étouffés, l'obscurité et le silence de la nuit n'étaient pas propres à détourner mon esprit de ses sombres méditations. Quels souvenirs, me disais-je, oppressent ces poitrines? La douleur et le remords ont une pudeur commune : ces hommes gémissent peut-être des terribles effets d'un zèle imprudent; ils accusent, dans le secret de leur conscience, leurs prédécesseurs d'avoir jadis armé le citoyen contre le citoyen, le frère contre le frère; ils croient entendre les cris des protestants tombant sous les poignards catholiques... Ils gémissent, ils se repentent, et, revêtus du cilice, ils vont expier les crimes d'autrui dans les solitudes de saint Bruno.

Le jour qui commençait à poindre donna une autre direction à mes conjectures. Les empreintes de la douleur, et non celles du remords, se faisaient remarquer sur la figure des inconnus au milieu desquels je me trouvais.

Un homme d'environ cinquante ans tenait et pressait affectueusement les mains d'un vieillard dont les regards chargés d'émotions et de reconnaissance semblaient dire : *Mon fils, Dieu te bénira, car tu as rempli son précepte.* Les autres personnages prenaient à cette scène muette un intérêt très tendre dont il m'était aisé de voir que ma présence réprimait les élans : cette contrainte augmentait à mesure que le jour, devenu plus grand, permettait un examen plus attentif. Le malaise est contagieux ; je partageais celui dont j'étais la cause : parmi des hommes qui semblaient retenir leurs soupirs, ma respiration était laborieuse. Je profitai du voisinage d'un petit bois qui borde la route aux approches de *Saint-Marcelin* pour témoigner le desir de faire quelques pas à pied.

« On étouffe dans cette voiture, dis-je au conducteur en descendant. — Cependant, répondit-il, la matinée est fraîche, et vous aviez baissé toutes les glaces : peut-être monsieur est-il malade, ajouta-t-il d'un ton goguenard et paraissant compter les rides qui sillonnent mon front. — Vraiment oui, mon cher, je suis atteint d'une vilaine infirmité ; vous

vous en ressentez vous-même, bien que votre mal soit un peu moins avancé que le mien. — Ce qu'il y a de pis, c'est qu'on n'y a pas encore trouvé de remède. — Comptez-vous la mort pour rien? — Pour peu que le cœur vous en dise pendant la route, nous avons un curé dans la voiture, et vous ne mourrez pas sans confession : c'est consolant, pas vrai? — Sans doute; mais c'est pendant la vie qu'il faut songer à faire son salut. — Encore faut-il avoir le loisir d'y penser; nous autres pauvres gens, nous avons tant de peine à vivre dans ce monde que nous n'avons guère le temps de nous occuper de l'autre, et c'est pour nous rassurer, sans doute, que les riches qui nous emploient ont grand soin de nous dire : *Qui travaille prie.* — Cette maxime n'est pas seulement de consolation, elle est aussi de vérité : le travail éloigne les coupables pensées et détourne des méchantes actions. — Je croirais plutôt qu'il les conseille : quand la fatigue m'accable, je me demande par quelle injustice le sort me condamne à gagner mon pain à la sueur de mon front, tandis que tous ces riches n'ont rien à faire pour vivre à l'aise et prendre du bon temps. — Croyez-moi, j'ai passé par les deux épreuves; à la fin de la vie, et toute compensation faite, la meilleure part est encore la vôtre. Vous ne savez pas que le poids de l'ennui est plus lourd, plus insupportable que celui de la chaleur du jour; que, placé à l'extrémité de la longue chaîne du pouvoir, vous avez infiniment plus de liberté que ceux qui tiennent aux premiers anneaux; que ces fatigues bienfaisantes, dont l'appétit et le sommeil sont les inséparables compagnons, sont mille fois préférables aux léthargies de l'oisiveté, aux langueurs des desirs satisfaits. — Pardine, monsieur, je suis bien aise d'apprendre que les riches ne sont pas si heureux que je croyais... Mais je vois notre bon curé qui me fait signe; votre pas ralentit celui de mes bêtes, et je vous invite, au nom des voyageurs, à remonter dans la voiture. — Vous avez raison, mon cher conducteur; mais dites-moi, ce monsieur à cheveux ronds que je prenais pour un missionnaire est donc un curé? — Oui vraiment. — Tant mieux, j'aime et j'estime les bons curés. »

Ces dernières paroles, prononcées à la portière de la voiture, ont été entendues des voyageurs et m'ont valu cette fois un accueil plein de bienveillance. « Vous estimez les bons curés, me dit le vieux pasteur, et sans vouloir me donner pour exemple, je ne crains pas d'affirmer que la plupart sont dignes du respect qu'ils vous inspirent : leur mission à eux est une mission de paix et de charité; mais dans les villages, dans les hameaux, où leur vie s'écoule au sein des familles laborieuses dont ils sont les soutiens et les consolateurs, la conformité des besoins, des travaux, et des innocents plaisirs ne suffit pas pour maintenir le bienfait d'une consolante union. La jalousie se glisse parfois dans l'asile du pauvre ; l'orgueil, hôte habituel des palais, ne dédaigne pas toujours l'humble chaumière, et peut-être ai-je quelques droits à l'estime publique pour avoir su les écarter pendant quarante ans de la demeure de mes heureux paroissiens. Avocat de toutes les bonnes causes, arbitre choisi par toutes les parties, je n'ai jamais remis au lendemain à prononcer mon arrêt, et jamais la discorde n'avait passé une nuit dans mon village : pour s'en venger, elle vient de m'en bannir, et à mon âge tout exil est éternel [1]. »

Comme je témoignais le désir de connaître plus particulièrement l'histoire de ce vénérable prêtre, un des voyageurs reprit la parole :

« L'homme est imitateur de sa nature ; il répète ce qu'il entend, il fait ce qu'il voit faire, le mal comme le bien. Aux jours les plus sanglants de nos discordes civiles, on fit des arrestations dans les provinces, par la seule raison qu'on en faisait dans la capitale ; la terreur dressa des échafauds sur les places des petites villes comme elle en avait dressé dans les grandes : 1815 revit, en moins grand nombre il est vrai, les mêmes excès d'une cruauté imi-

---

[1] Je prie le lecteur de se souvenir que dans le cours de ce voyage tout est vrai, tout est historique. Je change quelquefois le nom des personnages, mais jamais leur caractère ; je développe quelquefois leurs pensées et leurs opinions, mais je ne leur prête jamais les miennes.

tatrice; le fatal tombereau parcourut les campagnes parcequ'il avait parcouru les rues de Marseille, de Lyon et de Grenoble. A cette déplorable époque, les exils et les emprisonnements affligeaient nos contrées; l'autorité séculière seconda le zèle persécuteur de l'autorité ecclésiastique; l'humanité, la modération, la tolérance devinrent suspectes, et la persécution, qui s'attachait plus particulièrement à ceux qui donnaient l'exemple de ces vertus, n'oublia pas un excellent curé : ministre d'un Dieu de miséricorde, jamais il n'avait repoussé aucun fidèle du banquet pascal, jamais il n'avait fermé le temple du Seigneur à ceux qui venaient prier; il n'avait point divisé le troupeau par les couleurs des opinions politiques de ses ouailles : leur union fut son crime.

« — Le siège épiscopal était vacant, continua le curé; je reçus l'ordre de me présenter devant ceux qui en exerçaient provisoirement l'autorité. Un trajet de quinze lieues est un voyage pénible pour qui doit le faire à pied à soixante-dix-sept ans : je fis taire les infirmités et la vieillesse; je me hâtai de comparaître. De dures paroles, d'amers reproches me furent adressés; j'entendis avec plus d'humilité que d'humiliation mes nouveaux supérieurs m'accuser d'être un mauvais prêtre, et invoquer pour m'en convaincre le témoignage des puritains d'Angleterre et des calvinistes de Suisse. Quarante ans d'une vie exemplaire, l'unanimité des suffrages de mes paroissiens ne parvinrent pas à me justifier; on m'envoya au séminaire, prison ecclésiastique hors de la juridiction des tribunaux et de la surveillance des magistrats : j'y fus abreuvé d'opprobres, je les souffris sans me plaindre ; mais je n'appris pas sans un profond chagrin, après avoir subi une punition si nouvelle pour moi, que l'exercice des fonctions sacerdotales m'était interdit, et que j'étais privé de la presque totalité du plus modeste traitement. J'essayai vainement de représenter à mes supérieurs qu'une pareille condamnation ne pouvait être portée qu'en vertu d'un jugement canonique; j'eus recours à l'autorité civile : la cour royale, fidèle à la justice, allait me rendre à mes fonctions lorsque mes accusateurs, puissamment secondés par une autorité invisible, élevèrent le conflit de juridiction et prétendirent que la loi attribuait au conseil d'état la connaissance des appels comme d'abus; l'affaire fut enlevée à la cour, évoquée à ce conseil, et, sur le bord de ma tombe, je me suis vu ravir à-la-fois mes fonctions et mes dernières ressources. Quel parti me restait-il à prendre? me cacher et mourir. Je touchais au terme ; les privations de toute espèce se pressaient autour de moi; je ne vivais plus que du pain de la pitié; mes neveux ont découvert la retraite où je couchais sur la pierre. Pressé par leurs larmes, j'ai quitté sans retour la famille que la religion m'avait faite, pour me réunir à celle que m'a donnée la nature, ou plutôt aux tristes débris de cette famille où le fer et le plomb des bourreaux ont fait tomber à-la-fois les têtes innocentes des vieillards et des adolescents... Mais je m'arrête : la douleur est indiscrète; elle aime à frapper de ses cris les cœurs qui lui répondent. Vos traits, monsieur, vos regards expriment une tendre compassion; le bruit de nos malheurs est venu jusqu'à vous. Quel Français, quel étranger les ignore? ils ont épuisé la pitié des cœurs les plus compatissants. Pardonnez-moi, je ne vous attristerai plus de mes plaintes.... — Homme vénérable, dis-je en lui serrant la main, exhalez vos douleurs, je les sens, je les partage: loin, loin de nous le froid égoïsme qui craint de rencontrer les regards des malheureux et de s'attendrir du moins au récit des maux qu'il ne peut soulager!

« — Mon histoire a déja trop long-temps occupé votre attention, reprit le bon curé; laissons un moment les hommes pour nous occuper de la terre qu'ils habitent. Nous voici à l'entrée de la belle vallée du Grésivaudan, du côté où elle se termine en s'étendant vers le Rhône. De Saint-Marcelin à Grenoble la distance est grande, quand on la parcourt aussi lentement que nous le faisons, et vous aurez le temps d'entendre le récit de mes malheurs. Charles, continua-t-il en s'adressant à celui de ses neveux qui tenait affectueusement ses mains, vous connaissez mieux que moi le pays que nous traversons: cette description vous regarde.

« — Vous pouvez remarquer, monsieur, me dit Charles en cédant à l'invitation de son oncle, que le sol de ce département présente une grande variété de cultures et d'aspects; ses nombreuses et fertiles vallées sont formées, arrosées et trop souvent ravagées par des rivières qui, presque toutes, à certaines époques, deviennent d'impétueux torrents en tombant du sommet des montagnes qui s'élèvent des deux côtés de notre route. M. Villars, naturaliste de Grenoble, a mesuré chacune de ces montagnes; la plus petite, le *Prabert*, a cinq cent cinquante-deux toises d'élévation, et la plus grande, le *Col de Saix*, porte les neiges de sa cime à sept cent seize toises au-dessus du niveau de la mer.

« Une partie de ces montagnes, en se rapprochant à trois, quatre, et cinq lieues du Rhône, laissent entre elle et le fleuve une vallée de même largeur. Les plaines situées au pied de ces montagnes, arides comme elles, ont encore l'inconvénient d'être parsemées de ces cailloux arrondis par le mouvement des eaux, que l'on nomme galets : les montagnes situées sur la rive droite de l'Isère sont composées de roches calcaires dont plusieurs, sous la forme de pics, s'élèvent à une grande hauteur; enfin à la gauche de la rivière, au-delà de Grenoble, entre le

Drac et la vallée du bourg d'*Oysans*, vous voyez comme amoncelées les unes sur les autres les montagnes granitiques que couronnent les hautes Alpes de la Maurienne et les sommets du Mont-Blanc. Les espaces que ces montagnes laissent entre elles ne sont, pour la plupart, que des gorges étroites au fond desquelles roulent et rugissent des torrents qui entraînent les terres et rongent les rochers : quelquefois aussi ces espaces sont occupés par de riants vallons où murmurent les paisibles ruisseaux. Les eaux qui tombent des montagnes, ne trouvant pas toujours une issue vers les grandes rivières, forment des lacs nombreux, mais de peu d'étendue. Le plus grand, le lac de *Paladru*, situé dans l'arrondissement de la *Tour-du-Pin*, n'a que deux mille trois cents toises de longueur sur une largeur de six cents toises : des trois lacs qui se trouvent aux environs de Grenoble, l'un, le lac de *Lafrey*, est de moitié moins grand que celui de *Paladru*; les deux autres sont plus petits encore : mais ce que ces lacs ont de remarquable c'est qu'ils sont presque tous situés au sommet des plus hautes montagnes. L'élévation des sept lacs dans l'arrondissement de Grenoble est de mille deux cent cinquante-huit toises ; les eaux qui s'épanchent de ces grands réservoirs, ou des rivières grossies par la fonte des neiges et des torrents, couvrent et noient les terrains bas où elles séjournent, et forment ces nombreux marais qui, non moins que les sables, ravissent à l'agriculture des plaines entières. Il serait facile de les lui rendre, et de transformer en vallons fertiles les immenses marais de *Bourgoin* qui s'étendent depuis *Aouste* jusqu'au pont de *Chéri*, où la rivière de *Bourbe* se jette dans le Rhône. Le desséchement de ces marais, si nécessaire à la salubrité du pays, si avantageux à l'agriculture, est vivement desiré par le département; la possibilité de l'opérer a été démontrée: des craintes chimériques, les rivalités d'une foule d'intérêts particuliers, sont des obstacles qui se rencontrent dans toutes les grandes entreprises, et qu'on finit toujours par surmonter avec une volonté persévérante et de légers sacrifices. L'insouciance du gouvernement, seul obstacle insurmontable, est malheureusement celui que rencontrent le plus souvent en France les grands travaux et les entreprises nationales.

« Vainement répète-t-on que la reconnaissance, les mains chargées de fruits et de fleurs, serait aux portes du palais des rois une sentinelle plus sûre et plus vigilante que des soldats armés du glaive; vainement offre-t-on pour modèle la conduite de quelques princes doués d'un cœur généreux et d'un esprit éclairé, leur exemple est perdu pour le vulgaire des rois.

« Depuis le mois de juillet 1808, le desséchement des étangs de Bourgoin a été entrepris par une compagnie à laquelle M. Latour-d'Auvergne, dernier concessionnaire de ces marais, a cédé ses droits: et tout fait espérer que cette patriotique entreprise sera couronnée d'un plein succès.

« Il est d'autres travaux d'une importance plus grande encore, desquels l'autorité détourne son attention avec une persévérance bien difficile à justifier. L'*Isère* traverse le département auquel cette rivière a donné son nom, depuis le fort *Barreaux* jusqu'au confluent de l'Isère avec le Rhône, au-dessous de *Romans;* il n'est point de torrent dont les ravages soient plus fréquents et plus redoutables. A partir du pont de la *Gache* jusqu'à Grenoble, et même au-dessous de cette ville, sur une longueur de vingt mille toises, qui comprend la belle vallée du Grésivaudan, le lit de l'Isère est peu profond, et, ne se trouvant resserré ni par des levées ni par des digues, à la moindre crue de ses eaux, la rivière se déborde dans la vallée et entraîne quelques parties des fertiles terres qui la bordent. On voit souvent ces terrains détachés par masses énormes s'engloutir avec les arbres, les fabriques, les bateaux, quelquefois même avec les habitants qui n'ont pu fuir assez vite devant le fleuve destructeur. La ville de Grenoble, tout entière est menacée. Dans les diverses sinuosités que forme l'Isère aux approches de la ville, il en est une qui ne peut manquer d'amener avant peu les eaux vers la plaine, et l'inondation sera dès-lors inévitable. La fonte des neiges renouvelle chaque année les justes craintes d'une si terrible catastrophe; de jour en jour le danger augmente, et les efforts des riverains, pour le prévenir, se bornent à rétablir les digues détruites et à réparer celles qui menacent ruine. Un travail général est au-dessus des moyens réunis des plus riches propriétaires; cependant six millions suffiraient pour la conservation de Grenoble et de la vallée du Grésivaudan; la garde suisse ne coûte guère plus....

«— Charles, interrompit le bon curé, il ne faut pas que nos malheurs particuliers nous rendent injustes; les Suisses sont de pauvres gens, et la France est assez riche pour nourrir quelques régiments de cette nation, et pour faire faire des travaux nécessaires à la sûreté de ses propres habitants. — Soit : mais *charité bien ordonnée commence au logis;* et avant de faire l'aumône à six mille Helvétiens, on pourrait commencer par protéger les biens et la vie de six mille habitants de Grenoble. »

Le vieillard s'empressa d'interrompre une seconde fois son neveu pour nous faire remarquer, dans la vallée de *Saint-Donat* où nous nous trouvions alors, les usines d'une filature de coton appartenant à M. Saint-Cyr Baudin. « A chaque pas, dans ce pays, continua le curé, vous trouverez les traces d'une révolution bienfaisante. L'industrie est devenue plus active, la terre est plus féconde depuis qu'elle est cultivée par des mains libres. L'étranger lui-même, épris de la beauté de nos sites, est venu se fixer parmi nous. Il y a trois ans qu'un Suédois, revenant de Marseille par le Dauphiné, aperçoit sur le penchant d'une colline, au milieu d'un paysage délicieux, un château d'assez belle apparence: son postillon lui apprend que cette terre est à vendre; il s'arrête, se rend au château, le trouve tout meublé, l'achète, le paie, renvoie ses chevaux de poste, et s'y installe. Au premier coup d'œil il s'aperçoit que les terres des environs sont mal cultivées, et il croit en découvrir la cause dans l'étendue trop considérable des propriétés: l'étranger s'associe à quelques capitalistes du pays, acquiert toutes les terres qui sont à vendre, les divise en petits lots, et les recède ainsi morcelées aux paysans, heureux et fiers de cultiver un sol qui leur appartient. La vente se fait au milieu de la joie et des fêtes que le maître du château donne aux nouveaux acquéreurs. Le Suédois et ses associés ont augmenté leurs capitaux; les paysans ont doublé par une meilleure culture les produits et la valeur du champ dont ils sont devenus propriétaires: en s'enrichissant ils ont acquis une certaine politesse, ils sont devenus meilleurs, et ont senti, du moins pour leurs enfants, le prix de l'instruction qui leur manque.

« Vers notre droite, de l'autre côté de l'Isère, vous voyez un village où les eaux, les rochers, et la verdure, semblent avoir été distribués pour enchanter les regards du voyageur; la Suisse n'offre pas de site plus pittoresque : ce village s'appelle Saint-Nazaire. Claude Lorrain l'eût choisi pour en composer un de ses tableaux, et c'eût été le seul peut-être où sa riche imagination n'eût rien trouvé à ajouter.

« — Pourquoi faut-il, dit Charles avec un profond soupir, qu'on ne puisse jeter les yeux sur cette terre si belle, sans y voir des traces récentes de sang humain!... Dans la commune de Saint-Hilaire, non loin de laquelle nous allons passer, se trouve une belle fabrique dont les ingénieuses machines sont l'ouvrage du célèbre Vaucanson, l'un des hommes qui font le plus d'honneur au Dauphiné. Cette manufacture appartient à la famille Jubié. A cette époque si fatale et si mémorable à laquelle l'histoire conservera le nom des *cent jours*, M. Jubié, chef de ce magnifique établissement, fut vivement pressé de se mettre à la tête de la garde nationale : il refusa ce commandement; deux ou trois scélérats qui faisaient partie du rassemblement firent feu sur lui et le tuèrent. Ce détestable assassinat ne resta pas impuni; les auteurs du crime, traduits devant les tribunaux, périrent du dernier supplice : la punition fut aussi prompte qu'elle était juste.

« L'année suivante, la même commune eut à gémir sur un crime semblable, et la justice resta muette. L'autorité avait donné l'ordre d'arrêter, *par mesure de haute police*, M. Tabaret, vieillard respectable et riche propriétaire, signalé comme entretenant l'esprit de sédition parmi ses concitoyens. La maison où il avait été chercher un asile est cernée pendant la nuit: l'imagination pleine des terreurs que le récit des massacres commis à Nîmes, à Avignon, à Marseille, y avait semées, le vieillard, dans l'impossibilité de fuir, cherche un refuge sur le toit de la maison hospitalière. On l'y découvre, on le somme de descendre; l'infortuné à genoux, les mains tendues et suppliantes, tarde à obéir: il était facile de se saisir de sa personne sur un toit dont la pente, du côté des assaillants, n'était pas à plus de cinq pieds de terre; on trouve plus expéditif de l'en faire tomber. Imitateur de ce comte de Charollais, que les hommes de cour avaient surnommé *l'abatteur d'hommes*, un chef ordonne de faire feu, en donne lui-même l'exemple, et le cri de la victime annonce qu'elle est frappée. La balle a brisé sa cuisse; en vain le malheureux qui se sent mourir demande-t-il que l'on bande sa blessure, en vain implore-t-il les secours de la religion: pour toute réponse on le jette sur une charrette qui le conduit à Saint-Marcelin; il expire, avant d'y arriver, dans d'épouvantables tortures. Les fils du mal-

heureux Tabaret ont demandé vengeance des meurtriers de leur père; des témoins ont été entendus: ils ont attesté le fait du meurtre, le fait d'un vol de 6,000 francs en or, dont le vieillard s'était muni en quittant sa triste famille; ils en ont nommé les auteurs, et ce double crime est resté impuni!...»
Charles, aigri par ses propres malheurs, s'abandonnait de nouveau à toute l'amertume de ses réflexions, lorsque nous arrivâmes à Saint-Marcelin.

n° LXVII. [20 AOUT 1819.]

SAINT-MARCELIN.

Parva sed apta.
Petite mais agréable.

Cette très petite ville, située au milieu d'un territoire fertile et d'un paysage charmant, est une des plus jolies du Dauphiné. L'Isère, qui n'en est pas éloignée, accroît et entretient la végétation des plantes qui s'élèvent et fleurissent de toutes parts. Nous avons fait halte à Saint-Marcelin pour y déjeuner. C'est un bien brave homme que notre hôte, mais il a deux petits travers : il aime beaucoup à parler, et, pour s'en procurer plus long-temps le plaisir, il a pour habitude de faire les demandes et les réponses ; il aime passionnément son pays, mais par ce mot de *pays*, il n'entend parler que de la ville de Saint-Marcelin et de son territoire : c'est un patriote local ; toute son histoire, tout son caractère est dans cette espèce de dialogue, où il ne nous a pas permis de placer un mot.

« Le vin est le lait des vieillards, dit-il en m'adressant plus particulièrement la parole : monsieur a entendu parler des nôtres? j'en étais bien sûr : quel gourmet en Europe n'a savouré nos vins de *Côte-Rôtie*, de *Vienne?* ceux de *Raventin* et de la *Porte de lion* ne leur sont pas inférieurs; mais peut-être ces messieurs préfèrent-ils les vins de *Seyssuel*, qui ont une légère odeur de violette. Après tout, je ne dis pas cela pour vous engager à en boire, je n'en ai pas; et grace au ciel il n'en est jamais entré, il n'en entrera jamais une bouteille dans mes caves : j'aime trop mon pays pour le souffrir. Quand on me demande si je suis Français, si je suis Dauphinois, je réponds que je suis de Saint-Marcelin; et, en cette qualité-là, je ne m'approvisionne que des produits de l'arrondissement, et je ne manque de rien. Vous allez me dire que la bénédiction du ciel est sur notre canton, c'est vrai : nous avons de tout et des vins de toute espèce. Vous riez! Un seul canton, dites-vous en vous-même, ne peut produire qu'une sorte de vin; voilà l'erreur : vous avez à choisir, outre le *Saint-Veran*, le *Murinais*, le *Chevrières*, le *Bessin*, entre les vins du *Plan*, de *Pont en Royans* et de *Saint-André*. J'en ai dont le raisin a mûri sur les cailloux, j'en ai dont les grappes ont été cueillies sur les tillages; j'en ai... » Je saisis le moment où notre homme prenait une prise de tabac pour lui demander, du ton le plus sérieux, combien le plus vieux de ses vins comptait de consuls. Surpris par une question à laquelle il n'avait point de réponse, notre hôte se tira d'affaire en observant que, pendant qu'il causait avec nous, notre déjeuner ne se faisait pas, et sortit en marmottant entre ses dents : Combien mon Saint-André compte-t-il de consuls?...

« — Cet homme est causeur, me dit Charles quand l'historien des vignes de l'Isère fut sorti: notre déjeuner se fera attendre, mon oncle va lire son bréviaire; si monsieur veut faire une promenade en ville, j'aurai l'honneur de lui servir de guide. » J'acceptai la proposition, et nous voilà courant les rues de Saint-Marcelin.

« Le bruit des métiers à toile, me dit-il en remarquant que je prêtais l'oreille, vous annonce que vous êtes dans une ville manufacturière: environ deux cent cinquante ouvriers, hommes, femmes, et enfants, y sont employés à la filature du coton. La maison que vous voyez appartient à M. Christophe, dont les soins et l'activité avaient enrichi Saint-Marcelin de cette branche d'industrie; elle fournissait autrefois au commerce soixante mille livres de coton par année: les derniers événements l'ont beaucoup appauvrie. La fabrique de toile de chanvre est moins déchue: ses produits se sont perfectionnés; mais le défaut de débouchés en arrête les progrès et nuit à la principale branche de l'industrie agricole du département de l'Isère. Dix-huit mille arpents de terre, employés à la culture du chanvre, en produisent annuellement environ quatre-vingt mille quintaux, dont la moitié sert à la fabrication des toiles dites de *Voiron*, de *Mens*, de *Grenoble*, de *Vienne*, de *Crémieu*, et de *Saint-Marcelin*. Le prix du chanvre, année commune, est de dix sous la livre; on n'imagine pas combien l'opération du peignage en augmente la valeur. Le chanvre brut le plus grossier, dont le prix ne s'élève pas au-dessus de vingt francs le quintal, produit un chanvre peigné qui se vend deux cent cinquante francs.

« La plus importante des fabriques de ce département, où le chanvre subit cette opération, est celle de M. Challoin, de Grenoble. Par un procédé, dont il s'est jusqu'ici réservé le secret, il obtient douze livres de chanvre fin de plus qu'on n'en peut obtenir par les procédés ordinaires.

« Chaque année, chaque jour, pour ainsi dire, les sciences et les arts viennent parmi nous au secours du commerce et de l'agriculture. C'est ainsi que, par le mélange de la race des moutons d'Espagne avec ceux du pays, nos laines assez grossières, dont le prix ne s'élevait guère au-dessus de soixante-quinze à quatre-vingts francs, valent et se vendent aujourd'hui le double de cette somme. L'éducation des vers à soie est également mieux soignée, et les soies écrues, dont l'appréciation est si variable, ont pourtant acquis, avec une qualité meilleure, un taux généralement plus élevé. »

Tout en causant nous étions sortis de la ville, et nous côtoyions la rivière : un peu fatigué de ma course, je m'assis sur un tertre commode. Nous gardions le silence depuis quelques moments, lorsqu'arrêtant mes regards sur mon guide, je m'aperçus qu'il passait sa main sur ses yeux remplis de larmes: je l'interrogeai avec intérêt, et je n'eus pas de peine à obtenir la confidence d'un secret dont il paraissait oppressé.

L'histoire de cette malheureuse famille est trop intimement liée aux mœurs de l'époque où j'écris, et aux souvenirs du pays que je parcours, pour qu'il me soit permis d'en épargner à mes lecteurs le récit déplorable. Les faits sont connus: il appartenait à l'une des victimes d'en retracer les circonstances; mais, en écrivant sous la dictée d'un homme au désespoir, je n'oublierai pas que la douleur est quelquefois injuste, et j'adoucirai l'amertume de son récit autant qu'il est possible de le faire sans altérer la vérité.

N° LXVIII. [29 AOUT 1819]

LA SENTENCE TÉLÉGRAPHIQUE.

> De toutes les bêtes féroces, la plus dangereuse est l'homme enivré de l'esprit de faction.
>
> VOLTAIRE.

« Je sortais du collége de Lyon, où j'avais été élevé, lorsque la première loi d'appel aux armes fut publiée en France: je dus partir comme soldat dans un de ces corps qu'on appelait alors *bataillons de volontaires,* bien que l'on n'eût consulté la volonté d'aucun de ceux qui les composaient; mais les dangers de la patrie, menacée par l'invasion étrangère, et l'hymne marseillaise, tenaient lieu de vocation et d'ardeur guerrière à ceux qui se sentaient nés avec des inclinations plus pacifiques. J'étais de ce nombre: je fis mon devoir; mais il fallait faire plus alors pour être remarqué, et je restai dans les rangs obscurs des compagnies du centre. Les fatigues, les infirmités, quelques blessures, affaiblirent ma constitution; je fus réformé en Égypte à la suite d'une ophtalmie. Je revins aux lieux qui m'avaient vu naître.

« Hélas! je n'y arrivai que pour recevoir la bénédiction et fermer les yeux de mon vieux père. Il s'était remarié tard, et laissait plusieurs enfants en bas âge; je me trouvai le chef de la famille. Le ciel bénit mes efforts et mon courage; j'élevai mes frères. Nous cultivions en commun l'héritage paternel, et nos travaux réunis avaient accru notre fortune; elle était grande, puisque nous ne desirions rien de plus. Quelques mois, quelques hommes ont tout renversé, tout détruit! on ne verra plus couler que des larmes, on n'entendra plus que des sanglots sous le chaume qui retentit si long-temps de nos chants fraternels.

« Obscurs habitants d'un village, paisibles possesseurs d'un champ dont la richesse était le fruit du travail, qu'avions-nous à redouter des bouleversements politiques? Nous ne tardâmes pas à l'apprendre.

« Dans une forêt appartenant à l'état, un de ces hommes revenus avec l'étranger, et qui se désignaient eux-mêmes sous le titre inconnu d'*anciens seigneurs*, possédait quelques enclaves, où son garde-chasse prétendait sans doute avoir droit de *vie* et de *mort;* car il tua d'un coup de fusil un pauvre homme qu'il surprit ramassant quelques débris de *bois mort*. On déféra le crime à la justice: un destin bien fatal voulut que mes frères et moi nous eussions été témoins du meurtre; nous fûmes appelés, et nous balançâmes d'autant moins à nommer le coupable, que loin de s'en cacher il semblait tirer vanité de cet assassinat. Arrêté par ordre des magistrats, cet homme fut dès le lendemain mis en liberté: on en fut plus affligé que surpris: ces faits se passaient au mois de novembre 1815. Mais quelle fut l'indignation publique lorsque, le jour patronal de la fête de la commune, on vit arriver un détachement de soldats chargés d'arrêter, d'enchaîner deux à deux, et de conduire à Grenoble les témoins *qui avaient eu le malheur de voir commettre un crime!* On ne nous mena pas à la ville, mais dans le château même de celui dont le garde avait assassiné notre malheureux compatriote.

« Le cachot féodal dans lequel nous fûmes provisoirement enfermés n'avait pas servi depuis la révolution, et les outrages du temps n'avaient fait qu'ajouter à l'horreur et au dégoût qu'il devait inspirer dans son état primitif. Pour redoubler les angoisses de notre position, le hasard voulut, car il m'est impossible de voir dans cette circonstances une intention cruelle, le hasard, dis-je, voulut que l'on donnât cette même nuit une fête au château, et que les éclats de la joie, le son des instruments, et jusqu'aux pas des danseurs, arrivassent jusqu'à notre oreille. C'est pour apaiser les remords des bourreaux que l'on parle sans cesse du calme de l'innocence : nos cœurs, exempts de crimes, n'en étaient que plus dévorés de craintes, que plus enflammés de colère et d'indignation.

« Le juge qui nous interrogea le lendemain n'avilit point son caractère et la majesté des lois jusqu'à déclarer crime la déposition en justice de témoins irréprochables ; il reconnut notre innocence et nous rendit la liberté.

« Peut-être croyez-vous que le garde-chasse assassin fut satisfait des humiliations, des avanies d'une seule journée ; vous connaissez bien mal ces maîtres et ces valets du bon vieux temps. La semaine suivante on produisit je ne sais quels procès-verbaux dressés par les confrères du meurtrier contre deux de mes frères. Ils furent arrêtés de nouveau, jetés en prison, et n'en sortirent trois mois après qu'en vertu d'un jugement rendu sur l'intervention du *seigneur*, à qui le tribunal accorda une indemnité de trois cents francs. Les frais de la procédure se montaient à plus de mille francs ; nous épuisâmes toutes nos ressources pour les payer. Un mois après, de nouveaux mandats d'arrêt furent lancés contre mes malheureux frères : ils se cachèrent ; mais, apprenant que leur fuite servait de prétexte pour accabler la commune du poids d'une garnison qui devait y rester aux frais des habitants jusqu'à ce que mes frères eussent été arrêtés, ceux-ci vinrent d'eux-mêmes présenter aux fers qui les attendaient leurs mains généreuses. Mais la haine elle-même a ses heures de lassitude : aucune charge ne s'élevait contre eux; après une troisième détention de quarante-deux jours, on les renvoya sans autre formalités. Enfin le même toit nous voyait réunis; nous avions repris nos travaux avec d'autant plus d'ardeur que nous avions de grandes pertes à réparer. La terre arrosée de notre sueur se montrait plus fertile, et chaque jour nous allions tour-à-tour vendre à la ville les fruits et les légumes qu'elle produisait en abondance.

« Le 4 mai, jour à jamais funeste, ouvrit pour nous une source de larmes, que pourra seule tarir la mort du dernier de notre malheureuse famille. C'était le tour de *François* et de *Jean* de se rendre à la ville : ils arrivent sous les murs de Grenoble au moment où fuyaient de toutes parts, poursuivis par les troupes de la garnison, deux ou trois cents insensés que des provocateurs perfides étaient parvenus à égarer, au point de leur faire croire qu'avec des bâtons, et quelques mauvais fusils dont ils étaient armés, ils pourraient prendre d'assaut une place de guerre dont les remparts étaient hérissés de canons, et que défendait une garnison suffisante; extravagance plus digne de pitié que de colère.

« Mes frères, qui n'avaient aucune raison de fuir, tombèrent aisément aux mains des cavaliers qui parcouraient la plaine : ils voulurent s'expliquer ; on ne les écouta pas : saisis, confondus avec les paysans pris les armes à la main, ils furent jetés dans les mêmes cachots.

« Le bruit de ce fatal événement parvint en quelques heures au fond de nos villages, grossi par la peur et le mensonge : aux premiers mots, je pars, je me hâte, et j'entre dans la ville. La terreur est peinte sur tous les visages; je crains d'interroger, on n'oserait me répondre; je retourne au village, mes frères n'y avaient pas reparu; je reviens à Grenoble avant que les portes ne se referment, et j'y reste jusqu'au jour où la cour prevôtale commence ses terribles fonctions: je pénètre dans la salle ; quatre accusés sont sur les bancs, mes frères ne sont pas du nombre : trois de ces malheureux sont condamnés à mort.

« La cour prevôtale ne pouvait suffire à l'impatience de quelques hommes, une commission purement militaire est établie : trente individus y comparaissent, *Jean* et *François* en fesaient partie; l'un venait d'achever sa dix-huitième année, et l'autre touchait à peine à sa seizième.

« Onze heures sonnent: la séance commence. Le rapporteur fait de l'affaire l'exposé le plus succinct, en s'excusant sur le peu de temps qui lui avait été accordé pour en multiplier les enquêtes nécessaires; sans doute il va conclure par la demande de quelque délai... Il conclut à la peine de mort de tous les prévenus.

« Le reste de la séance répondit à ce cruel préliminaire : les témoins étaient les soldats qui avaient marché contre les accusés, qui les avaient arrêtés dans la nuit.

« Les prévenus étaient, pour la plupart, sans défenseurs ; il leur en fut donné d'office : un seul se vit chargé de la défense de dix-huit accusés.

« Traduire les accusés devant le tribunal, les confronter avec les témoins, et les faire ensuite asseoir à côté les uns des autres, c'est à cela que se bornèrent les débats : on eût dit qu'il ne s'agissait que d'une reconnaissance d'identité ; encore était-elle si imparfaite que, ne sachant pas même le nom de leurs clients, les défenseurs étaient réduits à les désigner par la forme et la couleur de leur habit.

« Le tour de *François* était venu : il voulut faire observer qu'à l'égard de son frère et de lui il y avait une erreur évidente ; on lui imposa silence : je tentai d'élever la voix, on me jeta hors de la salle. J'attendis à la porte leur arrêt et le mien... Bientôt il me fut prononcé par la foule en pleurs, qui sortait en criant : Vingt-un condamnés à mort !!

« Mon sang tout à-la-fois se glace et s'allume dans mes veines ! je rentre dans la salle. Déja les condamnés avaient été reconduits dans leur prison. Comment pourrai-je me faire ouvrir leur cachot? comment pourrai-je pénétrer jusqu'à eux?

« Je sortis ivre de désespoir. Grenoble ne manque point de citoyens généreux ; et cependant le nom d'aucun être sensible ne se présentait à mon esprit. Je me trouvai, sans savoir comment j'y étais arrivé, devant la maison de M. Th... : ce nom, si doux à l'infortune, si cher au patriotisme, me rendit toute ma confiance; j'entrai brusquement : « Monsieur, lui dis-je en tombant à ses pieds, ayez pitié de nous! on va tuer mes frères; qu'ont-ils fait? leurs mains sont innocentes comme leur cœur ; ils n'étaient chargés, en approchant de la ville, que des fruits de nos vergers : sauvez des malheureux, des enfants qui n'ont jamais fait de mal à personne. » Le bon M. Th... me releva, et mêlant ses larmes aux miennes : « Brave homme, me dit-il, rappelez vos esprits; le calme est nécessaire... — Le calme, monsieur !... et mes frères vont mourir!... » Je posai sur mon front brûlant des linges trempés dans l'eau glacée, je rafraîchis mes mains en les faisant glisser sur le marbre des consoles. Rassemblant ensuite le peu d'idées et de souvenirs qui me restaient, je fis en quelques mots à M. Th... et à son digne ami M. Alp. P..., qui se trouvait présent, le récit de notre déplorable histoire. Ces deux excellents citoyens me prodiguèrent des soins et des consolations; une seule put arriver à mon cœur : l'autorité avait sursis à l'exécution du jugement de mes frères;

le tribunal était convoqué de nouveau; un avocat célèbre s'était déclaré leur défenseur, et déja sa voix éloquente s'élevait en faveur de ces jeunes infortunés.

« M. Th... ne doutait pas que *Jean* et *François* ne me fussent rendus dès le soir même. Il sortit pour aller à la salle d'audience, où il ne me permit pas de l'accompagner; bien certain, me disait-il, de remettre avant une heure mes frères entre mes bras.

« En effet, au bout d'une heure, au bout d'un siècle, il reparut; il était seul!... seul!... « Ils sont sauvés, » me dit-il en entrant; mais sa voix n'avait point cet accent de conviction qui rassure : «*Les juges ont, à* L'UNANIMITÉ, *reconnu l'innocence de Jean et de François; ils ont décidé que vos frères seraient, avec cinq autres condamnés, recommandés à la clémence du monarque.* »

« Si mes craintes n'étaient pas entièrement dissipées, elles étaient moins vives. M. Th... me remit la permission qu'il avait obtenue pour moi de passer chaque jour une heure dans la prison où mes frères devaient attendre leur grace.

« Je m'y rendis en quittant notre bienfaiteur. Depuis six jours que nous étions séparés, quels ravages la douleur avait opérés sur eux! Je les trouvai couchés sur la paille : je n'essaierai pas de vous peindre cette première entrevue; tant de bonheur et de tristesse, tant de crainte et d'espérance, tant de sentiments délicieux et pénibles! le cœur suffit à

toutes ces émotions, l'esprit ne saurait en rendre
compte... L'heure accordée à nos embrassements
fraternels s'était écoulée; le geôlier vint nous avertir,
et nous nous séparâmes.

« Vous jugez si je fus exact au rendez-vous du lendemain : je revis mes frères; le front du plus jeune
était rayonnant de tendresse et d'espérance : je n'ai
pas perdu un mot d'un entretien où j'observais, avec
une sorte d'effroi dont je ne me rendais pas compte
alors, que le langage de ces deux enfants du hameau retraçait, dans les termes les plus purs et les
plus élevés, des pensées et des sentiments au-dessus
de leur âge et de leur condition.

« Ta présence, me dit le petit *François* en se jetant dans mes bras, achève de me rassurer; ils ne
nous tueront pas. *Jean* a de la force et du courage : il était résigné à tout, même à la mort; mais
moi, ce mot affreux m'épouvante! le soleil se lèverait, et je ne le verrais plus! mes pieds ne fouleraient plus la vendange, ne graviraient plus les
rochers!.... Je commence à peine la vie, pourquoi me l'arracher dans les douleurs? Charles, tu
m'as élevé, tu sais si j'ai jamais fait de mal à personne... Qu'on me laisse jouir de cet univers qu'embrassent mes jeunes espérances; qu'on me laisse encore errer dans ces plaines où mes mains, pour la
première fois cette année, ont conduit la charrue:
ce monde est assez grand pour tous; occuperai-je

moins de place couché que debout sur la terre?
— Tu vivras, mon pauvre *François*, disait *Jean*, tu
n'as pas atteint l'âge où la loi permet à l'homme de
tuer son semblable; mais moi je mourrai, je dois
mourir : je suis arrivé innocent dans cette prison,
j'en sortirais criminel, je le sens; il n'y a plus de
place dans mon cœur que pour un sentiment coupable ; je ne vivrais plus que pour la vengeance.....
Qu'importe, quand la dernière heure sonne, qu'on
ait vécu cent ans ou cent jours... L'heure qui suit
est la même pour l'adolescent et pour le vieillard....
Je ne veux point de leur grace, mais j'éprouve une
terreur; Charles, tu peux m'en délivrer. Cet appareil du supplice, cette foule qui vous regarde, cette
marche où chaque pas entr'ouvre la tombe, où
chacun de vos regards rencontre un objet que vous
ne devez plus voir, tout cela n'a rien qui m'épouvante; mais s'il devait partager mon sort, dit-il en
regardant *François*.... qui de lui ou de moi doit
être frappé le premier? qui de lui ou de moi doit
entendre les coups, doit mourir deux fois en voyant
tomber son frère? cette pensée seule bouleverse
mon ame. D'un mot tu peux lui rendre le calme;
promets-moi de me procurer les moyens de mettre
moi-même un terme à ma vie si la sentence de *François* est confirmée. » Je promis par serment, bien
persuadé que je n'aurais pas à lui rendre cet épouvantable service.

« Peu à peu je parvins à éloigner de son esprit des craintes dont le mien était délivré, et à lui faire partager les espérances dont le cœur de *François* et le mien étaient remplis.

« L'impatience était le seul sentiment pénible qui troublât un bonheur dont nous anticipions la jouissance. « Prenez courage, disais-je à mes frères; il y a loin d'ici à Paris; les ministres ont autre chose à faire que de s'occuper de la vie de quelques citoyens obscurs: notre tour viendra. — Oh! oui, disait *François*, nous pouvons attendre; une dame, qui n'a pas voulu se faire connaître, nous a envoyé des matelas, des couvertures, des aliments sains; nous ne sommes pas mal ici : quand la liberté nous sera rendue, demain peut-être, nous retournerons au village, et nous réparerons, à force de travail, tant de journées perdues, tant de maux injustement soufferts; qu'on nous laisse vivre seulement... L'existence est la seule propriété du pauvre; et nos juges l'ont dit eux-mêmes, nous n'avons pas mérité de la perdre. »

« Je quittai pour la seconde fois mes frères dans un calme d'esprit et de cœur que je n'avais pas éprouvé depuis long-temps. Je retournai à la ferme, où deux de mes sœurs, encore dans l'enfance, étaient depuis la fatale journée du 4 abandonnées aux soins d'une vieille femme qui avait nourri les aînés.

« Le lendemain, jour épouvantable! en approchant

de la ville, je crus reconnaître, de loin, sur la route, un des domestiques de M. Th..., qui était dans l'attitude d'un homme qui regarde et qui attend; je ne puis définir le sentiment que j'éprouvai à sa vue, et qui me décida à prendre un chemin de traverse pour l'éviter: ce sentier passait à travers le champ où se font les exécutions militaires : cette terre où je portai mes regards avec horreur me parut fraîchement rougie et fumante encore d'un sang nouvellement répandu; je remarquai des bourres de fusil, dont quelques unes me semblaient brûler encore. N'avais-je pas, en sortant du village, entendu l'explosion lointaine d'une décharge de mousqueterie?... Une sueur froide se répandit sur tout mon corps; je ne pouvais ni marcher ni respirer; mes genoux se dérobaient sous moi; je tombai sur cette terre sanglante... Je me traînai jusqu'à la ville; les habitants consternés me regardaient et détournaient la tête; j'en entendis plusieurs me désigner par ces mots : *c'est leur frère.* Au lieu de les interroger, je prends la fuite; je me trouve auprès d'une de ces machines ennemies de la clémence du prince, qui, tandis que des chevaux rapides portent des lois de grace, trompent leur vitesse en transmettant par les airs des lois de mort, plus promptes que la foudre. Un homme suivait attentivement les signaux meurtriers de cette machine infernale. Tout-à-coup il s'écria : *Que nous apportes-tu aujourd'hui?*..... J'ouvris la bouche pour lui demander l'explication de ces paroles; mais à mon aspect, il pousse un cri déchirant, et s'éloigne.... Je ne doutai plus de mon malheur; mais mon désespoir avait ranimé mes forces et mon courage. Je cours à la maison de M. Th....; les portes et les volets en étaient fermés; toute la famille avait quitté la ville... Je vole à la prison; le cachot de mes frères était vide... « Où sont-ils? demandai-je au geôlier. Ils ne sont plus, me répondit-il; on a reçu l'ordre de les faire mourir. » Ces dernières paroles ont éteint dans mon esprit un reste de raison; je ne peux dire ni ce que je fis, ni ce que je devins pendant cette nuit affreuse. Je me trouvai au point du jour assis sur le seuil de notre maison, au moment où l'une de mes sœurs vint, inquiète, en ouvrir la porte. Le cri qu'elle poussa en me voyant attira la vieille nourrice; leurs faibles efforts parvinrent à peine à me conduire auprès du foyer.

« Mon visage, mes cheveux, mes habits, étaient souillés de poussière et de sang; les pauvres enfants me regardaient avec effroi. « Ne me fuyez pas, leur dis-je: ce sang, je ne l'ai pas versé; ma bouche et mes mains l'ont disputé à la terre qui s'en abreuve... Voilà tout ce qui nous reste de *Jean* et de *François!!!* Malheureux enfant, tu *ne voulais pas mourir encore!* Cet affreux supplice, dont la seule image accablait ta pensée, tu en as éprouvé l'épouvantable agonie... Est-ce lui?... est-ce toi?... Des traits si doux horriblement défigurés! des balles enfoncées dans la poitrine d'un enfant de seize ans!...»

Je m'arrête; et, retranchant de ce récit les réflexions déchirantes qui le terminent, je ne puis m'empêcher de dire avec Voltaire:

« De toutes les bêtes féroces, la plus dangereuse « est l'homme enivré de l'esprit de faction. »

La fureur de Charles était portée jusqu'au délire; je n'essayai pas de la calmer : il est des mouvements de l'ame qu'il faut épuiser pour s'en rendre maître. J'ai tiré ma montre, je me suis levé, et nous avons repris ensemble le chemin de la ville. Ce paysan est né avec une ame forte : l'éducation avait développé en lui l'amour des hommes et de la justice; l'iniquité, plus encore que de grandes infortunes, a fini par altérer cet heureux naturel. Qui sait si le bon et l'honnête Charles, vaincu par le malheur, ne cédera pas aux inspirations de la vengeance; si, après avoir été la victime des hommes pervers, il ne deviendra pas un jour leur agent ou leur complice; tout est à craindre, il a prononcé le blasphème de Brutus: *Vertu, tu n'es qu'un nom.*

N° LXIX. [29 AOUT 1819.]

LES ANCIENS DAUPHINS.

Notre absence avait été longue. Le déjeuner du curé et de ses deux jeunes neveux était fini; nous remontâmes en voiture, et bientôt l'aspect d'un pays superbe, en fixant notre attention, nous arracha aux pensées douloureuses dans lesquelles nous étions absorbés.

En sortant de Saint-Marcelin, le curé me fit remarquer sur notre droite le village de Beauvoir, où se trouvent les ruines d'un château des anciens dauphins. C'étaient d'assez pauvres princes que ces chefs de la maison d'Albon, de la maison de Bourgogne, de la maison de La Tour-du-Pin; on n'en vit pas un seul s'élever au-dessus des misères et des superstitions de son siècle.

Guigues-le-Vieux, préférant le repos du cloître

aux soins du trône, et le salut de son ame à celui de ses sujets, se retira dans l'abbaye de Cluni, où il prit l'habit religieux.

La conduite de son successeur *Guigues-le-Gras* le rendit si odieux par sa tyrannie, ses injustices, qu'il devint un objet d'horreur. Hugues, évêque de Grenoble, prélat plein de charité et de vertus, osa lui faire des remontrances, et fut obligé deux fois de sortir de Grenoble pour échapper à la vengeance du dauphin. Las d'être tyran, *Guigues-le-Gras* se fit dévot, et crut racheter ses crimes en cédant à ce même évêque et à l'abbaye de Cluni les églises et même les dimes qui lui appartenaient. Il se préparait à faire le pélerinage de Compostelle, lorsque la guerre avec le comte de Savoie le détourna de ce noble projet; mais bientôt, à l'exemple de son père, il abdiqua le pouvoir, se fit raser et mourut dans un froc.

Si *Guigues III*, qui le premier prit le titre de *Dauphin*, ne fut pas un monarque habile, si dès ce temps les alliances des princes n'offraient aucune garantie à la tranquillité des peuples; si, après avoir donné sa sœur au comte de Savoie, il fit la guerre à ce prince pour se dispenser de remplir avec lui ses engagements, du moins il combattit en homme de cœur, et sut mourir en guerrier.

Guigues IV borna son ambition à se faire recevoir chanoine de Lyon.

Humbert Ier prit l'habit de chartreux.

Humbert II fit présent de ses états au roi de France Philippe de Valois, après s'être fait recevoir chanoine de Vienne et installer au chœur. Le jour de l'an 1352, le pape Clément VI officiant, le dauphin fut fait sous-diacre à la messe de minuit, diacre à la seconde messe, et prêtre à la troisième. Huit jours après, frère Humbert fut nommé patriarche d'Alexandrie: *Princes et rois vont fort vite* en tout genre d'affaires, il mourut administrateur perpétuel de l'archevêché de Reims. C'était un singulier homme que cet Humbert: il se fit excommunier pour des querelles de préséance avec l'archevêque de Vienne; mais il sollicita l'honneur qu'il obtint de porter le signe des croisés et d'être nommé général de l'armée chrétienne. Il modéra les tributs exorbitants imposés par son aïeul, et par la même ordonnance il mit à prix les nombreux priviléges qu'il accorda aux gentilshommes et aux roturiers. Il avait fait de grands efforts pour ériger ses états en royaume, et il y attachait si peu de prix, qu'il les donna de son vivant au roi de France. Les titres de dauphin, d'archi-sénéchal perpétuel du royaume, ne suffisaient pas d'abord à sa vanité; et dix ans avant sa mort il ne prenait plus, même dans les actes publics, d'autre titre que celui de frère Humbert. Il vendit aux juifs, à raison de trente-deux florins par individu, les priviléges dont ils avaient joui du consentement de ses prédécesseurs; mais en suite il les bannit de ses états : il en fit même brûler un assez bon nombre, comme un remède efficace contre la peste qui désolait alors le Dauphiné.

Avec frère Humbert finit l'existence du Dauphiné comme état distinct et indépendant. Cet état s'était formé à l'époque des guerres civiles qui suivirent la mort de Louis-le-Bègue. Boson, profitant de la confusion, aidé des nobles et des prêtres, se fit proclamer par eux roi des provinces dont le gouvernement lui avait été confié. Les mêmes prélats qui avaient sanctifié la félonie de Boson déclarèrent les fils légitimes héritiers de la couronne usurpée par le père.

La guerre entre Conrad et Eudes de Champagne devint une circonstance favorable à l'ambition des seigneurs du Dauphiné : les évêques prirent part à cette espèce de curée, et se rendirent maîtres des villes capitales de leur diocèse; des prélats, de simples chapitres se firent rendre hommage et prêter le serment qui jusque-là n'avait été fait qu'aux rois et aux empereurs. La noblesse à son tour, quand elle ne put disputer les villes à ces suzerains tonsurés, se rendit maîtresse des campagnes; les plus puissants d'entre les nobles s'emparèrent de tous les lieux qui se trouvèrent à leur bienséance, et c'est à ces usurpations que remontent leurs priviléges et l'asservissement des peuples dans ces contrées: tels sont les titres et les droits que l'on ose encore aujourd'hui présenter à nos respects.

Les barons d'Albon, plus forts ou plus heureux, réunirent plusieurs seigneuries à leurs domaines, et en composèrent la petite monarchie connue sous le nom de *Dauphiné*, laquelle s'éleva vers le milieu du onzième siècle et finit en 1349, après une durée d'environ trois cents ans.

Presqu'à la sortie de *Saint-Marcelin*, avant d'arriver à *Saint-Sauveur*, nous avions traversé une rivière sur le pont de *Vinay;* nous en passâmes une seconde, puis une troisième à *Chantesse*, puis une quatrième à *Morette*, et enfin une cinquième un peu au-delà de *Tullins*.

L'Isère, qui coule à la droite de la route, roule ses eaux dans un lit profondément encaissé. Du haut de la côte, appelée le *Rognon du Dauphiné*, la vue se promène au loin sur un immense paysage, admirable sur-tout par la variété des aspects. De là jusqu'aux frontières de Savoie, la nature étale le luxe de la plus riche végétation. Nous voyons à nos pieds cette longue vallée dont le sol, bien que formé de dépôts argileux, de sable et de cailloux apportés par le Drac et l'Isère, n'en est pas moins d'une inépuisable fécondité; des champs où croissent le chanvre, le lin, tandis que la vigne s'enlace aux rameaux des arbres fruitiers qui les entourent; des villages très rapprochés les uns des autres et où la population paraît encore à l'étroit. Le département de l'Isère renferme quatre cent soixante-dix mille habitants, et la population des chefs-lieux des communes, au nombre d'environ cinq cent cinquante, est estimée à quatre cents habitants, terme moyen; dans un assez grand nombre, elle s'élève de deux à trois mille.

Tullins est un gros bourg très dangereusement situé sur le torrent du *Réval*, qui menace chaque année de le couvrir de ses ondes fangeuses, de renverser ses murailles et d'ensevelir sous leurs ruines les hommes et les animaux; les fréquents dommages qu'il cause sont de nature à appeler les soins de l'autorité, et commandent impérieusement la construction d'ouvrages propres à mettre la fortune et la vie des habitants à l'abri d'une imminente catastrophe.

De *Tullins*, après avoir passé plusieurs rivières, on arrive à *Moirans*, située sur celle de Morges. Cette ville ne justifierait plus l'épithète de *Longue* qu'on lui donnait autrefois. Les guerres de religion en ont réduit de beaucoup la population et l'étendue.

De l'autre côté de cette ville, nous laissâmes à gauche la route qui conduit à Genève, et nous parvînmes au pied d'une assez haute montagne qu'il fallut gravir à pied. Je priai Charles de me prêter l'appui de son bras, et lui rendant confidence pour confidence, je lui racontai quelques circonstances de ma vie, particulièrement marquées par la violence et l'injustice des hommes: « Plus d'une fois, continuai-je en lui serrant la main, j'ai pu me venger, plus d'une occasion s'en est offerte; j'ai dédaigné d'en profiter: la vengeance est le besoin des faibles et des pervers. Laissons aux hypocrites de religion la paix dans les paroles et la guerre dans les actions; laissons les tartufes politiques proscrire en termes d'amnistie et frapper en parlant de clémence. Gémissons sur la violation des lois, sur la partialité des magistrats; mais n'opposons pas le poignard au glaive de la justice. Je plains vos malheurs, ils sont affreux. Les hommes qui ont fait mourir vos frères ont pu se tromper; mais eussent-ils agi à dessein, eussent-ils immolé au pouvoir ou à leurs propres passions ces deux tendres victimes, leur erreur, leur crime n'est pas celui de leurs femmes, de leurs enfants que vous voulez en punir. Si vous vengez la mort de vos frères, à leur tour ces familles auront à venger des pères et des époux : où s'arrêtera cette succession de meurtres? Qui, le premier, commencera à pardonner? Cette chaîne de calamités commence à vous, qu'elle y finisse : la patrie, l'humanité, la religion vous commandent également ce sacrifice. Charles, croyez-moi, les victimes sont moins à plaindre que les bourreaux; pour celles-là les souffrances ne durent que quelques jours; pour les autres, le supplice dure toute la vie, et peut-être la mort en éternise la durée. » Charles leva sur moi des yeux noyés de larmes, et avec un accent qui retentit encore à mon oreille : « Assurez-moi donc, me dit-il, qu'un jour des lois justes, des magistrats équitables feront ce que vous me défendez de faire ; qu'ils me vengeront et que la mémoire de mes frères sera réhabilitée. — N'en doutez point, Charles, la justice et la philosophie auront aussi leurs jours de triomphe. »

Du haut de la montagne, dans la direction de Chambéry, je remarquais une jolie petite ville. « C'est *Voiron*, me dit mon guide ; il s'y fabrique une grande quantité de toile : c'est le centre et l'entrepôt de cette branche de commerce auquel sa population entière est employée. On y compte près de six mille habitants. Voiron est la patrie de M. Béranger, le conseiller d'état : il y exerçait la médecine au commencement de la révolution. — L'estime qu'il s'y était acquise, répondis-je à Charles, l'a suivi sur un plus grand théâtre ; il a sur le crédit public et sur l'économie politique des idées saines et arrêtées qu'il n'a malheureusement pas eu le temps ou la force de mettre en pratique. »

Ce que j'ai vu de plus remarquable à *Voreppe*, c'était un chartreux qui se dirigeait vers les montagnes où saint Bruno se retira en 1084, avec ses compagnons, pour s'y vouer à la prière et au si-

LES ANCIENS DAUPHINS. 49

lence. Un ermite ne peut guère visiter l'ancien Dauphiné sans s'arrêter quelques heures dans cette profonde solitude. Je me propose d'y faire un pélerinage lorsque je serai établi à Grenoble.

Notre voiture s'est arrêtée à quelque distance de cette ville, et mes compagnons de voyage m'ont fait de tendres adieux. « Je n'oublierai pas vos sages conseils, » m'a dit Charles en m'embrassant; et cependant, tandis qu'il me parlait, un feu sombre brillait encore dans ses regards... Infortuné! puissent le temps et le courage achever d'éteindre dans ton ame un désir de vengeance que la raison seule ne saurait étouffer!

L'aspect des grands objets parvient à distraire l'esprit le plus fortement préoccupé. Les hautes montagnes granitiques qui s'élevaient devant moi, vers Briançon, et qui séparent la Savoie du Piémont; à ma gauche, le mont *Rachet,* portant ses murailles calcaires au-dessus des plus hautes tours de la ville, bâtie au pied de cette montagne; sur la droite de la route que je parcourais, le *Drac* se précipitant dans l'Isère, attiraient tour-à-tour mes regards enchantés par la variété et par l'étendue de ce magnifique tableau.

En traversant la place de l'Esplanade, des souvenirs à-la-fois patriotiques et douloureux se sont pressés dans mon ame: vingt-neuf ans auparavant, au mois d'avril 1790, des députations du Lyonnais, de la Bresse, du Forez, du Vivarais, et de la Bourgogne, avaient réuni sur cette place leurs drapeaux fraternels. Pleins d'enthousiasme et d'espérance, les citoyens s'y pressaient dans les bras les uns des autres ; un même sentiment y faisait battre tous les cœurs ; le serment d'amour et d'union sortait à-la-fois de toutes les bouches... Qui donc viola le premier une promesse aussi solennelle ? quels conseillers infames, dans le secret des conciliabules nocturnes, osèrent dire que les paroles les plus saintes n'engagent qu'autant qu'on ne peut sans danger s'y soustraire ? Morale des Tibère, des Domitien, des Louis XI, des Henri VIII ! morale que l'Europe, éclairée par les premiers rayons de la philosophie, condamne solennellement, en prononçant le bannissement perpétuel de ses plus effrontés professeurs, de ces jésuites qui en tenaient école, et que s'efforcent de remettre en vigueur, dans la vingtième année du dix-neuvième siècle, des hommes qui prient et proscrivent, qui prêchent le pardon des injures en aiguisant des poignards et en broyant des poisons.

Cette brillante époque de 1790 fut célébrée à Grenoble par une fête superbe que donna M. Dolle, commandant de la milice du département, et à laquelle présida l'honorable M. Franquieu, premier maire de la ville élu par le peuple ; car alors le peuple choisissait ses magistrats municipaux.

Grenoble est entouré d'une muraille crénelée dont la construction fut imposée aux habitants par le connétable Lesdiguières. Cette muraille s'étend de la porte Saint-Laurent, sur la route de Chambéry, à la porte de France, par laquelle je suis entré. J'ai traversé l'Isère sur le pont de pierre, et, suivant la rue de l'Hôpital, je suis arrivé à *l'hôtel Labarie*, rue Montorge. « Vous serez fort bien ici, me dit mon conducteur; la maison est fameuse. — A quel titre? — On vous l'apprendra, » me répondit-il avec un sourire sardonique. Je vis bien qu'il y avait là quelque mystère; mais les manières engageantes de mon hôte, M. Charpenay, m'avertissaient que je pouvais sans inconvénient attendre une occasion de m'en éclaircir : au reste, ma curiosité fut bientôt satisfaite. Une grosse fille d'auberge, bien fraîche et bien bavarde, me dit en m'introduisant dans la chambre qui m'était destinée : « C'est ici qu'il a logé en 1815; c'est dans ce lit qu'il a couché... — De qui me parlez-vous? — Pardine, de lui; est-ce qu'il y en a eu un autre?... en 1815!... Monsieur n'entend pas? — Si fait... très bien. »

Moi qui ne rends ni les pavés des rues, ni les édifices, ni les tentures des appartements responsables des folies, des malheurs ou des crimes des hommes; moi qui n'aurais épousé ni la mer Adriatique, comme le doge de Venise, ni fait fouetter les flots de l'Hellespont, comme le grand roi de Perse, je n'ai point demandé à changer de chambre; je ne m'y suis même pas trouvé plus à mon aise parcequ'un hôte illustre l'avait occupée.

N° LXX. [2 septembre 1819]

MON OREILLER.

> *We thing ourselve awakes, and are asleep*
> DRYDEN.
>
> Nous nous croyons éveillés, et nous sommes endormis.

On a souvent dit que la vie n'était qu'un long rêve : cette réflexion philosophique est pour moi, du moins, une vérité de fait ; je rêve tout éveillé, et le sommeil est pour mon esprit un état d'agitation continuel : dormir, rêver, n'est pour moi qu'une même chose.

De Romans à Grenoble le trajet est long : on ne compte guère moins de vingt lieues de poste. Une journée livrée tout entière aux émotions de l'ame et aux fatigues du corps semblait devoir m'assurer quelques heures d'un tranquille sommeil ; mais j'en cherchai vainement les douceurs sur cet oreiller où l'homme du destin avait reposé sa tête. Son image poursuivait ma pensée : je voyais ce nouveau Prométhée, après avoir ravi le feu céleste et parcouru le monde sur un char de victoire, enchaîné maintenant au milieu des mers, et s'éteignant dans les tortures d'une lente agonie; je voyais, livré aux mains d'un de ces Phalaris subalternes, dont l'Angleterre tient école, celui que le prêtre aux trois couronnes était venu, des bords du Tibre, consacrer par l'huile sainte, aux rives de la Seine ; celui qui reçut dans son lit la fille des Césars, et qui compta les rois de l'Europe parmi ses adorateurs.

Napoléon, lorsque tu vis le jour dans l'humble demeure de tes pères, quel prophète osa prédire que ton fils hériterait du titre de Tarquin-le-Superbe et naîtrait sous le dais impérial; et lorsque tu remplissais le Louvre d'une gloire dont il n'avait jamais vu les splendeurs, quel philosophe, en garde contre les caprices du sort, eût pu prévoir que tu quitterais ce palais pour habiter une cabane sur un rocher au milieu des mers? Par quel prodige ton génie a-t-il métamorphosé ton corps si faible en un colosse de bronze; et comment ce bronze est-il redevenu argile entre les mains de la fortune?

De cet abyme de réflexions, mon ame s'élança dans les régions intellectuelles. Je prêtai l'oreille, et crus entendre une voix qui m'appelait vers l'Orient : en portant les yeux de ce côté je vis une créature céleste qui s'avançait vers moi, et me faisait signe de la suivre. Sa robe brillante et diaprée était recouverte d'un crêpe; ses traits doux et sévères portaient l'empreinte d'une douleur récente et profonde : la flamme qui brillait sur son front était pâle et vacillante. A ces marques, à l'oiseau de la Gaule figuré sur son casque, je reconnus le génie de la France. Je ne sais quelle force invincible m'éleva auprès de lui dans les airs, et m'entraîna vers les régions de l'équateur. Les îles, les continents, les mers, passaient sous nos pieds avec la rapidité de la pensée. Aux premiers rayons du jour, l'amas de vapeurs sur lequel nous étions portés s'abaissa rapidement vers la terre, et, en se dissipant, me laissa sur un volcan éteint au milieu de l'océan Atlantique. « C'est ici, me dit mon guide, que tu peux le voir pour la dernière fois; c'est ici QU'IL dormira bientôt du sommeil éternel. » J'allais demander quel était cet effroyable lieu, l'ange des Gaules avait disparu.

J'errais depuis quelque temps sur des rochers noircis par les feux souterrains, sans avoir rencontré aucune trace de végétation, lorsqu'en approchant du bord de la mer je découvris un bouquet d'arbres: je dirigeai mes pas de ce côté. Un homme était debout, les bras croisés, sur un tertre au bas duquel coulait une source ombragée par la verdure noirâtre des tropiques; vêtu d'un frac vert, boutonné dans toute sa longueur, sa tête était couverte d'un petit chapeau militaire, fortement enfoncé sur son front : ses yeux, d'où s'échappait un feu mourant et sombre ; son visage, que couvrait la pâleur de la cendre; son corps défiguré par une bouffissure générale, tout en lui annonçait les ravages intérieurs d'un mal invétéré. Ses regards, chargés d'ennuis et de pensées mélancoliques, se promenaient lentement sur l'immense horizon des mers, comme s'il eût cherché au-delà une terre plus douce, des cieux moins dévorants, et des hommes pour qui le spectacle d'une immense infortune ne fût pas le besoin d'une ame impitoyable.

Cet homme, dont l'aspect produisait sur moi une impression indéfinissable, s'assit au bord de la fontaine. A l'abri du terrain sinueux qui conduisait jusqu'à lui, je m'étais approché d'assez près pour le voir et l'entendre sans en être aperçu.

Il trempa sa main dans l'eau, la passa sur son front; et mesurant avec sa baguette l'étroit espace qui le séparait de la fontaine :

« Cinq pieds de terre, dit-il, quand il sera cou-
« ché, suffiront à l'homme qui, debout, se trouvait
« trop serré entre le Tibre et la Vistule; il est vrai
« qu'alors il avait pour cortége les nations et les rois.
« Maintenant deux ou trois amis viendront pleurer
« sur ma tombe; bientôt ils s'éloigneront · je resterai
« seul, seul à jamais, scellé sous la pierre, de peur
« que ma cendre ne puisse quitter cette prison de
« feu...

« Des monarques ont infligé cet affreux supplice
« à un monarque au banquet duquel ils se sont assis,

« dans la main duquel ils ont placé leur main en
« signe d'alliance; dont l'amitié, disaient-ils, était
« pour eux un présent du ciel!...

« La religion qu'ils professent commande le par-
« don des offenses: ils n'ont point pardonné! Les
« rois ont aboli le divorce; et ils ont séparé violem-
« ment deux époux dont le chef de l'Église avait con-
« sacré l'union! Ils ont voulu que les derniers mo-
« ments du père ne fussent pas consolés par les
« larmes du fils!... Cependant ils sont époux, pères,
« et chrétiens!... Ils sont rois avant tout... »

Je fis un mouvement; le spectre héroïque leva la tête, m'aperçut, et me fit signe d'approcher.

« Tu es Français, me dit-il, mon cœur ne me trompe pas: je n'ai pas le temps de m'informer du miracle qui t'amène près de moi, quelques jours, quelques heures peut-être, avant que je rende aux éléments ma dépouille mortelle. Tu veux connaître Napoléon et pénétrer le secret de sa destinée: quelques mots suffisent. Le soleil est fait pour éclairer le monde; j'étais né pour commander aux hommes.

« Alexandre était fils d'un monarque habile et victorieux; la famille de Jules César était une des plus puissantes parmi les patriciens de Rome: ces deux héros, auxquels on m'a souvent comparé, avaient l'un et l'autre vu le jour parmi les peuples les plus renommés de l'univers; mais moi, la fortune m'avait oublié dans la distribution de ses faveurs : fils d'un gentilhomme obscur, né sur une terre à demi sauvage, je me suis en quelque sorte créé moi-même; je fus porté par la seule force d'une volonté courageuse aux premiers grades militaires dans une armée où ils ne se conquéraient qu'à la pointe de l'épée, et où de nombreux concurrents se précipitaient en foule vers le même but.

L'ERMITE.

Ah! s'il m'était permis de faire un moment trêve à mon admiration; si je pouvais m'armer en présence de votre auguste infortune du courage de censure dont je me sentais capable au temps de votre puissance, peut-être...

NAPOLÉON.

Parlez: la vérité est désormais sans danger pour vous et pour moi.

L'ERMITE.

Je puis la dire; vous n'y verrez que l'expression d'un regret que vous êtes fait pour apprécier. Vous êtes le fils de vos œuvres; mais Bernadotte, Hoche, Murat, Ney, Suchet, Soult, Saint-Cyr, sont partis de plus loin que vous: ils portaient la giberne lorsqu'ils franchirent la barrière qui vous fut ouverte.

NAPOLÉON.

Lorsque j'entrai dans la carrière, ils étaient déjà loin devant moi; je ne tardai pas à les atteindre, et bientôt je les vis à ma suite.

L'ERMITE.

Dans les champs où l'on combattait pour la patrie et pour la liberté Napoléon remporta d'immortelles victoires; mais les palmes de Montenotte, de Millesimo, de Mondovi, de Bassano, de Castiglione, de Lodi, et d'Arcole, n'avaient point obscurci celles de Hohenlinden, d'Aldenhoven, de Loano, de la Montagne-Noire, de Fleurus, de Wathignies, de Hondtschoote, de Jemmapes, et de Valmy.

NAPOLÉON.

Les noms de Marengo, d'Ulm, d'Austerlitz, de Wagram, d'Iéna, et de Friedland, retentiront plus haut dans la postérité; d'ailleurs que restait-il des trophées de Jemmapes et de Hohenlinden quand je débarquai à Fréjus?

L'ERMITE.

Les véritables conquêtes de la révolution: les Alpes, les Pyrénées, et le Rhin, pour barrières; la liberté et l'égalité pour lois.

NAPOLÉON.

Mais ces précieux débris de la gloire républicaine, un gouvernement faible et incapable n'était-il pas au moment de les laisser ravir à la France?

L'ERMITE.

L'énergie nationale avait déjà plus d'une fois trompé cette prévoyance ambitieuse, et la liberté ne fut perdue que le jour où des soldats dispersèrent à Saint-Cloud les députés de la France.

NAPOLÉON.

Le 18 brumaire a sauvé la patrie: il est des circonstances où la dictature est le seul recours des peuples libres.

L'ERMITE.

« Aussitôt (disiez-vous) que les dangers qui m'ont « forcé à saisir le pouvoir seront passés, j'abdiquerai « ce pouvoir; » vous l'avez signée cette abdication... Les dangers avaient-ils cessé?...... où est la France? où est Napoléon?... (Il agita sa main dans l'eau de la fontaine, la passa de nouveau sur son front, et, après un moment de silence, il continua.)

NAPOLÉON.

En prenant le pouvoir je n'abjurai aucun des principes de la révolution; je prêtai serment à la souveraineté du peuple, à la république, à la liberté, au système représentatif.

L'ERMITE.

Et bientôt la monarchie consulaire succéda à la république, et l'empereur au premier consul.

NAPOLÉON.

Ce titre nouveau me fut conféré par le tribunat.

L'ERMITE.

Quel fut le prix de la noble résistance de quelques uns de ses membres?...

NAPOLÉON.

Pour conquérir la paix sur les grandes puissances de l'Europe il fallait mettre notre gouvernement en harmonie avec les leurs : ce que la nation française voulait avant tout, ce qu'elle voudra toujours, c'est la considération au-dehors et l'égalité au-dedans. Sa volonté fut la mienne : j'ai voulu, et la révolution a fini; j'ai voulu, et le niveau de l'égalité s'est étendu sur toutes les têtes : j'ai voulu, et tous les cultes ont ouvert leurs temples; j'ai voulu, et la France est devenue l'arbitre des rois et des peuples.

L'ERMITE.

Vous avez étouffé la liberté sous la gloire : en imposant aux Français une admiration sans bornes pour votre génie, vous les avez replacés triomphants sous le joug qu'ils avaient brisé.

NAPOLÉON.

Les hommes, pour la plupart, ne voient que le but dans toutes les choses dont l'exécution ne leur est point confiée : les obstacles les plus insurmontables disparaissent à leurs yeux, le succès est tout ce qui les frappe. Cependant l'architecte qui veut bâtir un palais régulier sur un terrain couvert d'antiques constructions ne peut jeter les fondements de son nouvel édifice avant d'avoir déblayé le sol des vieux débris qui le couvrent, et lorsque ces travaux exigent des années il construit à la hâte quelques baraques pour s'y mettre à couvert avec ses ouvriers. Si les événements ou les hommes forçaient cet architecte à renoncer à ses projets, ne serait-il pas plus équitable de juger de la beauté du monument qu'il se proposait d'élever sur la nature et la coupe des pierres déja préparées, que sur le bâtiment provisoire qu'il aurait construit pour les besoins du moment? Cette justice, je la réclame pour moi: je n'avais pas encore donné à la France la garantie des institutions que je lui destinais, mais j'en avais posé les bases dans le code le plus vaste et le plus parfait qu'aucune nation ait jamais possédé.

L'ERMITE.

La nature avait fait de vous le plus grand des hommes; l'ambition n'en a fait que le premier des rois : la liberté est le bien de tous, le pouvoir ne peut être que le partage du petit nombre; vous avez voulu le pouvoir. Digne de votre siècle, vous pouviez le devancer dans sa marche rapide; vous pouviez aller loin; vous avez préféré aller haut. Il appartenait à un génie comme le vôtre de fonder sur la liberté publique cette monarchie représentative que l'assemblée constituante avait révélée au monde; vous avez mieux aimé élever sur des trophées militaires un trône dont rien n'égalait la splendeur, mais dont rien aussi ne pouvait garantir la durée. Dans l'espoir, je pourrais dire sous prétexte, de rassurer les consciences, qui étaient en paix, vous avez rendu au clergé son ancienne influence; vous avez préludé au rétablissement de la noblesse féodale par l'établissement d'un ordre de chevalerie. Le même général, qui avait dit aux musulmans d'Égypte : *N'est-ce pas nous qui avons détruit le pape, n'est-ce pas nous qui avons détruit les chevaliers de Malte?* a signé un concordat avec le pape, a institué des majorats, et n'a conservé des vertus républicaines qu'une valeur héroïque et un sentiment profond d'amour pour la patrie des victoires.

NAPOLÉON.

Je me suis mesuré avec mon siècle : soit orgueil, soit raison, je me suis trouvé plus grand. Qu'avais-je à faire autre chose que de descendre jusqu'à lui? qu'aurais-je fait, à l'application, de ces vertus républicaines dont personne ne voulait? Le destin avait mis en moi la force de volonté, l'inflexibilité de la résolution, la patience des détails, l'impétuosité d'exécution, la sagacité dans le choix des hommes : j'étais né pour fonder un état libre. J'arrivai trop tard pour prévenir la chute d'un gouvernement qui n'avait que le nom de république; je dédaignais la monarchie, et je me sentais digne de l'empire. J'y parvins, et j'assurai aux Français les biens qui leur sont les plus chers : la gloire et l'égalité.

L'ERMITE.

En effet, sous votre règne tous les Français étaient égaux devant l'empereur; quant à la gloire, aucune n'osa s'élever à côté de la vôtre. Chose étrange, nul général fameux ne se forma à votre école : la France, aujourd'hui même, est réduite à ceux qui s'élevèrent dans les rangs de la vieille armée républicaine;

peut-être même la gloire des anciens noms s'est-elle obscurcie sous le vain éclat des titres féodaux. La France entière savait quels hommes étaient Masséna, Lannes, et Ney; beaucoup de Français ignorent quels furent les ducs de Rivoli, de Montebello, et d'Elchingen.

NAPOLÉON.

Ne voyez-vous pas que je traitais avec les vanités de mon siècle, et qu'en récompensant par les titres de duc et de prince les grands services rendus à la patrie je détruisais autant, qu'il était en moi, le préjugé de la noblesse d'origine?

L'ERMITE.

Permettez-moi de vous adresser non des reproches, mais des objections plus graves, et auxquelles vous serez peut-être plus embarrassé de répondre :

On ne comptait que des Français sous les drapeaux de Valmy et de Jemmapes; l'aigle de Napoléon admit sous ses ailes des auxiliaires et des mercenaires qui entrèrent en partage de notre gloire. Le jour des revers arriva, et les Français eurent à combattre à-la-fois et l'ennemi qui leur faisait front, et l'allié perfide que vous aviez placé à leurs côtés.

Sans doute aucun capitaine des temps anciens et modernes ne peut se prévaloir d'aussi prodigieux succès que ceux dont vous avez étonné le monde: Alexandre, César, Annibal, ne peuvent vous être comparés pour l'habileté des plans, pour l'impétuosité de l'attaque, pour la hardiesse et la rapidité des marches; mais la guerre n'était pour vous que la science de la victoire, et vous auriez craint d'humilier votre génie si, dans vos gigantesques entreprises, vous eussiez supposé la possibilité d'un revers.

Non moins grand administrateur que guerrier habile, l'habitude de commander à des soldats vous a néanmoins conduit à penser que le gouvernement représentatif n'était pas incompatible avec le régime militaire : vos sous-préfets devinrent des capitaines de canton; vos préfets des colonels de département, commandés par un général d'administration que vous appeliez ministre.

Dans les temps qui précédèrent la mort d'Alexandre, on ne pouvait arriver jusqu'à ce prince qu'après avoir traversé des flots de satrapes auxquels il avait confié la garde de sa personne : à son exemple, dans les dernières années de votre règne, vous aviez éloigné de vous les plus anciens compagnons de votre gloire; vous vous étiez entouré de nobles courtisans, et, si j'ose exprimer ici toute ma pensée, vous étiez descendu au niveau des vanités royales.

Entre vos habiles et puissantes mains, la France, limitée aux barrières naturelles de la Gaule, le Rhin, la mer, les Pyrénées, et les Alpes, pouvait sans efforts, sans secousses, et peut-être sans combat, devenir, à l'abri d'un gouvernement constitutionnel, le plus florissant empire du monde : vous ne pouviez de long-temps encore espérer de ravir à l'Angleterre le sceptre des mers, mais vous pouviez réduire ses flottes à promener sur l'Océan un pavillon sans gloire et des marchandises sans destination. Il était digne de vous de rétablir la Pologne, d'affranchir l'Italie et la Grèce. Ces peuples, unis par la reconnaissance à la grande nation, eussent offert aux membres de votre famille des trônes véritablement légitimes, puisqu'ils eussent été fondés sur les lois et du consentement des peuples.

La réforme religieuse a suffi pour acquérir au nom de Luther une gloire impérissable : quelle n'eût pas été celle de Napoléon, fondateur de la réforme politique! quels moyens n'avait-il pas pour opérer cette grande révolution! huit cent mille soldats français, les tributs de la moitié des états de l'Europe, et l'opinion où était le monde que toute résistance devenait impossible. La révolution était faite dans les esprits, le règne des lois était arrivé; il suffisait à Napoléon d'en avoir la pensée pour l'établir : la postérité dira qu'il ne l'a pas voulu.

> Il fit tout pour la gloire, et ne fit rien pour Rome;
> Ce fut la grande faute où tomba ce grand homme.

NAPOLÉON.

Et moi aussi j'invoque la postérité, et j'ose prévoir son arrêt; car la vérité seule y défendra ma cause : elle dira que j'ai voulu composer un tout homogène des éléments et des débris divers que la révolution m'avait légués ; elle dira que j'y étais parvenu, et, mieux instruite, j'ose croire qu'elle réformera plus d'un jugement contemporain.

Les querelles religieuses étaient assoupies ; mais les cendres de la Vendée fumaient encore. Il fallait achever de les éteindre, et le clergé se chargea de ce soin, aussitôt que j'eus rendu au sacerdoce ses pompes et ses honneurs.

La fortune mit à ma disposition la force créée par l'enthousiasme républicain ; mais cette force aveugle, il fallait s'en rendre maître et lui donner un but : je la dirigeai vers l'éclat des triomphes militaires ; c'est sur-tout de gloire que la nation française est avide : sous mes étendards, les Français, dans l'espace de quinze ans, ont cueilli plus de lauriers, ont rendu plus de champs de bataille immortels, ont montré au monde plus d'illustres capitaines que ne peuvent en offrir en quatorze siècles les fastes de la vieille monarchie. Quant à la liberté, elle ne se donne pas ; il faut la conquérir ; et c'est par cette conquête que je voulais terminer ma vie politique. Je n'ai eu que le tort de croire que le peuple français n'était pas encore digne de l'entreprendre ; je le jugeai trop souvent, je dois en convenir, par les hommes dont je m'étais entouré.

Vous me faites un reproche de n'avoir pas fait

exercer par mes compagnons d'armes les charges de palais que j'avais rétablies; mais quel autre appât pouvais-je offrir à ces nobles que la vanité tenait éloignés du reste de la nation et que la vanité pouvait seule y ramener? J'ai rendu les habitudes des courtisans à des gens nés pour *servir quelqu'un*, et pour qui ce besoin satisfait est une des conditions de l'existence : si vous m'objectez que la plupart d'entre eux m'ont trahi au jour des revers, je vous demanderai, avec plus de chagrin que de ressentiment, à quelle classe appartenaient ceux dont ils ont reçu l'exemple de la trahison? L'infortune ne m'a point fait changer d'avis : dans l'espèce humaine le vice est la règle, la vertu est l'exception.

J'ai achevé avant cinquante ans la plus vaste carrière politique qu'aucun homme ait jamais parcourue : à vingt-six ans j'avais fait la conquête de l'Italie et détruit six armées formidables; j'étais le premier magistrat de la nation la plus éclairée du globe avant l'âge de trente ans; bientôt après empereur, roi, protecteur, et médiateur, si j'ai moins sacrifié à la liberté qu'au pouvoir, j'ai du moins appris aux peuples à quelles conditions ils pouvaient s'y soumettre sans s'avilir. La mort s'avance, elle s'apprête à saisir sa proie... Un espoir console mes derniers moments : cette France que j'aimais avec idolâtrie conservera ma mémoire; mon nom lui rappellera une époque à jamais glorieuse...

Mon ami, ajouta le grand homme en serrant ma main d'une main déja glacée, dites-moi que les Français accorderont quelques regrets à mon souvenir, quelques larmes à mon infortune...» L'impression que firent sur moi les derniers mots de cette voix défaillante m'arracha un cri convulsif; je m'éveillai. Quelque chose de froid et d'humide enveloppait ma tête; mon oreiller était baigné de sueur et de larmes.

Quand le songe fut entièrement évanoui, je n'en rêvai pas moins péniblement à l'homme dont la tête toute-puissante avait, aussi vainement que moi, cherché le sommeil sur ce coussin d'édredon. Tant de puissance, tant de douleurs; de si terribles contraintes, de si cruelles épreuves; la gloire du premier sceptre du monde placée entre Brienne et Sainte-Hélène comme entre deux néants; une vie si courte et si pleine de jouissances et d'amertume, de grandeurs et de tourments! quel abyme de réflexions!... Le bruit d'une discussion assez vive qui se passait à la porte de ma chambre pouvait seul m'en arracher.

N° LXXI. [10 SEPTEMBRE 1819.]

GRENOBLE.

> Le nouvelliste se couche le soir tranquillement sur une nouvelle qui change pendant la nuit, et qu'il est obligé d'abandonner le matin à son réveil.
>
> LA BRUYÈRE.

« Il ne dort pas. — Il dort; vous n'entrerez pas. — J'entrerai. — Mais vous ne le connaissez pas! — Je le connais. » Je mis fin à la dispute par un coup de sonnette. Le domestique entra suivi d'un vieillard de soixante à soixante-six ans, droit, frais, et bien conservé, poudré à blanc, chapeau en claque, tenant des livres dans une main et des gazettes dans l'autre. Le petit homme, sans laisser au domestique le temps de s'expliquer: « Ce drôle, a-t-il dit, voulait m'empêcher de remplir mon devoir auprès de vous... Retirez-vous, butor; ne voyez-vous pas que, monsieur et moi, nous avons à parler d'affaires! » et, le poussant par les épaules, il le mit à la porte; revenant ensuite vers mon lit: « Je ne me serais pas trompé, continua-t-il, je vous aurais reconnu entre dix mille ; voilà bien *l'Ermite de la Chaussée-d'Antin*, *l'Ermite de la Guiane*, *l'Ermite en Province*, traits pour traits, tel que je me le suis long-temps figuré!... » Je voulus l'interrompre : « Ne soyez pas surpris, continua-t-il, si j'ai été aussi promptement informé de votre arrivée ; j'ai mes correspondances secrètes, et jour par jour j'étais instruit de votre itinéraire. Mon métier est de savoir et de dire ce qui se passe ; en ma double qualité de libraire et de journaliste, je parle à tout le monde et de tout le monde : demain votre arrivée en cette ville sera annoncée dans la feuille du département, ainsi que l'honneur que vous avez bien voulu me faire de me recevoir le premier. Je me nomme N***, je demeure ici près, et je vous laisse le journal, que j'aurai soin de vous apporter tous les matins de très bonne heure : le préfet lui-même ne le lira qu'après vous. Mais vos moments sont précieux, je ne veux pas vous tenir plus long-temps ; si mes petits services peuvent vous être agréables, personne ne connaît mieux la ville : je vous offre tout ce que je sais, tout ce que je puis ; et, en attendant vos ordres, je cours faire mon article. » En achevant son discours, le petit homme, qui s'était un peu dépoudré en gesticulant, sortait, comme il était entré, avec beaucoup de précipitation : je le rappelai pour le prier instamment de ne parler de mon arrivée ni dans sa feuille ni dans sa boutique « C'est ce que je ne puis vous promettre, me répondit-il, car je serais un homme perdu, déshonoré, si on venait à le savoir par un autre que par moi.—Et moi, je vous préviens que, si vous dites un mot, je vous déshonore par un moyen bien plus sûr: je disparais à l'heure même, et je vous fais passer pour un gazetier menteur.—Le reproche s'adresse à tant de monde, qu'il ne blesse plus personne; mais une crainte plus réelle enchaînera ma plume et ma langue: je ne veux pas priver mes concitoyens de l'avantage de vous posséder, même *incognito*.—A cette condition, M. N***, j'accepte avec reconnaissance l'offre que vous voulez bien me faire de guider mes pas et mes observations dans la ville de Grenoble.— M. l'Ermite, sous deux heures je suis à vous, et nous commencerons nos courses. »

Mon libraire nouvelliste a été exact; il est arrivé haletant, et, secouant avec son mouchoir la poussière de ses pieds. « J'ai beaucoup couru, m'a-t-il dit; je desirais vous amener, sans trahir votre incognito, M. Champolion-Figeac, professeur de littérature grecque: c'est un savant très estimable, qui a écrit un *Traité sur les Antiquités de Grenoble;* il venait de partir pour la campagne. J'ai passé chez M. Berriat de Saint-Prix, professeur de législation criminelle, auteur de plusieurs écrits estimés, et des *Annuaires de l'Isère;* j'avais oublié qu'il est à Paris. Mais, à défaut de leurs personnes, voici leurs ouvrages; ils suppléeront à mon insuffisance. Partons... » Et déja nous étions dans la rue.

« *A tout seigneur tout honneur*, me dit mon guide : commençons par les jardins de la préfecture... Prenons du côté de la place *Grenette*; le chemin est plus court... Ce jardin, comme vous le voyez, est fort bien entretenu : la terrasse, plantée de marronniers que vous apercevez d'ici, est une espèce de salon où se réunit le soir le beau monde de Grenoble; on y est aussi pressé qu'au boulevart de Gand, à Paris.

« Grenoble doit ce jardin au connétable de Lesdiguières, comme cette ville lui doit aussi la muraille qui l'enveloppe au nord. Le plus gros des marronniers porte le nom du connétable. Approchons de cet arbre; vous y verrez une glorieuse marque de la vigoureuse défense des Grenoblois en 1815 : c'est le trou d'un obus tiré par les Piémontais durant le siége.

« Notre ville peut être considérée comme une place de guerre moins encore par ses fortifications que par sa position. L'Isère et des rochers élevés la défendent du côté de la porte Saint-Laurent, sur la route de Chambéry, et du côté de la porte de France, vers Lyon. Les autres entrées de la ville sont protégées par des murailles et des fossés que l'on remplit d'eau toutes les fois que la défense l'exige; mais le meilleur rempart de Grenoble est le courage de ses habitants. Un de ces hommes qui se font agents de police par honneur, et espions de l'étranger par amour de l'ancien ordre de choses, avait, en 1815, donné avis au chef des troupes piémontaises que notre place était vide de soldats: le général espérait s'emparer facilement d'une ville qui n'avait pour défenseurs que ses seuls habitants; mais, à l'apparition des bannières ennemies, tous les citoyens, armés ou non armés, se précipitèrent vers les points menacés: le canon était servi par des enfants; les femmes distribuaient les cartouches: c'était une famille de Bayards s'animant à la vue de l'ennemi pour le terrasser. Plus de douze cents Piémontais trouvèrent la mort au pied de nos murailles; et, chose nouvelle dans les fastes militaires, ce furent les assiégeants qui proposèrent de capituler. Ainsi la ville de Grenoble, après avoir, la première, appelé les Français à la liberté, leur donna le dernier exemple de ce que peut le patriotisme combattant pour l'indépendance nationale. Afin de perpétuer le souvenir de cette glorieuse journée, les citoyens de Grenoble avaient résolu de célébrer chaque année l'époque du 6 juillet par un banquet de deux cents couverts sur les hauteurs de la porte de France; mais tous les citoyens ont pris part à la défense, et tous veulent avoir part à la fête: au lieu du rocher peu spacieux où elle s'est célébrée jusqu'ici, on a choisi la belle prairie de Fontaine, au bas des montagnes qui s'étendent vers Sassenage; c'est un lieu plus convenable pour un banquet où dix mille personnes iront s'asseoir: les pieds délicats de nos jolies danseuses fouleront légèrement ces beaux tapis de verdure, et chaque année les échos des montagnes répéteront nos cris de joie et nos chants de victoire; pourvu toutefois qu'on ne s'avise pas de trouver dans cette honorable commémoration quelque couleur libérale, et partant séditieuse: car dans un temps où des hommes ont pu se vanter, comme d'un acte de fidélité, d'avoir livré le port de Toulon aux Anglais, d'autres hommes pourraient bien considérer comme une félonie la défense de Grenoble contre les soldats du roi de Sardaigne.

« Afin de mêler l'agréable au sérieux, selon le précepte d'Horace, continua mon savant *cicérone*, je vous ramènerai sur cette terrasse à l'heure de la promenade; vous y verrez nos Grenobloises, et vous m'en direz votre avis. On ne cultive pas les fleurs en toutes saisons, on ne fait pas la cour aux belles à tout âge; mais dans tous les temps l'aspect des femmes et des fleurs réjouit les yeux.

« Cette rue que nous traversons est celle de l'Hôpital; établissement dont l'administration est excellente, parcequ'elle a été confiée à des hommes pleins de zèle et de charité. Vous voyez à notre droite le pont de Pierre: cette belle croix que vous y remarquez y fut apportée, en 1817, par des missionnaires catholiques de robe longue et par un missionnaire protestant de robe courte; Dieu merci, c'est la dernière que ce singulier missionnaire ait contribué à nous faire porter.

« Après avoir suivi le quai qui borde l'Isère, nous nous éloignerons un peu de la rivière pour sortir par *la porte de Créquy*, et nous nous trouverons sur les jolies promenades de *la Graille*, dont, chemin faisant, je vous raconterai l'histoire.

« Dans le patois du pays, composé d'expressions celtiques, latines, françaises, et de quelques mots grecs, comme vous le savez peut-être, M. l'Ermite, et comme l'a si bien démontré notre compatriote M. Champolion-Figeac, *la Graille* veut dire *la corneille:* la promenade qui porte ce nom est une des plus fréquentées de la ville; elle est bordée d'une double rangée d'arbres, et conduit jusqu'au pont de *Claix*, sur le Drac: ce sera le terme de notre promenade de ce côté.

Flaminius, Appius, et d'autres magistrats romains, construisirent des routes, afin de se rendre à-la-fois utiles et célèbres; ils ont atteint ce double but: leurs noms sont encore attachés aux blocs de pierre qui formaient le pavé de ces routes consulaires. L'étranger qui visite ces belles provinces foule encore avec respect la *via Appia*, la *via Flaminia*. Un président au parlement de Grenoble eut la même ambition. M. de Saint-André, c'est le président dont je parle, construisit et planta cette belle promenade pour lui donner son nom : la fortune en disposa autrement. Les habitants de la ville s'y rendaient en foule ; un spéculateur s'avisa d'y établir une guinguette, laquelle avait pour enseigne une corneille avec cette inscription : *A la Graille*. La guinguette fut achalandée, et tous les buveurs ne tardèrent pas à se donner rendez-vous *à la Graille;* bientôt le cours en prit le nom : on avait commencé par dire : *Allons boire à la Graille*, et on finit par répéter : *Allons nous promener à la Graille*. Cependant M. de Saint-André voyait chaque jour, avec un sombre chagrin, le triomphe d'un oiseau plus connu par ses présages que par ses usurpations. Il fit abattre l'enseigne; mais le nom de *la Graille* ne tomba pas avec l'effigie de l'oiseau, et prévalut sur le nom du noble fondateur. Les magistrats prirent fait et cause pour leur confrère; la guerre fut déclarée aux corbeaux par les gens de justice, et soutenue de part et d'autre avec beaucoup de vivacité et de loquacité. Plusieurs arrêtés du parlement proscrivirent *la Graille*. Les actes publics où le lieu et le nom de *la Graille* se trouvaient relatés furent déclarés nuls; défense fut faite aux notaires d'écrire jamais ces mots : *Fait et passé à la Graille*. Vaine défense! après plusieurs campagnes, où furent livrés, à coups de bec, de vigoureux combats, les corbeaux demeurèrent vainqueurs; *la Graille* resta en possession de la promenade; son nom seul y domine, et si l'on se rappelle encore quelquefois celui de Saint-André, c'est pour rire de la mésaventure de ce noble président, qui était de plus intendant du Dauphiné. L'autorité commande, mais passe; l'opinion résiste, et demeure.

— La vanité, ai-je dit à mon railleur cicérone, est sans doute un travers dont il est permis de se moquer quand elle s'attache à des rubans, à des titres, à des préséances; lorsqu'elle borne ses efforts à se distinguer par la forme ou la couleur des habits, par les armoiries dont elle charge les panneaux d'une voiture, le frontispice d'un hôtel, et jusqu'à la pierre sépulcrale: mais la vanité qui élève ou dote des hospices pour les pauvres et les malades; mais celle qui se livre à des entreprises utiles ou seulement agréables, loin d'être un ridicule, est une vertu: tout bienfait général appelle la reconnaissance publique sur son auteur. Si j'avais l'honneur d'être préfet du département de l'Isère, ou maire de la ville de Grenoble, des poteaux, placés aux deux extrémités de cette charmante promenade, lui restitueraient son nom légitime de *Cours Saint-André;* les étrangers, les enfants, et quelques promeneurs bénévoles, à force de lire et de répéter ce nom, finiraient par faire oublier celui de *la Graille,* qui, soit dit sans mépris pour son origine celtique, ne me semble ni de bon goût ni bien harmonieux. Il ne faudrait pour cela ni arrêts de justice ni actes de l'autorité: la puissance du temps et de l'habitude est plus lente, mais elle est aussi plus douce et plus sûre. »

Nous nous sommes arrêtés sur le pont de Claix, dont la construction m'a paru aussi belle que solide. Il est bâti sur le torrent du Drac qui roule ses eaux fangeuses à l'extrémité de la plaine, et au-dessus du niveau du terrain sur lequel la ville est assise. L'impétuosité de son cours, le voisinage des montagnes dont les neiges se précipitent dans son lit au retour du printemps, et donnent, en quelques minutes, à ce torrent dévastateur une puissance si formidable, m'ont fait faire de tristes réflexions sur les vaniteuses présomptions de la raison humaine: elle place la prévoyance au premier rang des qualités qui distinguent l'homme de la brute; mais l'instinct des brutes ne les avertit pas inutilement du péril : elles s'en éloignent, elles le fuient, tandis que l'homme, endormi au bord des précipices et sur la rive minée du torrent, passe souvent des bras du sommeil dans ceux de la mort, après s'être débattu dans les eaux qui, cent fois, l'avaient éveillé par leurs sinistres mugissements. J'en ai déjà fait ailleurs l'observation; depuis plusieurs siècles les ravages et les inondations du Drac et de l'Isère annoncent par quel désastre doit finir la capitale du Dauphiné. Depuis plusieurs siècles les cris des habitants appellent les sollicitudes de l'autorité; et, à de longs intervalles, les dépositaires du pouvoir font connaître qu'ils entendent et *qu'ils aviseront:* mais il faut d'abord apaiser des besoins plus pressants; solder des Suisses, bâtir des palais, doter des communautés religieuses, et enrichir des familles de courtisans. Lorsque les eaux débordées et réunies du Drac et de l'Isère auront renversé l'industrieuse Grenoble, et noyé ses patriotiques habitants, une catastrophe si affreuse et si vainement prédite sera racontée dans les journaux officiels; les ministres eux-mêmes s'écrieront : *C'est un grand malheur;* tout sera fini, et toutes les responsabilités seront à couvert !

Mon cicérone est causeur et compatissant; soit que mon silence lui ait paru long, soit que les sentiments dont j'étais agité eussent donné aux traits de mon visage une expression mélancolique, il m'a arraché à ma rêverie en me proposant, à haute voix, de reprendre le chemin de la ville. Les forces d'un homme de mon âge veulent être ménagées et souvent réparées; j'éprouvais le besoin de me soustraire au poids du jour et de prendre du repos. Les affaires de mon officieux conducteur réclamaient sa présence et ses soins : nous sommes revenus sur nos pas. En passant sur le quai, que le bon libraire a continué de nommer le quai de *la Graille*, il m'a dit, en me montrant une maison d'une assez belle apparence: « *C'est là qu'il logeait...* — Qui? » Le nom qu'il m'a glissé dans l'oreille, je ne le répéterai pas;

car, après m'avoir raconté plusieurs scènes bruyantes et scandaleuses, faites par l'homme qui le porte, il a ajouté d'un ton mystérieux : « *Il sortit sous prétexte de...* Sa tournée devait être longue ; mais il n'alla pas loin : il s'était caché pour épier un personnage qui lui était devenu suspect, quelque conspirateur sans doute. Ce personnage ne tarde pas à paraître, se glisse le long des murs, va heurter à une porte secrète... ; mais à l'instant il est saisi par le surveillant de l'autorité ou de l'hymen, peu importe. L'homme surpris pouvait être un amant : il en avait l'âge et l'encolure ; mais il avait à Grenoble plus d'un emploi : *Prenez garde,* dit-il à celui qui l'arrête, *je suis dans mes fonctions ; je n'entre pas, j'écoute.* Les autorités se respectent entre elles ; cependant *l'autorité surveillante* pria un peu *brutalement l'autorité écoutante* d'aller exercer ailleurs. » Que dites-vous de cette petite anecdote, M. l'Ermite ? dans le temps elle a beaucoup diverti Grenoble. — Je ne suis pas de la ville, mon cher libraire. » Nous nous sommes séparés à ces mots, moi pour rentrer dans mon auberge, et le libraire pour aller chercher et porter des nouvelles. Il a promis de venir bientôt me reprendre. C'est un homme infatigable.

M. N*** se repose peu, et ne laisse guère reposer les autres. Le soleil commençait à baisser ; la chaleur était supportable : d'ailleurs quand mon conducteur parle, il s'arrête. Dans mon jeune âge, cette espèce d'importance, donnée à des discours que le vent emporte, me paraissait pédantesque et me donnait de vives impatiences; maintenant je m'en arrange fort bien: je m'arrête volontiers toutes les fois que mon interlocuteur le desire; mais je n'écoute pas toujours. La place Grenette est à deux pas de mon auberge; c'est la principale de la ville et celle où se font les exécutions: si je l'avais su plus tôt, j'en aurais détourné mes pas. Les crimes des hommes que le glaive des lois sacrifie à ce que la justice nomme le besoin de l'exemple ne détruisent pas en moi l'horreur du meurtre commis au nom de la société, à laquelle je n'accorde pas ce terrible droit d'ôter ce qu'elle ne peut rendre, la vie.

Mon guide m'a dit en souriant, et en me désignant un café, connu par le nom de celui qui le tient: « C'est là que se réunit le cercle des partisans de l'ancien régime; le cercle des libéraux, ou partisans du régime constitutionnel, se tient dans celui-ci : c'est le *café Laroche.* » Il m'a fait remarquer que les maisons qui entourent cette place sont assez belles: tout auprès sont la halle aux grains et le bâtiment consacré aux facultés de droit, des sciences, et des lettres. Ce bâtiment est spacieux, mais l'architecture est de mauvais goût, et les distributions intérieures mal entendues. L'académie de Grenoble a dans son ressort les départements de l'Isère, de la Drôme, et des Hautes-Alpes. Grenoble possède en outre un collége royal et plusieurs écoles: avant la révolution, c'est-à-dire au bon vieux temps, il n'y existait aucune grande institution qui pût favoriser les progrès des lettres et de l'industrie; ce n'est que depuis 1796 que cette ville possède une société des sciences et des arts, qui tient tous les ans une séance publique dans la bibliothèque. J'ai montré le desir de voir cette bibliothèque, et mon guide se l'est fait ouvrir en son nom.

Cette bibliothèque, assez bien composée, m'a paru renfermer environ quarante mille volumes; on m'a assuré qu'elle en contenait soixante mille. La belle tenue et l'ordre qui y régnent font honneur à son savant bibliothécaire, M. Champolion, que j'ai déja eu plus d'une fois l'occasion de citer honorablement.

Le musée de Grenoble est dans le même bâtiment. J'y ai vu avec plaisir quelques bons tableaux, des dessins dont plusieurs sont l'ouvrage de mains habiles; des bustes, des bas-reliefs, et des statues. La salle qui renferme ces nobles produits des arts en annonce elle-même la puissance. Sa hauteur est de trente-quatre pieds, sa largeur de trente-six, et sa longueur de cent vingt.

De la contemplation des restes d'une nature morte, nous avons passé à celle des débris de la nature vivante. Dans ces enveloppes de quadrupèdes, d'oiseaux, de reptiles; sous ces coquilles même, si soigneusement recueillies, la vie a circulé, les sympathies et les aversions ont allumé les feux de

6.

l'amour et de la colère: l'existence a été reçue et perdue pour se ranimer et s'éteindre sans cesse dans les innombrables individus des mêmes espèces, et couler avec les fleuves, circuler avec l'air, se répandre avec la lumière; tout roule, tout marche et s'avance, tout commence, tout finit, et cependant tout demeure : ce qui a été est encore et sera toujours ; la matière et l'esprit, le sentiment et la pensée, témoins des siècles et compagnons du temps, dureront autant que ce cercle sans circonférence, *dont le centre est par-tout,* et dans lequel se meut le dieu de Spinosa, qui n'est pas le mien.

« Notre musée de physique et d'histoire naturelle est fort riche, comme vous le voyez, m'a dit mon guide : il renferme plus de six mille morceaux dont la classification pourrait être meilleure. Ce n'est point l'esprit de système, c'est la paresse qui maintient cette confusion : quelque jeune savant la fera disparaître. Il me semble que vous n'admirez pas assez la précieuse collection de métaux que vous avez sous les yeux... » Ces mots sont à peine parvenus à mon oreille : j'avais besoin d'air et d'espace, je suis sorti.

« Nous voilà dans la *rue Neuve,* m'a dit mon libraire : elle est grande et belle, mais un peu déserte; n'est-il pas vrai? Savez-vous pourquoi? c'est que les gens qui l'habitent appartiennent à ces familles qui, dans tous les pays, ne font et ne produisent rien :

ici elles se tiennent éloignées des classes actives et productives, avec autant de soin que le commerce s'éloigne d'elles. Tandis que les négociants, les avocats, les médecins, les manufacturiers, que cette foule immense d'hommes utiles, qui cultivent les sciences, les lettres, les beaux-arts, et les arts industriels, s'avance vers l'âge de la raison et des lumières, les autres reculent et s'efforcent de remonter vers les siècles d'ignorance et de barbarie. De cette manière, l'immense et la très petite portion du genre humain se tournent le dos, et marchent dans des voies opposées, au risque de ne se retrouver que dans la vallée de Josaphat.

« Dans une des rues qui sont sur notre gauche logeait le docteur Harga. Je l'ai beaucoup connu ce docteur, c'était un très bel homme, grand amateur de bonne chère et des plaisirs du monde, après lesquels il courait avec plus d'empressement qu'il ne convient peut-être à un disciple d'Esculape. Il paraissait jouir d'une santé robuste, et il en usait avec peu de ménagement; mais cette dissipation, cette gaieté apparente, cachaient une mélancolie profonde. Une nuit, il se tua dans son lit d'un coup de pistolet. On trouva sur sa table un écrit où il expliquait le motif d'une conduite qui paraissait si peu en harmonie avec sa profession: « De constitu-
« tion mélancolique, disait le docteur Harga, j'ai
« tout employé, depuis plusieurs années, pour me

« dissiper, me distraire; je n'ai pu y parvenir : ex-
« cédé de la vie, je viens de mettre un terme à mon
« supplice. » Il faut beaucoup de courage pour se
tuer, n'est-ce pas, M. l'Ermite?—Il en faut souvent
davantage pour vivre, M. le libraire. — C'est mon
avis. Voilà pourquoi j'ai toujours repoussé cette vilaine pensée qui s'arrête quelquefois dans les têtes
dauphinoises, comme vous pourrez vous en convaincre par l'histoire d'un de nos évêques, à laquelle
celle du docteur Harga ne sert que d'introduction.

« Il n'est besoin de dire à personne quel fut *Pierre
du Terrail*, dit le chevalier Bayard: la rue où nous
entrons porte son nom. Elle a été percée au travers du jardin des Capucins, dont le nom sonne
assez mal à côté de celui du *chevalier sans peur et
sans reproche*. Notre cathédrale n'a rien de bien remarquable, du moins au-dehors, n'est-ce pas? mais
il n'en est pas ainsi de la place: c'est le débouché
du grand faubourg; elle a été agrandie et embellie
tout récemment. — En effet, j'ai remarqué sur cette
place plusieurs maisons d'une construction très élégante. — C'est à l'évêque dont je vous parlais tout-
à-l'heure, M. l'Ermite, que Grenoble doit les premiers embellissements de la place de la cathédrale.
Cet évêque s'appelait monseigneur de Bonteville;
car, malgré l'humilité chrétienne, les prêtres qui
portent la mitre et la crosse veulent aussi être appelés *monseigneur:* ce monseigneur de Bonteville

étoit évêque de Grenoble au commencement de la révolution. Président né des états de la province, il se montra fort libéral à l'assemblée de Romans, et parla en vrai disciple de celui qui a dit que les pauvres sont les meilleurs amis de Dieu. Les confrères de monseigneur, les chanoines, les abbés commandataires, les gros-prieurs, et les gens de cour, trouvèrent cette morale très anti-monarchique. Il faut que les reproches qui lui furent adressés aient été bien sévères, puisque monseigneur de Bonteville en conçut un chagrin si profond qu'il se retira à son château près d'Eybens, où il se livra aux plaisirs de la chasse pour distraire les noirs soucis dont il était dévoré. Cet exercice, peu épiscopal, ne paraissait pas tout-à-fait étrange dans un homme qui avait été capitaine de cavalerie, somptueux, galant, petit-maître, et qui portait le titre de prince de Grenoble. La veille d'un jour où il devait faire une grande chasse, il commande à ses valets de lui apporter de la poudre et des balles, s'enferme, et, au milieu de la nuit, il se fait sauter la cervelle. Cette fin tragique n'est pas ordinairement celle des gens d'église. Il y a, vous en conviendrez, quelque chose de singulier dans cette fin d'un évêque et d'un médecin. Les enfants d'Esculape ne passent pas pour des hommes d'une foi bien robuste; mais un enfant de l'Église!... Le docteur Harga, au moment de se tuer, a pu dire comme Sénèque : *Post mortem nihil;* mais que se disait donc monseigneur de Bonteville?.....

« Vous avez assez vu notre cathédrale, et vos regards me l'annoncent ; je veux, avant de nous rendre sur la terrasse des Marronniers, vous conduire au palais de justice. Je ne quitterai pourtant pas cette place sans vous en révéler les mystères. Le soir, beaucoup de jeunes tonsurés viennent y respirer le frais : *Honni soit qui mal y pense!* Ces promenades ont sans doute un but très pieux; c'est ici que nos séminaristes s'exercent aux combats des passions, et c'est pour se livrer aux mêmes exercices que d'autres lutteurs y accourent à la chute du jour, et quittent la rue du *Bœuf,* leur résidence ordinaire... Vous n'écoutez plus. Passons dans la rue *Perrolerie.* Si M. l'Ermite prend, pour nous quitter, les voitures publiques, voilà le bureau des diligences. La rue *Brocherie,* où nous sommes, conduit au palais de justice ; c'est une des plus vivantes et des mieux percées de Grenoble. Enfin nous voici sur la place Saint-André. Cet édifice, où la justice rend maintenant ses arrêts, est l'ancien palais des dauphins qui l'avaient fait construire sur les bords de l'Isère : il est assez bien conservé, et la façade est belle ; mais l'ensemble de ce monument est peu digne de fixer l'attention des voyageurs. » Fatigué de ma longue course, je me suis hâté de suivre le quai du Jardin, et d'aller prendre un siége sous les marronniers de Lesdiguières.

N° LXXII. [18 septembre 1819]

LES MARRONNIERS
DE LESDIGUIERES.

> *Is mihi demum vivere et frui anima videtur,*
> *qui aliquo negotio intentus præclari facinoris aut*
> *artis bonæ famam quærit*
>
> SAL., *Bel. Cat.*
>
> A mon avis, celui-là seul vit et jouit de son existence qui travaille à se faire une réputation par l'exercice d'un art utile.

Nous sommes arrivés sur la terrasse du jardin de la préfecture un peu avant l'heure où les promeneurs s'y rendent; mon guide m'en a fait l'observation. « Tant mieux, a-t-il ajouté, cela me donnera la facilité de vous faire connaître, à mesure qu'ils se présenteront, les hommes les plus distingués de notre ville. Tenez! il semble que le hasard veuille nous mettre en belle humeur: voici venir un personnage propre à nous égayer. Il ne tiendrait qu'à ce M. N*** d'occuper un rang honorable parmi la bourgeoisie de Grenoble; mais, attendu qu'il a épousé la fille d'un très petit gentilhomme, il se croit obligé d'être le très humble serviteur de la noblesse; et, comme le bon M. Jourdain, il ne veut fréquenter que *des gens qui peuvent avoir l'honneur de parler au roi.* Nos vieux nobles se moquent assez ouvertement des prétentions de M. N***; mais il supporte en toute humilité leurs railleries et leurs sarcasmes, heureux qu'ils lui permettent à ce prix d'entrer dans leurs salons et de marcher à leur suite. Quelques uns de ses anciens amis voulaient lui faire sentir combien ce travers le rend ridicule par le temps qui court; mais les rieurs s'y sont opposés : son aspect seul les divertit, et ils ne veulent pas être privés de la joie qu'il leur procure. On dit qu'il s'en venge en secret; mais ces sortes de vengeances sortent du cercle de mes observations : je ne vous en parlerai pas.

« L'homme que vous voyez plus loin, dont l'extérieur est si simple, et que la nature semble avoir si peu favorisé, est une nouvelle preuve de la vérité de cet axiome :

« Garde-toi tant que tu vivras
« De juger les gens sur la mine. »

« M. Duport Lavillette est un des plus modestes et des plus habiles jurisconsultes de Grenoble; il exerce, par sa probité et ses principes constitutionnels, une grande influence sur notre population libérale, et par conséquent sur le choix des députés du département de l'Isère : les électeurs donnent en toute confiance leur voix aux candidats présentés par un si honnête et si bon citoyen.

« Le jeune homme que vous voyez à ses côtés est M. Romain-Malin, avocat de haute espérance, mais d'une faible santé : il a perdu depuis peu la place qu'il occupait dans notre magistrature.

« Aux airs que se donne le monsieur à cheveux blancs, qui passe si fièrement devant nous, au titre qu'il prend et qu'il se fait donner avec tant d'ostentation, à son ultracisme intolérant et presque brutal, auriez-vous reconnu le petit-fils d'un simple commis de la cour des aides? — Mon cher libraire, est maintenant marquis, comte, baron, chevalier, qui veut, et il n'y a que la noblesse nouvelle qui soit tenue d'exhiber ses titres.

« — Jetez les yeux sur ce groupe qui s'avance : M. Ducrouy aîné est au milieu ; c'est un des principaux fabricants de gants de Grenoble : il a une grande et honorable influence sur la classe ouvrière, à laquelle il fournit du travail et des secours abondants. A sa droite marche M. Chanrion, dont les procédés pour le peignage du chanvre ont obtenu d'utiles résultats. Cet excellent citoyen est moins recommandable encore par les services qu'il rend comme fabricant, que par son courage et l'énergie de son caractère. Au temps de la terreur, environ cinq cents personnes se trouvaient arrêtées à Grenoble comme suspectes; M. Chanrion se rendit à Paris, ne craignit pas d'aborder Robespierre lui-même, et se porta pour caution des personnes injustement arrêtées : il obtint leur liberté, et parvint, en exposant sa tête, à détourner le glaive suspendu sur celles de ses compatriotes. Son énergie se réveilla à l'aspect de l'étranger : en 1814, il arma une grande partie de la population ouvrière pour combattre les ennemis de la France; aussi a-t-il été destitué en 1815 des fonctions de juge de paix qu'il exerçait depuis un grand nombre d'années. Cette destitution n'empêche pas les concitoyens de M. Chanrion de le prendre souvent pour arbitre de leurs différents.

« Le vieillard qui chemine lentement de l'autre côté de la promenade est un professeur dont Napoléon reçut des leçons de mathématiques; il s'appuie sur le bras d'un autre savant, M. Chabert, professeur de mathématiques transcendantes. Un peu plus tard vous ne l'eussiez pas trouvé à Grenoble; il nous quitte pendant les vacances et va chaque année les passer à Paris.

« On dirait que tous les hommes de mérite de Grenoble se sont donné rendez-vous ce soir sur cette terrasse: Voici deux agriculteurs renommés, MM. Bertrand et Meyrand; M. Gaillard et M. Durand, banquiers; enfin M. Berton, professeur de chimie, et son frère, pharmacien habile: tous deux ajoutent à leur mérite d'hommes très instruits les sentiments et les principes du plus pur patriotisme. La médecine a fait de grandes pertes, parmi nous, dans la personne de M. Laugier, qui passait, à juste titre, pour le premier médecin du Dauphiné, et de M. Villars, professeur de botanique, à qui nous devons *l'Histoire des plantes de l'Isère*. Pendant tout le temps où notre jardin des Plantes a été sous sa direction, ce jardin était un des mieux tenus et des plus curieux de France; mais ce professeur ayant été envoyé à Strasbourg, où il est mort doyen de la faculté de médecine, le jardin botanique de Grenoble a été négligé, et se trouve aujourd'hui dans un état si déplorable que je n'oserais pas vous y conduire.

« Mais occupons-nous d'objets plus aimables; je vois arriver un de ces escadrons que Henri IV considérait comme périlleux, et auquel il eût pourtant aimé à faire tête; parmi cette foule de jeunes personnes charmantes, la jolie blonde aux yeux baissés, au maintien modeste, que vous voyez rêveuse et préoccupée, va se marier; la pensée de l'hymen l'occupe: elle prélude aux devoirs d'épouse et de mère de famille par les soins et les secours que ses pudiques mains portent en secret dans l'asile de l'indigence. Que de feu, que d'esprit, dans les regards de cette brune vive, piquante, qui la précède!

l'aimable madame L..., parlant avec une égale facilité de la toilette, qu'elle aime, et des beaux-arts, qu'elle cultive, passe avec grace des frivoles discussions sur la mode aux graves discussions sur la politique; car il est bon que vous sachiez que nos dames ne se piquent point d'être indifférentes aux intérêts de leur pays : le mot de patrie, que l'on néglige un peu trop ailleurs, et même à la tribune nationale, revient souvent sur les lèvres de nos jolies concitoyennes, et leur organe animé, flexible, le rend plus sonore et plus doux au cœur de nos patriotes. Les Grenobloises savent rendre la politique aimable, et la foule qui suit ces charmantes personnes prouve assez par son empressement tout le cas qu'elle fait de leurs leçons. Au bon goût des parures, à la tournure élégante des promeneuses, M. l'Ermite, n'êtes-vous pas tenté de vous croire au milieu des femmes les plus séduisantes de la Chaussée-d'Antin? Si les aïeules valaient leurs petites-filles, on conçoit que Gentil-Bernard, leur contemporain et leur compatriote, n'ait pas eu besoin de sortir de Grenoble pour chercher des inspirations quand il a voulu composer son poeme de *l'Art d'aimer*.

« Avant de quitter ce jardin, descendons sur la petite terrasse où les bonnes d'enfants et les personnes âgées viennent pendant l'hiver s'abriter contre le vent glacé des montagnes. Les cris et la folâtre joie de l'enfance plaisent au cœur des vieillards. D'ici nous dominons sur la partie du jardin dont on a fait un parterre jonché de fleurs et garni d'orangers, pour l'agrément des personnes qui fréquentent les salons de la préfecture. Ferez-vous une visite à M. le préfet?—Mon cher libraire, on jouit si bien d'où nous sommes de la vue et du parfum des fleurs!—J'entends; mais il est neuf heures : c'est le moment où chacun se retire à Grenoble pour manger le *gratin* en famille, et la mienne m'attend. »

N° LXXIII. [24 septembre 1819.]

LE GRATIN.

> *Perditur hæc inter misera lux.*
> Hor., Sat.
>
> C'est dans ce travail futile qu'il perd son temps!

J'ai cru m'apercevoir, en sortant du jardin, que nous ne prenions pas la route de mon auberge : M. N*** avait un certain air empressé et mystérieux, dont j'ai feint de ne pas m'apercevoir. Il faut laisser aux personnes qui cherchent à nous préparer d'agréables surprises le plaisir de nous croire leurs dupes : c'est l'innocente récompense des soins qu'ils se donnent.

Nous nous trouvions dans une rue assez étroite, et devant une maison de modeste apparence, lorsque mon guide, s'arrêtant tout-à-coup et prenant un ton moitié suppliant, moitié solennel, m'a dit en accompagnant mon nom des plus pompeuses épithètes : « Monsieur voyage pour connaître les mœurs, l'esprit, les usages des habitants de la France; le moyen le plus sûr d'atteindre son but est de pénétrer sous le toit, de s'asseoir à la table, de visiter les laboratoires et les ateliers de ceux qu'il veut peindre. Un littérateur un peu bizarre, mais très savant, et qui m'honore de son amitié, nous attend pour manger le gratin et la salade. — Nous, M. N***? vous m'avez donc trahi? — Non, monsieur, je n'ai point trompé votre confiance; vous n'êtes et ne serez aux yeux de notre hôte qu'un de mes confrères. S'il vous est fait quelques questions, elles ne rouleront que sur les livres, et vous êtes en fonds pour y répondre. » Un refus pouvait avoir quelque chose de désobligeant; je me suis laissé conduire et présenter. La réunion était nombreuse: j'ai été accueilli avec des égards qui n'avaient rien d'affecté, comme un homme dont la présence éveillait l'attention et la curiosité; mais cette curiosité était polie et discrète.

Notre hôte, espèce de bibliomane exclusif, m'a proposé, en attendant le souper, de me faire voir ses livres. L'aubergiste de Saint-Marcelin n'a dans sa cave que des vins du canton; M. M.... n'a dans sa bibliothèque que des auteurs dauphinois, et cependant elle est assez nombreuse. Il m'a montré successivement des *Mémoires pour servir à l'histoire du Dauphiné*, par le président de Valbonnais; l'*Histoire des Dauphins du Viennais et d'Auvergne*, par Lequien de Laneuville; les deux gros volumes in-folio de l'*Histoire du Dauphiné*, par Chorion; un autre ouvrage du même auteur, intitulé *État politique de la province du Dauphiné*, avec un supplément. « Les savants font beaucoup de cas de cet ouvrage, » m'a dit le savant M. M....; *les Antiquités de la ville de Grenoble*, par Expilli, avocat: « Son ouvrage est si rare que le seul exemplaire connu est celui que je possède; » deux ouvrages sur *les Antiquités de la ville de Vienne*, l'un par Chorier, l'autre par Jean Lelièvre; l'*Histoire des choses les plus nouvelles arrivées en France dans les années* 1587, 1588, *et* 1589, par Souffrey de Calignon : « C'était un jurisconsulte savant, un historien exact et véridique; » le *Journal historique de l'Europe*, par Louis-Augustin Aleman : « C'est une œuvre médiocre; l'auteur ne se piquait pas d'impartialité. Je n'ai placé cet ouvrage dans ma bibliothèque que parceque l'auteur était avocat à Grenoble. Je n'estime pas beaucoup plus les *Mémoires d'histoire, de critique, et de littérature* d'Antoine Gachet d'Artigny, auteur né à Vienne; la *Vie de Marguerite de Bourgogne*, par Guillaume, chanoine de Grenoble; la *Vie de saint Hugon*, et les *Annales de Pilate*, par l'évêque Heidelberg. L'inondation de Grenoble, arrivée le 15 février 1219, a été décrite par l'évêque Jean de Sassenage, dans un mandement rempli d'onction évangélique et de charité chrétienne. Je l'ai joint aux Mémoires historiques sur le Dauphiné, et à ce que Vincent de Beauvais a dit de ce désastre dans son

Speculum historiœ. Parmi les ouvrages de nos savants, j'ai placé ceux de Jean-Élie Lerigot de La Faye, qui, après avoir été mousquetaire et capitaine aux gardes, devint habile mathématicien et membre de l'académie des sciences; ainsi que les Traités de géométrie d'Antonin Borel, auteur né en 1492: son ouvrage est très remarquable pour le temps où il fut publié; la *Description des plantes de l'Isère*, par le médecin Villars et le savant Faujas Saint-Fond; la *Minéralogie du Dauphiné*, par Guettard. Les noms de Mably et de Condillac sont trop fameux, leurs ouvrages sont trop connus pour que je ne me croie pas dispensé de vous en parler. J'ai placé à côté d'eux les ouvrages de M. Champolion, parmi lesquels se distinguent l'*Histoire des Lagides*, les *Annuaires*, ainsi que les divers écrits de M. Berriat de Saint-Prix; les œuvres politiques de Mounier le père, qui fut un des premiers apôtres de la liberté en France; les Discours de Barnave; plusieurs brochures et des Mémoires de MM. Duchesne et Rey, avocats de Grenoble. Voici enfin des ouvrages de simple littérature, les *OEuvres de Pierre de Boisat*, en prose et en vers, peu dignes d'un membre de l'académie française, et les comédies de Jean Miller, partie en idiome dauphinois, partie en français. On distingue parmi ces comédies la pastorale intitulée la *Constance de Philis et de Margoton*; les *Bourgeoises de Grenoble*, et la tragi-comédie de Jeannin: le style en est à-la-fois ingénieux, naïf, quelquefois élégant, mais rarement chaste. Nous avons un *Dictionnaire étymologique de la langue vulgaire qu'on parle dans le Dauphiné*, grand in-8° de plus de quatre cents pages, déposé à la bibliothèque de Grenoble. Je possède une copie de ce manuscrit inédit, et qui est sans nom d'auteur, mais que Gras de Villars, chanoine de Saint-André, attribue à Nicolas Chabot, avocat de Grenoble. Nous avons aussi de M. Champolion de savantes *Recherches sur le patois de l'Isère*. Enfin, monsieur, ma bibliothèque, qui se compose de plus de six cents volumes sur les mathématiques, l'histoire naturelle, la géographie, la médecine, la jurisprudence, la philosophie, l'économie politique, l'histoire, et la littérature, n'en renferme pas un seul qui ne soit sorti de la plume d'un Dauphinois. Il m'en manque encore un assez grand nombre; mais à force de recherches et de soins j'espère me les procurer. »

On est venu annoncer que le *gratin* était servi, et, de la bibliothèque, nous avons passé dans la salle à manger.

Il ne suffisait pas pour trouver le brouet noir excellent de le manger sur les bords de l'Eurotas, je crois qu'il fallait encore être Lacédémonien. Je pourrais en dire autant du *gratin* de Grenoble: ces pâtes, mêlées tantôt avec des herbes, tantôt avec des viandes, cuites entre deux feux, et comme emboîtées dans une double croûte qu'on appelle *gratin*, sont sans doute nourrissantes et agréables au goût; mais, pour en bien apprécier toute la saveur, je pense qu'il faut aussi être de Grenoble.

Je me suis bientôt trouvé prêt à reprendre mon rôle ordinaire, celui d'auditeur attentif et presque toujours bénévole. Le libraire, pour mettre notre hôte en train de faire les honneurs de son esprit, lui a reproché, dans les termes les plus obligeants, de priver le public des précieux fruits de ses savantes méditations. « Que voulez-vous? a dit M. M....; les travaux auxquels je me livre exigent beaucoup de temps et de réflexion. Quand on se mêle de relever les erreurs des autres, il faut bien prendre garde de se tromper soi-même; l'auteur qui entreprend de résoudre les difficultés historiques et d'éclairer des faits obscurs doit, sous peine de se rendre ridicule, ne laisser aucun doute dans l'esprit de ses lecteurs. Je tiens qu'en matière aussi grave toute faute est un crime. Monsieur, a-t-il dit en se tournant vers moi et en m'adressant la parole, va juger par la simple indication des ouvrages à la composition desquels je consacre toutes mes veilles combien il importe au public, encore plus qu'à moi, qu'aucune omission, qu'aucune inexactitude dans les faits, ne puisse m'être reprochée.

« *Charles de Montmorency fut-il seul parrain, en son nom, du dauphin fils de Charles V, ou ne parut-il dans cette cérémonie que comme procureur de l'empereur Charles IV?* Ce point historique est des plus obscurs ; je me fais fort de le rendre aussi clair que le jour en plein midi, et de prouver que dans l'entrevue du dauphin avec l'empereur le dauphin s'inclina et ne s'agenouilla pas, comme l'ont faussement avancé plusieurs historiens allemands.

« C'est encore une grande et importante difficulté de savoir *combien de temps a vécu le prince Philippe, fils de Charles VI.* Les uns disent que ce fut six, et d'autres dix jours. A force de soins et de recherches je suis parvenu à me procurer un document historique de la plus grande authenticité, et qui prouve que Philippe a vécu sept jours treize heures et quelques minutes.

« Les circonstances de la mort du duc d'Orléans, assassiné par ordre du duc de Bourgogne, ont été diversement racontées. Ce ne fut pas trois jours, mais seulement vingt-quatre heures après avoir, en signe de réconciliation, communié avec ce prince que le duc de Bourgogne le fit poignarder à son retour de chez la reine ; d'Oquetonville, qui commit ce meurtre, n'était ni bourgeois ni paysan, mais bon gentilhomme, et même d'une ancienne maison de Normandie.

« La dame de Gine, maîtresse du duc de Bourgogne, qui le détermina à se rendre sur le pont de Montereau, où il fut assassiné à son retour par ordre du dauphin, était aussi une dame de fort bon lieu et d'agréable humeur.

« J'ai recueilli un grand nombre d'anecdotes intéressantes sur Jean Villiers, seigneur de L'Ile-Adam, lequel fit massacrer, en 1418, à Paris, les évêques de Coutances, de Bayeux, de Senlis, de Saintes, le chancelier, un grand nombre de personnes de distinction, et arracha lui-même de dessus le dos du connétable deux lanières de chair en forme de croix de Saint-André.

« J'ai démontré jusqu'à l'évidence qu'à la mort de Charles VII, qui chassa les Anglais de la France, il ne resta près de son corps que le chancelier Jean des Ursins, et le grand écuyer Tanneguy du Châtel, qui prit soin de lui rendre les derniers devoirs, et avança de ses deniers une somme de cinquante mille livres pour le faire enterrer. Si les successeurs d'un roi héritent des charges comme des bénéfices de la couronne, je prouverai que les rois de France sont redevables de cette somme et des intérêts aux descendants de Tanneguy du Châtel.

« J'ai composé un petit traité sur cette question: *D'où vient qu'on dit les Bourguignons salés?* A l'approche du dauphin, les habitants d'Aiguemortes, après avoir chargé la garnison bourguignonne et en avoir égorgé la plus grande partie, coupèrent les corps par morceaux, les salèrent, et les mirent dans une grande cuve de pierre. Toutes les circonstances de ce trait de fidélité sont scrupuleusement rappelées dans mon ouvrage.

« Né Dauphinois, les choses du Dauphiné ont dû être plus particulièrement l'objet de mes investigations, et vous pourrez juger, par la seule indication des différents sujets que j'ai traités, de l'étendue et de l'importance de mes travaux dans cette partie ; voici les titres de ces ouvrages :

« Que les dauphins d'Auvergne portaient à tort dans leurs armes un *dauphin vif*, et que le dauphin, fils de Charles, les contraignit à ne porter qu'un *dauphin pâmé*.

« Que Louis XI fit empoisonner à Compiègne le dauphin Jean-Second, fils de Charles VI.

« Que les députés du Dauphiné, qui ne haranguaient qu'à genoux les dauphins, même au berceau, parlaient au roi de France debout.

« Que le parlement de Grenoble devait avoir la préséance sur celui de Bordeaux.

« Qu'au baptême du dauphin qui fut depuis Louis XIII l'habit de la reine était bordé de perles au nombre de trente-deux mille.

« Qu'en 1340 Béatrix de Viennais, dame d'Arlay, rendit hommage au dauphin Humbert II, *compositis manibus et oris osculo,* les mains jointes et en donnant un baiser sur la bouche, à la manière des personnes de noble race ; les roturiers rendant hommage à genoux, sans éperons, et en baisant seulement le pouce de leur seigneur, parceque, comme vous le savez sans doute, si les hommes liges vivaient libres, ils mouraient toujours esclaves.

« Que le Dauphiné tomba deux fois en quenouille, la première par Béatrix, fille de Guignes IV, qui en porta la souveraineté dans la maison de Bourgogne, et la seconde par Anne, qui la fit passer dans la maison de La Tour-du-Pin.

« Que Claudine de Bectoz, abbesse de Saint-Honoré de Tarascon, morte en 1547, avait eu pour précepteur Denis Faucher, moine de Lerins et aumônier du monastère de Saint-Honoré; que ce moine lui enseigna beaucoup de choses, et en particulier les belles-lettres, dans lesquelles elle devint si célèbre que le roi François I*er* et la reine Marguerite de Navarre, sa sœur, firent exprès le voyage de Tarascon pour la voir.

« A propos de l'abbesse de Tarascon, je cite les femmes célèbres que le Dauphiné a produites, et je n'oublie pas la *Lhauda*: la soirée est bien avancée, et nous ne pouvons la terminer plus agréablement que par cette historiette. — C'est à madame à vous la raconter, interrompit le libraire en désignant une jeune et jolie femme assise à ma droite; personne ne peut parler plus savamment et plus agréablement de *Claudine Mignot* que son arrière-petite-nièce. »

Madame G.... annonça par un léger signe de tête et par le plus aimable sourire qu'elle consentait à satisfaire notre curiosité; le silence le plus profond s'établit; elle commença en ces termes.

N° LXXIV. [31 septembre 1819.]

LA LHAUDA[1].

> Sa vive allure est un vrai port de reine,
> Et sur son rang son esprit s'est monté.
> VOLT.

« On voit encore moins de bergères devenir reines que de soldats monter sur le trône; c'est un caprice de la fortune assez rare pour être remarqué.

« Vers le milieu du dix-septième siècle vivait au village de Bachet, près de Meylan, à une lieue de Grenoble, une jeune villageoise nommée *Claudine Mignot*, et surnommée *Lhauda* dans le patois du pays. Son air était modeste et décent, ses traits réguliers, son teint animé, et un agréable embonpoint donnait à sa beauté cette fraîcheur qui la conserve long-temps. *Janin*, secrétaire d'un M. d'Amblerieux, trésorier de la province du Dauphiné, vit la *Lhauda*, en devint amoureux, et parvint à lui plaire; mais, accoutumé à de faciles succès, c'était

[1] Cette nouvelle historique est extraite d'un manuscrit conservé dans la famille de la Lhauda.

une maîtresse qu'il recherchait dans Claudine et non une compagne. Quoique jeune et sans expérience, elle s'aperçut bientôt que cet amant avait sur elle des desseins peu légitimes, et l'amour-propre vint au secours de la vertu pour la défendre contre les empressements et les séductions de l'amoureux Janin, dont J. Millet nous a conservé les gentilles *fleurettes*. Lorsqu'il lui disait en langage poétique : « Le printemps est la saison des amours: voici le mois de mai; la vigne s'élance et s'attache aux rameaux de l'orme, le chèvrefeuille embrasse l'aubépine, les fleurs se penchent vers les fleurs, l'herbe épaisse invite au repos, et le feuillage offre des voiles mystérieux : vois les troupeaux dans les champs, les oiseaux dans les bois; ils s'appellent, se répondent, s'approchent, et se font de vives caresses : ô toi qui es plus belle que la blanche colombe, dont les accents sont plus tendres que ceux de la tendre tourterelle, imite la compagne du ramier, et, comme elle, reçois et rends de doux baisers ! — J'aime mieux, répondait Claudine, imiter la lune, qui reçoit les regards du soleil, mais qui l'évite sans cesse, quoique jour et nuit il tourne autour d'elle. »

« Claudine, fidèle aux sages leçons de sa mère, résistait à toutes les séductions de Janin. Un jour il la surprit endormie au fond d'un bosquet où elle avait mené paître ses brebis, et il osa lui ravir un baiser: la Lhauda, s'éveillant, se mit dans une grande colère; en vain, pour s'excuser, Janin lui disait : « C'est l'occasion, et non pas moi, qui est coupable : elle s'est offerte, pouvais-je ne pas en profiter? pour obtenir un baiser de ta bouche, un ruban de ton corset, un seul cheveu de ta tête, il faut qu'on te le dérobe : l'amour sans baisers est un jardin sans fleurs, un pré sans verdure, une moisson sans épis, une vigne sans raisin, une forêt sans feuilles, une plaine sans ruisseaux ; pourquoi donc tant te fâcher pour le doux baiser que je viens de te prendre? — Et toi Janin, répondait Lhauda, pourquoi vouloir dérober ce qui peut t'appartenir légitimement? que ne t'adresses-tu à mes parents? fais venir le notaire, allons trouver le curé. » Mais Janin éludait toujours ces questions; et quand il se voyait pressé de trop près par les questions ingénues de la bergère, il prétextait quelque affaire et la quittait. Cette conduite, dont la Lhauda pénétrait le motif, changeait quelquefois la tendresse qu'elle ressentait pour Janin en un vif dépit. « Qu'attend-il donc, disait-elle, pour m'épouser? j'ai quinze ans, et je pourrais dire seize; me faudra-t-il jusqu'à trente *balayer* la maison de mon père, et faire le ménage d'autrui? Je vois des filles plus jeunes, moins jolies, moins fortes, moins courageuses que moi prendre un mari ; Janin s'est-il mis en tête que je n'en saurais trouver? Eh! vraiment, je ne sais souvent auquel entendre : sitôt que je parais, l'un tire d'ici, l'autre de là; l'un *m'em-*

bouquette de roses, l'autre de violettes; celui-ci m'offre un lacet, et celui-là des rubans : tous veulent être mes serviteurs. Que Janin y prenne garde; je me lasserai d'attendre; et, si je trouve quelque autre garçon à mon gré, je lui ferai bien voir que, s'il me juge d'âge à faire l'amour, je le suis aussi à devenir femme. »

« La tendresse de Claudine pour Janin s'affaiblissait de jour en jour; plus il se montrait empressé près d'elle, et moins elle lui pardonnait les prétextes qu'il avait pris pour différer leur union. Il la vit plus d'une fois écouter avec intérêt les jeunes garçons du village qui lui parlaient d'amour; il devint jaloux, il se plaignit, et l'impatience de la bergère lui disait assez que sa plainte était devenue importune. Un jour, où il lui dit : « Lhauda, j'ai voulu prolonger la saison des amours : c'est la plus douce, c'est celle des fleurs; mais l'été doit succéder au printemps, m'autoriserez-vous à demander votre main aux auteurs de vos jours? — Je dois obéir à mon père et à ma mère, répondit-elle; c'est le devoir d'une fille. — Mais n'est-ce pas aussi le conseil de l'amour? » La Lhauda se tut et baissa les yeux. « Vous ne répondez point, Claudine : serais-je assez malheureux pour que ma recherche vous fût devenue désagréable, vous dont si long-temps l'accueil me fut si doux, vous dont tant de fois à mon abord j'ai vu les yeux briller d'une innocente joie, la bouche s'embellir d'un tendre sourire?—J'obéirai à mes parents » fut toute la réponse qu'il put obtenir de Claudine. Il espéra que l'hymen lui rendrait ce cœur qu'il semblait avoir perdu, et dès le jour même il demanda à Pierro et à Thiévena la main de leur fille. Sa demande fut agréée par le père de Claudine ; il en parla à sa femme : « Ma fille, lui répondit Thiévena, est destinée à la couche d'un roi. — Femme, vous voulez rire. — Avez-vous oublié que, lorsqu'elle vint au monde, je me suis fait dire sa bonne aventure, et que la bohémienne m'a prédit qu'elle serait reine un jour? — Femme, laissez là vos folles prédictions; Janin est le meilleur parti du village : où trouverions-nous mieux? — Si je le savais, dit Thiévena, ma fille ne serait pas pour lui. »

« Cependant l'amoureux Janin faisait les apprêts de la noce avec autant d'empressement que jusquelà il y avait mis de lenteur. La Lhauda n'en paraissait ni contente ni attristée; on eût dit qu'il s'agissait du mariage d'une autre fille. Avant de conclure, Janin crut qu'il était de son devoir de présenter sa future au seigneur d'Amblerieux, et de le prier de signer au contrat. Ce seigneur était un vieux garçon fort riche, qui, après avoir passé sa vie dans les intrigues de cour et de galanterie, quittait le monde au moment d'en être quitté, et venait finir philosophiquement sa vie dans la retraite. Il avait entendu vanter les charmes de la Lhauda; la réception de cette jeune paysanne au château d'Amblerieux fut une petite fête. Le seigneur châtelain fut ébloui des beautés de Claudine; il loua le bon goût de son heureux secrétaire, et fit à la jeune fiancée l'accueil le plus galant et le plus flatteur. Claudine et Thiévena revinrent enchantées du seigneur d'Amblerieux.

« Aussitôt que tout le monde fut retiré, M. d'Amblerieux fit appeler son secrétaire. « Ta future est trop belle, lui dit-il, pour la parer des grossiers atours qu'on trouve dans ce village ; je me charge des frais de sa corbeille de noce. Pars dès demain pour Lyon, où j'ai d'ailleurs quelques affaires qui exigent ta présence. Ton amour pour Claudine m'assure qu'elles seront promptement conclues; car ton mariage sera différé jusque-là. » Cet ordre cause à-la-fois de la joie et de la peine à Janin : il reculait l'époque de son bonheur ; mais il était un témoignage honorable de la confiance qu'avait en lui le seigneur d'Amblerieux, et de l'intérêt qu'il portait à Claudine. Il alla de bonne heure le lendemain donner cette nouvelle à sa future et à ses parents. Thiévena et sa fille en parurent plus satisfaites qu'affligées, et Janin partit assez inquiet d'un adieu dont la froideur alarmait sa tendresse.

« Le jour même du départ de Janin pour Lyon, on vit au village de Bachet une chose toute nouvelle, et dont on n'avait point eu d'exemple jusque-là : un seigneur, un homme de cour, descendre de son château dans la cabane d'un pauvre villageois. Il n'y trouva que la Lhauda et sa mère; Pierro travaillait aux vignes. A l'aspect du seigneur d'Amblerieux, Thiévena perdit la tête, et Claudine rougit moins encore de pudeur que de vanité. Dans leur empressement à se montrer dignes, par leur politesse, d'un si grand honneur, les rouets, les escabeaux, et les jattes, tout fut renversé. Le galant seigneur ne paraît pas s'apercevoir du désordre; il s'assied sur le seul siége qui soit resté debout, et, lorsque Claudine et sa mère furent remises, M. d'Amblerieux parla en ces termes: « Si j'avais un sceptre, une couronne royale, toute la puissance et tous les trésors du monde, j'en ferais hommage à la plus belle; car la beauté a des droits sur tous les cœurs, sur toutes les volontés, sur toutes les richesses. Je n'ai pour héritage qu'un château, des hôtels, quelques milliers d'arpents de terre et de vigne, des bois, de gras pâturages, et de nombreux troupeaux; mais ce peu que je possède, je viens le mettre aux pieds de la belle Lhauda. »

« La mère et la fille se regardaient, et ne savaient que répondre. Par quel miracle un seigneur voulait-il devenir l'époux d'une petite paysanne? M. d'Amblerieux devina le motif de leur silence, et continua en ces termes : « Si mes vues sur vous étaient moins pures, je vous laisserais épouser mon secrétaire, et peut-être pourrais-je espérer que son humeur volage, le temps, et mes soins... Mais non, ce n'est point à ce prix que je veux obtenir la belle et sage Claudine. Je brûle de la revoir dans mon château; mais elle ne doit y reparaître que pour y prendre mon nom. » A ces mots, le sire d'Amblerieux sortit en disant qu'il reviendrait le lendemain recevoir la réponse de la Lhauda. A peine Thiévena se vit-elle seule avec sa fille que, lui sautant au cou et la serrant fortement dans ses bras, elle s'écria : « Enfin, ma chère Lhauda, les prédictions de la bohémienne commencent à s'accomplir! tu n'es pas encore reine; mais déja te voilà grande dame. » Claudine paraissait rêveuse. « Eh quoi! lui dit sa mère, penserais-tu encore à ce Janin, lui qui t'a si long-temps méprisée, lui qui ne t'honore que parcequ'il n'a pu te déshonorer?— Je ne regrette pas Janin, je ne l'aime plus; mais il est jeune, et ce seigneur ne l'est pas. —Ton père ne l'était pas davantage quand je l'ai épousé; cependant la plus belle fille du royaume n'en est pas moins sa fille, quoi qu'en disent les mauvaises langues. Il en sera de même de ton époux; ses enfants seront beaux comme leur mère. Ah! ma chère Claudine, quelle gloire pour toi d'être assise au banc du seigneur à l'église, d'être encensée par le curé à la grand'messe, d'entendre dire sur ton passage: Voilà madame d'Amblerieux! Qu'est-ce qui part? c'est madame d'Amblerieux. Qu'est-ce qui arrive? c'est madame d'Amblerieux. Place à madame d'Amblerieux, salut à madame d'Amblerieux; vive madame d'Amblerieux! Et pour moi, quel honneur de dire: *Madame d'Amblerieux ma fille!* Plus de travail, plus de fatigues, de mauvaises saisons à craindre, d'hivers à redouter; bon feu, bonne table; nous en vivrons tous dix années de plus, si pourtant je n'en meurs pas subitement de joie. Je ne veux pas que ton bonheur soit différé d'une minute. Allons trouver ton père. »

« Aussitôt que le bon homme Pierro eut entendu sa femme, il entra dans une grande fureur, et la traita de folle. « Je veux pour gendre, lui dit-il, un homme à la table duquel je puisse m'asseoir sans cérémonie, et qui vienne sans rougir prendre place à la mienne. Il ferait beau de voir la fille de Thiévena quitter la toile pour porter le velours! Mariée à un si gros monsieur, il lui apprendrait bientôt à mépriser tout ce qui a fait jusqu'ici son plaisir et sa joie; tout, jusqu'à ses parents même. Lhauda vivante serait morte pour nous : je hais les gens qui mangent le blé sans savoir ce qu'il coûte, quand on le sème, et quand on le récolte; à qui il faut donner la meilleure place, le meilleur morceau, et qui vous font la guerre si vous ne laissez pas les lapins manger vos choux et vos laitues. Le gendre qui me convient, à moi, c'est l'homme qui travaille et gagne le pain qu'il mange. Que diraient les belles dames et les grandes demoiselles quand elles verraient que la Lhauda leur a été préférée? que diraient nos voisines, toutes les femmes, toutes les filles du village? Je vous le répète, Thiévena, vous êtes une folle, et le seigneur d'Amblerieux se moque de vous. »

« Informé du refus de Pierro, le vieux seigneur se présenta lui-même; et la raison du paysan ne tint pas contre les séductions de la fortune et de la vanité : Pierro *consentit* à lui donner sa fille.

« La nouvelle d'une alliance si extraordinaire, si disproportionnée, fut bientôt répandue dans tout le pays. La haute et la basse noblesse crièrent au scandale; les railleries, les quolibets, les vers, et les chansons satiriques, pleuvaient de tous côtés : il en parvint jusqu'à Lyon. Janin n'en pouvait croire ni ses yeux ni la renommée, tant la chose lui paraissait extravagante et hors de toute probabilité. Cependant il se hâta de quitter cette ville et d'accourir au Bachet. Il y arriva au milieu de la nuit, se présenta à toutes les portes du château, et fut repoussé par les gens de M. d'Amblerieux qui avaient ordre de ne pas le reconnaître.

« Au pied de la montagne, dans une caverne obscure et profonde, vivait une vieille sorcière fameuse par ses sorts et ses enchantements; Janin courut la consulter. « Ne jette plus ton grain sur la pierre, car tu sèmeras sans recueillir, lui répondit la magicienne. — Eh bien! reprit Janin, si rien ne peut empêcher la poire mûre de tomber, si tout ce que le sort a voulu doit s'accomplir, si Lhauda doit porter le nom de madame d'Amblerieux, que ce nom soit du moins tout ce qu'il y aura jamais de commun entre elle et lui! Jetez sur le méchant qui m'enlève Lhauda un sort qui l'empêche de jouir jamais de ce trésor qu'il me vole! qu'il soit auprès d'elle comme un affamé assis à une table couverte de mets et de fruits délicieux, qui peut toucher à tous, mais qui ne peut en porter aucun à sa bouche! — Ce que tu me demandes là, dit la sorcière, je puis te l'accorder. » Elle lui remit le sort, en le prévénant qu'il ne pouvait être jeté sur les époux qu'au moment où le prêtre prononcerait les paroles sacrées. Il partit plein de l'espoir de jouir au moins du plaisir de la vengeance, et se rendit à l'église de la paroisse : il vit avec étonnement que rien n'y semblait préparé pour une si grande pompe; il crut son malheur différé, et déjà l'espérance renaissait au fond de son ame. Un malade en prière le tira d'erreur. « Ce n'est pas ici, dit-il à Janin, c'est dans la chapelle du château que le mariage doit se faire, et sans doute en ce moment les époux reçoivent la bénédiction nuptiale. » A ces mots, Janin sortit de l'église comme un furieux, et courut à la chapelle; mais il fit de vains efforts pour y pénétrer : il fut repoussé par les gardes et par les valets.

« Au pied du château qu'habitait M. d'Amblerieux
coulait un de ces torrents rapides et furieux qui entraînent les terres, déracinent les arbres, percent
les rochers, et se font jour à travers les montagnes
étroites et profondes. Vis-à-vis s'élevait à une grande
hauteur un rocher énorme sans végétation, couvert
de neiges et de glaces séculaires. Janin, intrépide
comme le désespoir, descendit jusqu'au fond du
précipice, traversa le torrent, gravit la pente oppo-
sée, et alla s'asseoir sur un vieux roc qui s'avançait
sur l'abyme à une si petite distance du château, qu'on
voyait et qu'on pouvait presque entendre les personnes qui s'y trouvaient. C'est là que Janin, dans
un état douteux entre la démence et la raison, tantôt, s'abandonnant aux larmes, déplorait amèrement
son malheur, excusait Lhauda, son père, Thiévena
même, et n'accusait que l'odieuse fourberie de
M. d'Amblerieux; tantôt se livrant à sa fureur, il
regrettait de n'avoir pas percé le cœur de l'infidèle,
mis au milieu de la nuit le feu au château, à la
chaumière de Pierro, et de ne s'être pas précipité
lui-même au milieu des flammes. Plusieurs fois il
crut, à l'ombre qui se dessinait sur les croisées, reconnaître la Lhauda et sa mère, et il les appela à
grands cris. Cependant les danses avaient cessé au
château; les lumières s'éteignaient d'un côté tandis
que d'autres pièces étaient éclairées. « Le moment
des larmes et de la colère est passé, dit Janin; voici

l'heure où mon heureux rival va posséder Claudine : sa mère et ses parents vont la conduire vers lui, n'attendons pas qu'on les laisse seuls. » A ces mots, il se place au bord du rocher, saisit son pistolet, en appuie le bout sur son front, lâche la détente, et tombe au fond du précipice. Le coup, en ébranlant les airs, fit détacher les neiges suspendues à la cime de la montagne : en roulant les unes sur les autres, elles entraînent des blocs de glace, des éclats de rocher ; et une horrible avalanche vint ébranler le château et remplir le lit du torrent. Le bruit de sa chute, ses horribles sifflements remplirent M. d'Amblerieux de terreur ; mais le coup de pistolet qui avait précédé ce grand phénomène retentissait plus fortement encore au cœur de Claudine, et, pour cette nuit du moins, le sort confié par la sorcière à Janin produisit son effet tout entier.

« Possesseur de la Lhauda, le seigneur d'Amblerieux oublia les promesses qu'il avait faites aux parents de Claudine : le bon homme Pierro fut renvoyé à ses vignes, Thiévena à son ménage, et ils ne furent plus reçus au château ; ce ne fut pas sans quelques difficultés que madame d'Amblerieux obtint la permission d'aller de temps en temps humilier sa dignité en visitant en secret ses pauvres et vieux parents. Pierro avait prévu son malheur : il s'y soumit ; mais la vanité de Thiévena, si honteusement trompée, lui fit donner à sa fille des conseils que celle-ci eut la sagesse de ne pas suivre.

« L'hymen est mortel aux vieillards qui épousent de jeunes et belles personnes: M. d'Amblerieux mourut et laissa toute sa fortune à Claudine; elle était considérable. Le premier usage qu'elle en fit fut d'enrichir ses parents et de faire élever, sur le rocher du torrent, un monument modeste à la mémoire de Janin : on y voyait une femme voilée, jetant des fleurs dans une urne vide. Madame d'Amblerieux ne demeura pas paisible possesseur des grands biens que lui avait laissés son mari; des collatéraux avides accoururent pour l'en dépouiller : l'inégalité des conditions devint un motif de persécution. Son mariage même fut attaqué comme illégal; la fille d'un vigneron n'avait pu appartenir au seigneur d'Amblerieux qu'à titre de concubine : il fallut plaider, et madame d'Amblerieux se vit contrainte d'aller à Paris solliciter un arrêt d'évocation. Sa beauté y fut remarquée et lui valut des protecteurs puissants. Le maréchal de L'Hôpital, âgé de soixante-quinze ans, et veuf depuis plusieurs années, se montra un des plus empressés. Son crédit pouvait décider la justice en faveur de la belle dame d'Amblerieux; mais il voulait appuyer ses démarches d'un titre respectable : il connaissait la malignité des gens de cour et l'esprit médisant de la ville...; on pourrait soupçonner des motifs..., supposer des liaisons... : il serait au désespoir de compromettre la réputation d'une personne aussi sage que belle... Ces craintes parurent assez plaisantes à madame d'Amblerieux; mais un motif plus réel lui fit approuver les scrupules du vieux maréchal. Le nom qu'il portait, le rang qu'il occupait dans le monde, flattaient la vanité de Claudine; l'union d'une jeune femme avec un vieillard n'avait rien de nouveau pour elle, et madame d'Amblerieux savait que si les vieux époux sont souvent importuns, du moins ils ne le sont pas long-temps. En effet, on eût dit qu'elle n'avait donné la main au vieux maréchal que pour l'aider à descendre plus vite et plus agréablement au tombeau. Au bout de quelques mois, le maréchal de L'Hôpital alla rejoindre M. d'Amblerieux, laissant sa femme un peu moins riche qu'il ne l'avait épousée, car il ne lui avait apporté en mariage que quelques dettes : Claudine y fit honneur, et paya de ce prix le nom de maréchale de L'Hôpital.

« Thiévena apprit avec une grande joie le mariage de sa fille avec un maréchal de France : les humiliations que lui avait fait essuyer le seigneur d'Amblerieux n'avaient pas corrigé sa vanité. Pouvoir dire à tout propos : *Madame la maréchale de L'Hôpital ma fille*, la consolait de tout, même de son absence; mais Pierro, loin d'applaudir à cette élévation, versa des larmes, et dit : « Maintenant il y a trop de distance entre les bras de ma fille et les miens; je ne la presserai plus sur mon cœur, sa main ne s'appuiera plus sur la mienne.— C'est du bonheur de notre enfant et non du nôtre qu'il s'agit, dit Thiévena : la voilà maréchale, ensuite elle sera princesse, et puis reine ; car la bohémienne l'a prédit. »

« Un prince qui avait été jésuite, cardinal, et monarque, Jean-Casimir II, roi de Pologne, avait abdiqué et s'était retiré en France, où Louis XIV lui donna pour résidence l'abbaye Saint-Germain-des-Prés. Ce prince, qui n'était plus ni roi ni jésuite, devenu homme du monde, aimable et galant, vit la belle maréchale de L'Hôpital, fut séduit par ses charmes, et parvint à lui plaire. Amant heureux, mais consciencieux, il épousa en secret sa maîtresse. Ce secret fut bientôt trahi par celle dont il blessait l'amour-propre ; et, si Claudine ne reçut pas publiquement le titre de reine, personne n'ignora qu'elle était devenue la femme d'un roi. Elle en fit parvenir l'avis jusque sous le chaume natal, et cette nouvelle causa une joie si vive à Thiévena, une douleur si profonde à Pierro, que l'un et l'autre en moururent. Jean-Casimir les suivit de près, et, pour la troisième fois, Claudine se trouva veuve, n'ayant eu de ces trois mariages, contractés et dissous dans un espace de quinze années, qu'une fille de Jean-Casimir, que sa famille paternelle refusa de reconnaître. Son mariage avec un roi de Pologne avait accru ses honneurs sans augmenter sa fortune, et cette bergère, devenue reine, vécut assez âgée pour voir ses descendants retourner dans un état plus obscur que celui où elle était née. Plus d'un vieillard de Grenoble se souvient encore d'une petite *Claudine* qui sollicitait en ces mots la charité publique: *Faites l'aumône à la petite-fille du roi de Pologne.* Cette infortunée était en effet une arrière-petite-fille de Claudine Mignot. »

L'histoire de la Lhauda a terminé agréablement la soirée; elle m'a procuré une de ces nuits sans sommeil, mais non sans plaisir, où, ramené par la pensée vers les ravissantes illusions de la jeunesse et les fugitives heures consacrées aux fêtes de l'amour, le vieillard oublie que, de toutes les jouissances de la vie, la seule qui lui reste est celle des souvenirs: l'aurore m'a surpris au milieu de ces songes légers que font évanouir le premier chant du coq et le premier rayon du jour.

N° LXXV. [5 OCTOBRE 1819.]

SUITE DE GRENOBLE.

> Cette vieille terre où tant de générations se succèdent n'est que la poussière des nations éteintes.
> E. J.

Il me restait à visiter la partie de la ville située sur la rive droite de l'Isère, et l'obligeant M. N*** s'est présenté d'aussi bonne heure que la veille pour me servir de guide; nous avons traversé la rivière par le pont de bois.

« Avant l'arrivée des Romains dans les Gaules, Grenoble portait-elle le nom de *Cularo?* Ce nom a-t-il été converti en celui de *Gratianopolis*, pour honorer l'empereur Gratien? La ville de *Cularo* était-elle sur le même emplacement qu'occupe aujourd'hui Grenoble? appartenait-elle aux *Voconces*, ou aux Allobroges? Ces graves questions ont beaucoup occupé nos savants: Chorier et M. Champolion-Figeac en ont longuement discouru. César, Cicéron, Strabon, et Tacite, ont été cités à propos des rues La Perrière et Saint-Laurent; mais ce genre d'intérêt vous touche peu. Qu'importe en effet que nos aïeux aient été Voconces ou Allobroges? ce qu'il est essentiel de répéter, avec madame de Staël, c'est que le despotisme et la servitude sont nouveaux en Europe, et que la liberté, que réclament les peuples, n'est ni une innovation ni un droit chimérique.

« Au temps où la Gaule indépendante ignorait encore le joug romain, toutes ses villes, tous ses citoyens étaient libres, formaient des républiques fédératives; *Cularo* se gouvernait par ses propres lois, même sous les Césars : les habitants de *Gratianopolis* nommaient leurs magistrats; des maîtres étrangers lui laissaient alors cette liberté, dont elle ne jouit pas sous l'empire d'une charte constitutionnelle. »

La partie de la ville située sur la rive droite de l'Isère est resserrée entre le lit de ce fleuve et le mont Rachet, dont les rochers escarpés élèvent leur cime à trois mille huit cents pieds au-dessus du niveau de la mer. Mon guide m'a fait remarquer des ruines, au milieu desquelles on a trouvé le piédestal d'une statue dédiée au dieu Mars: ce qui prouve, non moins que le proverbe, *faire la conduite de Grenoble*, que dans tous les temps les habitants de cette ville ont eu l'humeur belliqueuse. Dans la rue Saint-Laurent, M. N*** m'a engagé à visiter l'église qui porte le nom de ce saint. « Ces colonnes mutilées si singulièrement, m'a-t-il dit, et que vous voyez dans le temple du vrai Dieu, ont soutenu celui de quelque divinité païenne : les uns croient que ce temple était dédié à la chaste Diane, d'autres à l'éloquent Mercure; car les Romains, qui recevaient dans la ville éternelle les dieux de toutes les nations, faisaient aussi adopter aux peuples soumis à leur joug les dieux de Rome : Mars, Mercure, Diane, Vulcain, Juventus, et même l'Égyptienne Isis, avaient des adorateurs dans *Gratianopolis*. Les divinités gauloises furent abandonnées pour celles que Rome avait reçues de Memphis et de la Grèce; les habitants des montagnes restèrent seuls fidèles aux dieux de la patrie. Plusieurs pensent que ces débris appartiennent à un culte inconnu; M. Champolion-Figeac n'en a point parlé, et la question est restée indécise. »

Pendant ce discours, auquel je prêtais assez peu d'attention, j'examinais des bas-reliefs qui m'ont paru d'une époque où la sculpture antique n'était point encore dégénérée : la composition en est simple, et le style ne manque pas d'une certaine correction.

On voit dans le mur du prieuré de la paroisse Saint-Laurent, et dans d'autres endroits de Grenoble, quelques inscriptions latines consacrées par la piété filiale ou la tendresse maternelle à la mémoire de ceux qu'elles avaient perdus. Cette vieille terre où tant de générations se succèdent, où tant de générations vont se perdre, n'est que la poussière des nations éteintes.

En avançant vers la porte Saint-Laurent, mon guide m'a montré sur la gauche, dans l'enceinte de la ville, un vieux fort démoli, auquel on donne le nom de *Bastille*, ou *Bastide*, qui ne désigne guère, dans le midi et dans l'est de la France, qu'une maison de campagne, tandis qu'à Paris il rappelle une prison politique, où le pouvoir renfermait les hommes qu'il n'osait faire juger; car il est bon d'observer que, sous le despotisme, les magistrats ne condamnaient pas tous ceux dans lesquels les craintes, les jalousies, les haines, et les susceptibilités ministérielles, voyaient des criminels d'état.

L'espèce de fort, auquel on donne le nom de *Citadelle*, est en dedans de la ville sur la rive gauche de l'Isère: il ne m'a pas paru susceptible d'une bien vigoureuse résistance; mais du moins est-il placé du côté par où l'ennemi peut arriver près de la route qui conduit du Piémont en France.

En rentrant dans la ville, nous avons rencontré une foule d'étudiants qui se rendaient aux écoles publiques. Parmi cette jeunesse studieuse, mon guide m'a désigné une trentaine d'élèves qui s'appliquent avec beaucoup de succès aux sciences, aux lettres, ou qui fréquentent le barreau: maintenant ils sont l'espoir de Grenoble; un jour ils en seront l'honneur.

A quelques pas de ces jeunes gens marchait un homme dont l'allure vive et militaire annonçait plutôt un élève de Mars qu'un disciple d'Apollon. « Cependant, m'a dit mon guide, le commandant G.... n'est pas moins cher aux Muses qu'à Bellone: mathématicien, chimiste, latiniste, helléniste; parlant allemand, anglais, hollandais, italien, espagnol; poète et musicien, il compose des vers comme Tyrtée, et des chants comme Therpandre; il sait tout, hormis peut-être ce qu'il faut savoir pour faire fortune et réussir auprès du pouvoir. Les personnes qui reprochent à cet homme si original, si spirituel, ce qu'elles appellent des *inconséquences*, sont forcées d'avouer du moins qu'il est très conséquent en fait de patriotisme : ses principes n'ont jamais varié. Ils sont ceux d'un citoyen de New-Yorck ou de Philadelphie, d'un Athénien du temps d'Aristide, ou d'un Romain du temps de Cincinnatus. » Il était accompagné du doyen des héros de l'ancienne armée française, de ce vicomte de Barral, qui devina le premier le génie de Masséna lorsqu'en 1791, inspectant le bataillon du Var, dont il avait été mécontent, il dit au futur prince d'Essling : « Vous viendrez avec nous; ce n'est pas votre bataillon, c'est vous que j'emmène. » M. de Barral, qui a donné à la France deux fils dignes de lui, vit aujourd'hui retiré dans la petite ville de Voiron, à quatre lieues de Grenoble.

Nous sommes revenus par la rue Neuve. M. N*** m'a dit en s'arrêtant : « Cette maison, autrefois l'ancien hôtel du gouvernement, est maintenant la propriété du général Marchand, un de nos plus illustres compatriotes. Tous ses grades, il les a obtenus sur le champ de bataille : il fut nommé, en l'an 3, chef de bataillon sur celui de Loano, dans la rivière de Gênes; en l'an 5, colonel sur celui de Rivoli; en l'an 7, général de brigade sur celui de Novi; et, en l'an 1806, général de division à la suite de la grande victoire d'Austerlitz. Il commandait à Grenoble en 1815, lorsque Napoléon se présenta devant cette place. On reprocha au général Marchand de l'avoir mal défendue; mais devant le conseil de guerre où il avait été traduit, sa justification fut complète, et il prouva qu'à l'époque de la restauration il s'était prononcé le premier, à Grenoble, en faveur des princes légitimes; qu'un des premiers, parmi les généraux français, il avait conclu un armistice avec les généraux alliés. M. Bernard, procureur-général à Nîmes, en déposant dans l'affaire du général Marchand, dit qu'il n'est point d'ami du roi qui, ayant observé ce général dans les journées des 5, 6, et 7 mars 1815, n'ait été convaincu qu'il eût versé tout son sang pour défendre le roi et la légitimité; et que s'il ne réussit pas dans ce noble dessein, c'est que son empressement à faire connaître, en 1814, la chute de Napoléon avait affaibli son empire sur l'esprit des soldats. Il est évident que s'il s'était mis dans le cas d'être recherché pour sa conduite dans ces circonstances, ce n'était pas par les ministres de Louis XVIII. Le général Marchand se vit oublié du gouvernement qu'il avait si bien servi : le grand cordon de la Légion-d'Honneur, dont il fut décoré à la bataille de Friedland, est caché sous le surtout de ce soldat laboureur qui habite Saint-Ymien, la plus jolie bastille des environs de Grenoble, située à mi-côte en face de la délicieuse vallée de Grési vaudan. Les bois et les rochers sourcilleux qui la couronnent en font un séjour à-la-fois majestueux et plein de charme. » J'aurais porté mes pas de l'autre côté des montagnes, vers cette bastille moins séduisante encore par ces beautés pittoresques que par l'hôte qui l'habite, si des ermites plus singuliers ne m'eussent appelé à la grande Chartreuse où j'ai l'intention de faire incessamment un pèlerinage.

N° LXXVI. [10 OCTOBRE 1819.]

LA CHARTREUSE.

> Quels malheurs ou quels crimes ont forcé
> l'homme à venir dans ces lieux sauvages disputer à l'ours ses antres et ses précipices?
>
> E. J

L'équipage qui m'a transporté de Grenoble au Sapey n'était pas très brillant : monté sur deux roues, attelé d'une paire de bœufs, on n'y voyait ni banquettes ni siéges ; des ridelles y tenaient lieu de glaces : il a fallu m'y coucher sur l'humble lit qui reçut le Dieu des chrétiens.

M. N*** a été retenu à Grenoble par une légère indisposition et les affaires de son commerce. Cette circonstance m'a peu contrarié : j'étais bien aise de pouvoir me trouver seul au milieu des solitudes où saint Bruno, en expiation des erreurs de sa jeunesse, vint fonder un asile pour la piété stérile et pour les remords vengeurs.

Des paysans, parlant pour toute langue le patois de l'Isère, étaient mes guides et mes *cicérones;* ils comprenaient facilement mes demandes, mais il me fallait un effort d'attention et de fréquentes répétitions pour saisir le sens de leurs réponses. Je me suis soustrait à cette fatigue en essayant le régime des religieux de saint Bruno : j'ai gardé le silence.

Il règne une certaine monotonie dans ces montagnes couvertes de grands bois, quels que soient la variété des points de vue et les divers degrés d'élévation où l'on se trouve. La verdure des arbres dont l'automne ne voit pas tomber les feuilles a je ne sais quelle teinte sombre, plus propre aux impressions mélancoliques et rêveuses qu'aux inspirations du génie. L'homme, ramené sur lui-même par la comparaison de sa faiblesse avec la force des torrents, la puissance des avalanches et la grandeur des masses au milieu desquelles il est comme perdu, reste frappé et muet à l'aspect de son néant. Mon œil, en sondant la profondeur des abymes, en mesurant la hauteur des pics décharnés, y cherchait la nature vivante, animée, et n'y découvrait qu'une végétation muette et le ravage des vents, des eaux, et des glaces, qui avaient entraîné les rochers, brisé les arbres, comblé les vallées, changé les champs et les pâturages en montagnes de débris. Quels malheurs ou quels crimes ont forcé l'homme à venir dans ces lieux escarpés et sauvages disputer à l'ours ses antres et ses précipices ? qui l'a chassé de la plaine et du rivage fécond des fleuves paisibles ? Le démon de la guerre, le démon du pouvoir, le démon de l'orgueil ; tous les génies de la domination qui, échappés de l'enfer, ont obtenu sur la terre asservie de lâches autels, et, dans le ciel profané, des gloires sacriléges. Lorsque les brigands de la conquête eurent dit aux paisibles cultivateurs : « Ces terres sont à nous, » comme le voleur dit au passant : « Ta bourse est la mienne ; » lorsque le cheval ne fut plus nourri pour la charrue, mais pour le combat ; que le fer destiné à ouvrir le sein de la terre fut transformé en glaive homicide, et que les vierges du hameau, avant d'être reçues dans la couche nuptiale, durent être souillées sous le dais féodal, alors quelques hommes de cœur, préférant la misère à la honte, dirent aux loups et aux ours : « Notre cabane est près d'un château dont l'hôte est plus affreux que vous ; ici du moins notre vie seule est en danger. S'il vous faut payer tribut, ce sera pour vous seuls ; vous n'avez ni valets, ni sbires, ni chambellans, ni pages, ni bourreaux, ni juges, ni chapelains, ni espions, à faire vivre à nos dépens. Hôtes sauvages des forêts, vous êtes moins cruels à l'homme que l'homme de la féodalité. »

Ce sont les descendants des réfugiés, ce sont les fils des indépendants, les neveux des vieux amis de la liberté, qui ont peuplé les solitudes des Alpes et disputé aux glaces une terre affranchie.

J'ai quitté ma voiture sur le Sapey, et, ne pouvant faire route à pied, on m'a amené un cheval accoutumé à parcourir ces sentiers tracés souvent au bord des précipices, et à gravir contre le roc nu et incliné.

A cette hauteur l'air est froid et piquant ; j'ai pressé le pas de ma monture pour entretenir par le mouvement la chaleur qui m'abandonnait : la fraîcheur des bois rendait celle de l'air humide et pénétrante. Ces immenses forêts, qui semblent braver les efforts de l'homme, offrent cependant de toutes parts la puissance de sa main destructive. Les arbres dont la nature met un siécle à élever les cimes orgueilleuses sont tombés en quelques heures sous des haches avares : noircis, et déja pénétrés par le feu, ils sont allés dans le foyer des habitants de Grenoble, de Valence, de Vienne, et de Lyon, achever de se réduire en cendres légères. Tandis que les paysans, animés par l'espoir du gain, convertissaient en charbon une partie des bois de la Chartreuse, de leur côté les fournisseurs de la marine faisaient tomber les arbres qui leur paraissaient les plus propres à la construction des vaisseaux : *Neptune s'unissait aux Grecs pour saper les fondements d'Ilion.* Les anciens chartreux usaient avec plus de prudence de ces richesses naturelles; ils évitaient ce qu'on appelle dans le pays une *coupe blanche*, et d'une grande étendue, parcequ'il en résulte des avalanches et qu'elles nuisent à la reproduction de certains arbres:

leurs coupes étaient régulières, éloignées, et par petits cantons. Cependant l'exploitation des bois était une des principales branches du revenu de la grande Chartreuse ; car l'esprit d'envahissement s'était introduit parmi ces hommes, qui, blessés du monde, semblaient avoir renoncé à ses biens. L'enceinte de l'ermitage de saint Bruno n'était que de quelques toises ; au bout de sept siècles, ce que les successeurs du saint anachorète appelaient *leur enclos* s'étendait à deux lieues à la ronde. L'entrée en était interdite aux femmes, à une partie de la population, et les habitants des diverses communes, qui n'étaient éloignés les uns des autres que de cinq à six kilomètres, étaient forcés, pour communiquer ensemble, de faire des détours de vingt-cinq kilomètres, par des sentiers étroits pratiqués tantôt au milieu des bois où souvent la trace en était effacée, et tantôt au bord des précipices où ils se trouvaient fréquemment rompus par la chute des neiges, des rochers, ou des arbres. Ainsi par-tout les intérêts du plus grand nombre furent sacrifiés aux convenances de quelques uns. Par-tout les hommes du privilége et du droit fictif, ceux même que recouvre l'habit de chartreux, deviennent les fléaux de l'égalité primitive et du droit naturel.

A l'approche de l'enclos proprement dit, j'ai suivi un sentier en pente, pavé ou plutôt plein de cailloux mobiles qui roulaient sous les pieds de mon cheval; deux rochers resserrés et s'élevant de quatre à cinq cents pieds de hauteur, le vent glacé qui vient du côté de la Chartreuse, le torrent qui mugit sous le pont qui lie ces deux rochers entre eux, annoncent et semblent interdire l'entrée du désert. J'ai cru lire sur le front de ces colonnes l'inscription que le Dante place à la porte d'un autre tartare :

Lasciate ogni speranza, voi ch' entrate.

Dans ce passage si étroit, si facile à défendre, les Grecs du temps de Léonidas auraient vu d'autres Thermopiles; le génie rétréci de la propriété n'y a aperçu que le dieu Terme. Des deux côtés du pont on voit des ruines, quelques constructions, et des croix; en regardant vers l'enclos on ne découvre encore que des bois et des rochers. J'ai mis pied à terre, et, resté seul, je me suis enfoncé dans le désert, suivant lentement la route qui devait me conduire à la Chartreuse. De tous côtés s'offraient à ma vue des forêts de sapins, des chaînes de rochers taillés presque à pic : nulle trace de culture n'annonçait la présence de l'homme, nulle voix humaine ne parvenait à mon oreille; les oiseaux même semblaient fuir ces lieux condamnés à un éternel silence. Un orage subit est venu m'assaillir; j'ai cherché un asile dans une caverne creusée par la nature, et dans laquelle la charité de quelques chartreux a pratiqué des sièges et des lits de repos. Trois autres voyageurs étaient venus s'y réfugier. Le feu des éclairs, les éclats de la foudre, répétés par les échos des montagnes, portaient notre esprit vers les hautes méditations; et, pendant une heure que dura l'orage, aucun de nous n'adressa la parole à l'autre. Je fus ramené plus tôt qu'eux à des observations terrestres, dont les trois étrangers devinrent les premiers objets. L'un, le plus âgé, me frappa désagréablement par l'expression d'une physionomie dure, d'un regard louche, et d'un tic singulier dont le mouvement convulsif rapprochait par intervalles ses lèvres de son oreille.

L'autre, grand et maigre, le front sillonné de rides profondes que le temps n'avait point tracées, portait dans toute sa personne l'empreinte d'une existence flétrie avant d'être achevée.

Le troisième avait dans la douleur où il paraissait plongé, quelque chose de grotesque qui résultait à mes yeux de la haute idée qu'il semblait avoir de lui-même, et du peu de soin qu'avait pris la nature de justifier, du moins extérieurement, cette orgueilleuse prétention; son extrême embonpoint se manifestait par une proéminence abdominale qui, ne trouvant d'appui que sur ses genoux, embarrassait singulièrement sa marche.

Le ciel était redevenu serein; nous sortîmes ensemble de la caverne, et, chacun par un sentier différent, nous nous acheminâmes vers la Chartreuse.

Le chemin que j'ai suivi est assez bien entretenu; mais en le parcourant j'avais peine à me défendre d'une sorte d'épouvante à la vue des objets dont j'étais entouré: ici des rochers suspendus, hors de tout équilibre, et qui semblent près de se détacher; là, des abymes où le moindre faux pas peut vous engloutir; un torrent furieux, et des ravins profonds.

Tout-à-coup le monastère s'est offert à mes yeux: l'aspect subit de ce monument d'une assez belle apparence, placé au milieu d'une nature aussi sauvage, produit un sentiment très vif de surprise et de plaisir.

J'ai été reçu, par le chartreux chargé de remplir envers les étrangers les devoirs de l'hospitalité, avec une bienveillance silencieuse, que chacun est libre de prendre pour une distinction particulière : cette politesse n'est point celle du monde; elle a quelque chose de moins prévenant et de plus charitable. On m'a conduit dans le parloir réservé aux voyageurs. Cette pièce carrée, où les trois personnages que j'avais rencontrés dans la caverne étaient déjà réunis, est entourée de cellules qui servent de chambres aux étrangers pendant leur séjour à la Chartreuse. J'allai prendre possession de la mienne en y déposant mon bagage, c'est-à-dire deux petits volumes de Voltaire et ma canne, et je revins dans la salle commune où le repas du soir était servi.

Je commençais à croire que nous sortirions de table comme nous étions sortis de la grotte, sans avoir rompu le silence, lorsqu'un des voyageurs, celui dont la figure m'avait frappé le plus désagréablement, prit la parole en ces termes :

« Peut-être, messieurs, venez-vous ainsi que moi chercher un asile où vous puissiez cacher à tous les yeux un cœur flétri, un front humilié, ou, plus malheureux, une ame dévorée de remords. Telles sont les causes qui m'amènent dans cette prison expiatoire; mais, avant de quitter pour jamais un monde sur les confins duquel je suis enfin arrivé, je veux déposer ici devant vous l'insupportable fardeau du passé et laisser dans votre souvenir l'aveu des crimes dont j'ai souillé ma vie. »

Ces mots, le son de voix dont ils furent prononcés, le grand caractère de vérité et de repentir qui se peignit tout-à-coup sur cette figure dont la première impression m'avait révolté, captivèrent toute mon attention : l'étranger continua.

N° LXXVII. [15 octobre 1819.]

L'ESPION.

Dedit exemplum, quod secuti, ex pauperibus divites, ex contemptis metuendi, perniciem aliis, ac postremum sibi invenere.
                                              Tac.

Il donna cet exemple, suivi depuis par tant d'autres (de pauvres devenus riches, et de méprisés redoutables), qui sont tombés victimes de leur propre perfidie, après avoir causé la ruine des gens de bien.

« Déshérité en naissant des biens de la fortune, et cependant né avec la soif des jouissances que ces biens peuvent seuls procurer; incapable d'une longue persévérance, effrayé des fatigues et des travaux qu'il faut entreprendre pour parvenir à la richesse par des voies honorables, je voulais obtenir du sort ce que je ne me sentais pas le courage de demander au travail. J'avais perdu mes parents de bonne heure; je vendis mon très modeste patrimoine, et je vins à Paris avec deux mille écus pour toute ressource et pour tout avenir. Je les exposai dans ces établissements immoraux où la main du pouvoir présente à la cupidité et à la misère un appât empoisonné; dans ces maisons où le cornet du banquier devient le creuset où s'opère le *départ* des substances, où chaque soir des chariots escortés par des gendarmes apportent dans la caisse du fermier des jeux des trésors qui s'écoulent ensuite dans les égouts de la police et des lieux de prostitution. Je tentai d'abord les chances de la loterie. Le gouvernement, croupier de ce jeu infernal, promet tant pour si peu! Je fus séduit et bientôt dépouillé. Il ne me restait que quelques écus; j'allai les semer sur les tapis verts des banques subalternes. La fortune cessa de m'être contraire; des tripots de la rue de Beaujolais je passai au grand tripot de la Bourse, et, en quelques mois, je me vis possesseur de quatre à cinq millions. Je pouvais m'arrêter; mais, semblable au soldat qui, devenu roi, se trouve à l'étroit dans le royaume où d'abord il ne possédait qu'une chaumière, je me trouvais pauvre avec deux cent mille livres de rente. Je voulais encore *faire fortune*. Je continuai à exposer celle que le sort m'avait faite, et le sort m'enleva tout ce qu'il m'avait donné. Je me vis ruiné en moins de temps que je n'en avais mis à m'enrichir. J'étais encore logé dans un appartement magnifique, j'avais encore des équipages somptueux, des chevaux, un nombreux cortége de valets; mais, pour payer toute cette folle dépense, il ne me restait pas une seule pièce d'or.

Je mesurais la distance qui se trouvait entre mon hôtel et la rivière, lorsqu'une dame... Elle portait un titre, elle avait un rang dans le monde, elle était dans la fleur de la jeunesse, elle avait reçu des dieux l'esprit, la beauté : c'était le génie de Satan revêtu de formes angéliques. Je la vis accourir vers moi : « Je vous aime, me dit-elle, je vous l'ai déja prouvé. Je sais tous vos revers, vous ne possédez plus rien, ou plutôt vous possédez tout encore; il dépend de vous de ressaisir cette fortune qui semble vous échapper. Il ne faut pour cela que servir la bonne cause, la cause de votre amie. — La servir? en quoi? comment? » Alors elle me dévoila d'affreux mystères : l'art de semer des bruits propres à alarmer l'autorité, de supposer des desseins dangereux aux hommes qu'un ministre veut perdre, et de donner de la vraisemblance à ces accusations; l'art plus horrible encore de créer des complots et de transformer des mécontents en conspirateurs. Elle me vit frémir. « Enfant que vous êtes, me dit-elle, ce n'est pas de vous qu'on attend ces hautes conceptions, on sait que vous êtes trop consciencieux; vos préjugés et vos scrupules bourgeois seront respectés : tout ce qu'on vous demande c'est de continuer à recevoir et à fréquenter les gens que vous avez reçus et fréquentés jusqu'à ce jour, d'aller vous asseoir à leur table, et de les inviter à la vôtre. Au lieu de le rétrécir, agrandissez votre cercle; au lieu de vous montrer plus circonspect dans la censure des actes ministériels, cherchez des épigrammes plus mordantes, inventez ou répétez les bons mots satiriques, chansonnez l'autorité, donnez votre voix, cabalez même en faveur de l'opposition : tout cela vous est permis, vous pouvez agir en toute liberté, en toute sécurité; ne craignez ni les attaques de certains journaux, ni les menaces ni les avis secrets de certains agents : il sera pourvu à votre sûreté, à toutes vos dépenses. » Je restais interdit. « Tout cela vous paraît une énigme, ajouta-t-elle d'un ton léger : si vous ne la devinez pas, bientôt je vous en dirai le mot. En attendant voici les fonds dont vous avez besoin pour remplir vos engagements : continuez vos spéculations; mais soyez prudent : consultez-moi avant de jouer sur la hausse et la baisse des effets publics; vous vous en trouverez bien. Je me mets de moitié dans les pertes; c'est vous dire assez que je veux être aussi de moitié dans les bénéfices. Il faut vous intéresser dans les fonds étrangers, dans les sociétés d'assurance, dans les entreprises des canaux, afin que l'état réel de votre fortune ne puisse être bien connu que de nous et que personne ne puisse en établir le bilan. Vos opinions, votre maison, votre table, votre luxe, sont nécessaires à des personnes qui sont très en état de vous aider à en soutenir la splendeur; et votre tendresse, dit-elle en portant sur moi un regard plein d'amour et de séduction, est la seule récompense qu'ambitionne celle dont les efforts auront toujours pour but de vous maintenir dans le monde au rang que vous êtes fait pour y occuper. »

« Elle sortit. Je ne songeai ni à la retenir, ni à lui rendre ses dons, ni à rechercher de quelle source ils pouvaient venir, ni par quels services je pouvais mériter les faveurs qui m'étaient promises. Au travers du nuage épais dont la baronne de Saint-Alphège s'était enveloppée, j'entrevis un rayon de lumière. Je détournai la tête et portai mes regards vers la fortune : elle aussi me parut sombre; mais elle me tendait la main au moment où j'allais périr : j'acceptai ses faveurs.

« On savait qu'avant les pertes considérables que j'avais faites j'avais eu des gains immenses; ceux qui me croyaient ruiné virent sans étonnement que je possédais encore des ressources. Le terme des liquidations arrivé, je payai toutes les *différences;* aucun de mes créanciers n'éprouva ni retards ni réductions. Si mon crédit était affaibli, l'estime publique ne m'abandonna pas : mes amis continuèrent de s'asseoir à ma table et de m'inviter à leurs fêtes; mais une sorte de pudeur enchaînait ma langue : mes discours, si libres jusqu'alors, devinrent plus retenus; la baronne m'en fit la guerre dans nos entretiens mêmes. « Que voulez-vous que l'on pense? me disait-elle; est-ce ainsi que vous vous rendez

digne des bontés qu'on a pour vous? » Je promis de
me corriger et de médire du pouvoir, et je m'abandonnai enfin, sans scrupule, à une manière si nouvelle de gagner de l'argent. Plusieurs personnes de
ma connaissance furent arrêtées pour des discours
auxquels la baronne et moi nous avions pris part.
J'en fus effrayé. « Ne craignez rien, me dit-elle, je
vous réponds de tout; mais n'allez pas changer
de langage. » Un matin je la vis arriver chez moi
dans une de ces parures que les femmes réservent
ordinairement pour les solennités du soir. Sa figure
était effrayante de malice et de perfidie. « Je viens,
mon ami, dit-elle en entrant et se jetant sur un canapé, déposer dans votre sein une joie que le mien
ne peut plus contenir : elle déborde, elle me suffoque. J'ai eu ce matin un des plus grands honneurs
que je puisse jamais recevoir, un des plus grands
plaisirs que je puisse jamais goûter. J'ai tenu, j'ai
pétri entre mes mains une des ames!... on les dit
grandes, on les dit fortes...! qu'elles sont petites!
qu'elles sont molles...! Comme j'y enfonçais à mon
gré la crainte et l'espérance, l'audace et la pusillanimité! comme je la voyais s'affaisser à l'approche des
graves événements dont mon inquiète prévoyance
précipitait le cours, ou se relever et s'enfler d'orgueil quand je faisais avancer à son secours d'innombrables auxiliaires! Que d'ignorance, de crédulité!
que de desseins imprudents, de faiblesses et de mi-

sères m'ont été dévoilés! que de noms obscurs, d'ignobles réputations ont pénétré dans des lieux que je croyais pour eux inaccessibles! Mais je vous raconterai tout cela plus tard... J'ai pris des engagements, songeons à les remplir. Il faut que nous réunissions... que vous réunissiez chez vous, en petit comité, les personnes dont voici la liste; aucune autre, entendez-vous : prenez leur jour à tous, afin que personne n'y manque. J'ai encore mille démarches à faire; je vous quitte : sur-tout soyez discret. » Cette recommandation, faite d'un ton plus impératif qu'amical, me jeta dans un trouble extrême. Il me semblait que ma maison était environnée de piéges invisibles : devais-je y attirer mes amis? mais comment refuser?... Mes spéculations devenaient chaque jour plus désavantageuses, l'événement démentait sans cesse les espérances de la baronne. Cependant elle pourvoyait à tout; elle vantait la sagesse et le bonheur de mes opérations, et personne ne doutait qu'en effet elles ne fussent très heureuses. La route où je m'étais engagé s'était refermée derrière moi; j'étais condamné à la suivre au risque de trouver au bout la mort et l'infamie. Le dîner eut lieu; la baronne y montra un enjouement qui dissipa peu à peu mes inquiétudes. Il ne fut question, pendant le repas, que de bals, de fêtes, et d'historiettes galantes. Les domestiques furent renvoyés au dessert, et la conversation prit alors un tour plus sérieux. Les plaintes contre l'autorité furent suivies de vœux et de discours si imprudents, si téméraires, que je m'abstins d'abord d'y prendre part : un coup d'œil de la baronne me força de renoncer à cette réserve. Elle parla de projets, d'entreprises, d'abord d'une manière vague, bientôt plus ouvertement ; enfin on n'attendait plus que le signal pour agir : je fus étonné de tant de révélations inattendues. Je n'osais lever les yeux sur la baronne ; mais j'examinais attentivement les autres convives : tous, à l'exception d'un seul, me parurent des hommes qui parlaient d'après leurs désirs secrets, non d'après leur conviction, et moins encore comme des gens qui eussent pris part à une conspiration réelle. J'attribuai beaucoup d'assertions et de paroles imprudentes aux fumées du vin de Champagne et à la chaleur de la conversation. On se sépara tard, en se promettant de se retrouver le lendemain.

« Contre son ordinaire, la baronne partit avec les autres convives, et prit dans sa voiture celui qui, le premier, avait ouvert ce dangereux conciliabule. Cette circonstance, tout ce que j'avais entendu, tout ce qui s'était passé dans cette redoutable soirée, éloigna long-temps le sommeil de mes yeux. Je fus réveillé de bonne heure par un billet de la baronne. Il contenait ces mots : « Soyez sans inquiétude ; « sortez, allez, venez, comme de coutume : quel- « que chose que vous appreniez, ne vous effrayez de

« rien; sur-tout ne vous avisez pas de fuir ou de
« vous cacher. » Ce billet mystérieux me rendit plus
vives toutes mes terreurs de la veille. Pour en avoir
l'explication, je me rendis chez la baronne : elle
n'était pas rentrée. Je courus chez tous ceux qui, la
veille, avaient dîné chez moi : plusieurs avaient été
arrêtés, les autres étaient en fuite. Je n'osais rentrer
dans ma maison : je relus le billet de la baronne;
ses menaces m'y rappelèrent. Elle m'attendait.
« Vous me dispenserez de toute explication, dit-
elle; la manière dont il a été jusqu'ici pourvu à vos
dépenses vous en dit assez. Est-ce comme témoin,
est-ce comme accusé, que vous voulez figurer dans
la conspiration qui vient d'être découverte? — Moi
témoin! de quoi? Moi délateur! de qui? — Je suis
de votre avis, dit la baronne, qui parut ne pas
s'apercevoir de mon trouble et de mon indignation.
Attendez-vous donc à être arrêté : déclarez la vérité
dans vos interrogatoires, dites ce que vous savez,
répétez ce que vous avez entendu ; on ne vous en
demande pas davantage. Vos intérêts ne seront pas
un moment en souffrance. S'il est nécessaire que
vous soyez condamné, les peines pour ces sortes de
délits n'ont rien d'infamant et ne nuisent point dans
l'opinion publique ; un emprisonnement plus ou
moins long est tout ce que vous avez à redouter, et
l'on aura soin de vous rendre votre captivité agréable. C'est aussi parmi les accusés que je me range :

les témoins ne manqueront pas; nous savons où les trouver. Une légère condamnation me serait peut-être favorable; mais il suffit, pour éloigner les soupçons, qu'un seul de nous deux soit compris dans la sentence. Pour mon compte, j'éviterai la mise en jugement. Souvenez-vous de tout ce que je viens de vous dire : adieu, nous nous reverrons au tribunal. »
Elle sortit me laissant muet de surprise et de terreur. Malgré ses conseils, je me préparais à prendre la fuite lorsque l'on vint m'arrêter. Tout se passa comme la baronne l'avait prévu : mise en prévention, elle fut renvoyée de l'accusation; je fus condamné à quelques mois de prison. Plusieurs de mes coaccusés périrent. Chose étrange! le seul que je croyais véritablement coupable fut le seul entièrement acquitté. Toutes les consolations que le remords et la captivité peuvent recevoir me furent prodiguées. La baronne ne me quittait qu'aux heures où les véritables prisonniers ont seuls le triste privilège d'habiter les prisons.

« Après quelques mois, je fus rendu à la liberté; je repris le cours de mes affaires. La confiance et le crédit s'étaient retirés de moi; une existence modeste, beaucoup de réserve et de discrétion, me les rendirent. Cette conduite fut approuvée de la baronne qui continuait à m'être utile. Au bout de quelques années, le souvenir de cette malheureuse affaire était presque entièrement effacé; ma fortune s'était rétablie; le sort et des spéculations mieux calculées et plus honorables m'avaient rendu ma première opulence. La baronne conservait toujours un grand empire sur ma volonté; mais elle se montrait moins exigeante à mesure que je devenais plus indépendant. Elle avait bien encore obtenu quelques sacrifices aux dieux inconnus, mais ces sacrifices étaient légers. « Je vois avec plaisir, me dit-elle un jour, que la main qui vous a soutenu dans l'adversité peut se retirer de vous sans craindre pour vous une nouvelle chute; mais cette carrière il faut la clore par un acte qui prouve que vous n'êtes point ingrat. Une entreprise nouvelle doit être tentée; vous et moi nous sommes étrangers aux acteurs et à l'action. Le personnage principal, au moment d'agir, hésite, diffère, s'arrête; il faut le déterminer, et un mot de votre bouche peut suffire. Vous le connaissez, vous avez toute sa confiance; allez le trouver, raffermissez son courage, mettez un terme à ses irrésolutions. Quant à vous, qui avez épuisé la coupe des récompenses, n'oubliez pas que la main qui vous l'a présentée peut vous ravir dans un même instant la réputation, la fortune, et la liberté; dans vingt-quatre heures vous aurez tout conservé ou tout perdu : songez-y. » Elle prononça ces mots d'une voix menaçante, se leva, et sortit; et moi... j'allai lâchement exécuter ses ordres. Je parlai; mon ami se perdit, et ne se perdit pas seul. Mon ame était dégradée, mais non pas insensible. Une noire mélancolie me dévorait; je n'osais quitter le monde : une retraite n'était-elle pas la plus terrible des confessions? Cependant mon dernier crime était entièrement ignoré, et je continuai quelque temps encore à jouir d'une considération dont au fond du cœur je me sentais indigne. L'heure de la justice arriva.

« Un jour, à ma table, la conversation roulait sur ces moyens des tyrans sans courage, sur ces bandes anti-morales, anti-religieuses, d'espions et de délateurs. Ulcéré par mes propres souvenirs, je m'élevai avec amertume contre les infames qui vendent à prix d'or le repos des familles et la vie des innocents. Un homme, celui-là même qui avait figuré avec moi sur le banc des accusés, dans la conspiration pour laquelle j'avais été condamné, crut que je voulais le désigner: il se leva avec fureur, et, avouant le rôle odieux qu'il avait joué dans cette affaire, il me représenta comme son complice; dévoila, envenima même les actions les plus honteuses de ma vie, et me couvrit d'une éternelle confusion au milieu de mes nombreux convives. Des démentis expiraient sur mes lèvres tremblantes; la vérité de l'accusation se montrait dans mes yeux troublés, dans la pâleur de mon visage, dans la contenance de tout mon corps courbé, défaillant. On nous sépara. Mais le défi que je lui avais adressé, il l'accepta; et le lendemain, au premier feu, il tomba mort à mes pieds. Je ne suis point rentré dans ma maison; un cheval m'attendait: j'ai précipité sa course, et ne me suis arrêté qu'au moment où ses forces l'ont abandonné. J'ai fait le reste de la route à pied, à travers les rochers et les bois, et je viens, vivant encore, ensevelir mes jours à la Chartreuse. »

N° LXXVIII. [20 OCTOBRE 1819.]

LE DIPLOMATE.

> *Ire Pallantem ut juraret.*
> Tac.
> Pallante va quitter son poste

L'homme de police avait à peine achevé sa honteuse confession, qu'un autre personnage prit la parole. « Si l'orgueil, hôte habituel des palais que j'ai fréquentés, pouvait s'introduire dans les retraites sauvages où vous et moi venons courber notre front sous le niveau de la pénitence, quelle pitié ne m'inspirerait pas, dit-il, la haute importance que vous attachez à des délits d'un ordre si peu relevé! Vous avez versé des poisons dans l'oreille de quelques ministres; vous vous êtes joué de la crédulité de quelques grands seigneurs, de la confiance de quelques misérables! Qu'ont produit tous vos efforts? l'avilissement de quelques ames pusillanimes, le malheur de quelques individus obscurs, des haines stériles, des terreurs honteuses. Mais moi, jadis représentant des rois, et dépositaire de leur puissance, j'ai pris part à ces conseils mystérieux dans lesquels se décident la destinée des monarques et le sort des nations. Disciple de Hobbes et de Machiavel, j'ai répété, après eux, que le juste et l'injuste, le vice et la vertu, n'ont rien de réel ; que la règle des droits et des devoirs était la volonté des princes, qui pouvaient à leur gré en étendre ou resserrer les limites. J'ai enseigné que la morale et la justice n'avaient rien à faire avec la politique, dont les décisions doivent avoir pour base ce qui est utile, et non ce qui est équitable. J'ai enseigné aux grands de la terre à promettre tout dans le danger, et à tout refuser quand le péril n'existe plus. Le premier, j'ai fait comprendre aux agents de la puissance qu'eux aussi ont des intérêts qui ne sont ni ceux des trônes ni ceux des peuples. J'ai jeté les fondements de cette ligue des familles ministérielles qui, d'un bout de l'Europe à l'autre, s'appuie, se protége, et forme une nation parmi les nations, une puissance au-dessus de toutes les puissances. De l'union des rois et des peuples étaient nés leur sûreté réciproque et notre long abaissement ; mais, habiles à tourner à notre profit, et les malheurs publics, et les terreurs que la révolution française a jetées dans l'ame des princes, et les projets insensés de quelques hommes aigris par les malheurs des temps, tout a servi notre ambition : nous voilà tout à l'heure replacés entre les peuples et les rois. A la vérité, cette situation, qui fait notre force et leur faiblesse, compromet toutes les existences et la nôtre même; mais la nature a rarement donné aux chefs des nations ce regard pénétrant qui ne s'arrête pas à la superficie : il en est peu qu'il ne soit facile de séduire par de flatteuses apparences, et d'endormir au bruit léger des louanges. Les monarques qui régnent sont toujours les meilleurs des rois, les meilleurs des pères, les meilleurs des fils, les meilleurs des époux. A l'aide des respects extérieurs, de certaines doctrines de légitimité, du droit divin, et de l'obéissance passive, on peut parvenir à leur faire envisager comme des garanties personnelles les alliances qui n'ont pour but réel que le maintien des classes privilégiées. Mais les peuples sont moins crédules, et j'ai reconnu trop tard que, pour les persuader, il faut joindre à l'autorité des paroles l'autorité de l'exemple. Nous avons tant loué le bon vieux temps, la foi de nos pères, les quatorze siècles de gloire et de bonheur, que les peuples ont recherché quels étaient ce bonheur, cette gloire, cette foi si vantée, et n'y ont vu que d'horribles perfidies, d'infames trahisons, un fanatisme féroce, des misères sans terme, une oppression sans limites. Nous avons remis en vigueur la politique des Pisistrate : des agents secrets ont été chargés de ranimer des ressentiments mal éteints, de réveiller des haines assoupies, des mécontentements légitimes, et d'en extraire des complots; mais, et les fils de nos intrigues, et les mains qui les dirigeaient, rien n'a échappé aux regards perçants des peuples, et ce ressort s'est brisé dans les mains imprudentes qui l'avaient mal retrempé. Tour-à-tour les masques de l'hypocrisie religieuse et de l'hypocrisie politique ont été arrachés; l'avarice n'a pas été plus heureuse: vainement, prenant le langage de l'humanité, elle proscrit à haute voix l'odieux commerce des esclaves; vainement, sur l'avis que des trafiquants de denrée humaine continuaient à transporter de la côte d'Angole aux îles américaines quelques milliers de noirs vendus par les rois d'Afrique aux marchands européens, toutes les entrailles des hommes d'état ont paru s'émouvoir : les peuples n'ont point été dupes de cet attendrissement diplomatique; ils ont demandé aux hommes qui déplorent la destinée des sujets du roi de Congo s'ils n'ont point de larmes pour les chrétiens d'Orient, et si le massacre entier des Grecs n'a rien qui répugne à leur sensibilité. Tous les voiles sont déchirés, tous les cœurs sont à nu; il n'est plus possible de tromper personne. Digne fruit des travaux de tant d'hommes habiles! voilà les gouvernements réduits à cette alternative, ou de marcher avec les idées du siècle, c'est-à-dire dans la route tracée par les intérêts des peuples, ou de régner par la violence en opposant la force physique des baïonnettes à la force morale de l'opinion. J'ai reculé d'effroi en voyant la question réduite à cette terrible simplicité, et je suis venu chercher à la Chartreuse un asile contre l'épouvantable orage dont le souffle de mes conseils n'a que trop concouru à charger l'horizon de l'Europe. »

N° LXXIX. [25 OCTOBRE 1819.]

LE TRÉSORIER DE FRANCE.

> *Vanitas vanitatum*
> Eccl.
> Vanité des vanités.

« Je vois, messieurs, dit le petit vieillard à tournure grotesque, que ce sont les remords et le repentir qui vous amènent dans cette solitude : grace au ciel, mes mains sont pures, mes lèvres innocentes ; et, si je me sépare à jamais des hommes, ce n'est, je dois en convenir, que pour échapper à cette insolente égalité à laquelle je ne consentirai jamais à me soumettre.

« J'étais né, j'en suis sûr, excellent gentilhomme ; mais, au temps de la *Jacquerie*, ma famille avait perdu ses titres, et, par hasard, mon père se trouvait maître-d'hôtel d'un fermier-général au moment où je vins au monde : il n'eut pas plus tôt fait fortune qu'il reprit le sentiment de sa noble origine, et qu'il nous réintégra dans l'ordre de la noblesse en m'achetant une charge de *trésorier de France* et un marquisat. Il y avait à peine deux ans que j'avais repris les armes et la livrée de mes ancêtres lorsque la révolution éclata, et qu'un décret de l'assemblée constituante, rendu sur la proposition du premier baron chrétien, supprima la noblesse. Je tins bon pendant quelques mois, et je ne consentis à faire peindre un nuage sur les armoiries de mon carrosse qu'après avoir failli être lapidé par la populace, en passant un jour sur le Pont-Neuf. Bien convaincu qu'il n'y avait plus en France de sûreté pour les marquis, je réalisai la plus grande partie de ma fortune, et j'émigrai. Je fus fort bien reçu à Coblentz, et j'eus même l'honneur d'être inscrit dans la légion de Mirabeau : il est vrai que cette inscription me coûta cher; mais tout gentilhomme se doit à ses semblables. Malheureusement j'avais beaucoup de semblables de l'autre côté du Rhin; et, à force de soulager de nobles infortunes, j'en vins à avoir pitié de moi-même, et je rentrai en France, où j'eus le courage de renoncer à mon titre pour me faire rayer de la liste des émigrés.

« J'allais m'expatrier une seconde fois lorsque Bonaparte rétablit la noblesse. Quelques protecteurs que je m'étais ménagés dans la chancellerie me firent nommer baron : c'était déchoir de mon rang de marquis; mais j'étais hors de la tourbe plébéienne, et je pouvais attendre sans rougir le jour des restaurations. Il luit enfin, et je dus m'attendre à recevoir la récompense de tant de malheurs et de sacrifices : le croirez-vous? je n'ai éprouvé de la part de mes nobles semblables qu'injustice et qu'ingratitude. Un duc de mes amis, qui m'avait clairement prouvé, en m'empruntant mon argent à Coblentz, que nous étions très proches parents, prétend aujourd'hui que c'est une plaisanterie d'émigration, et qu'une liaison sans conséquence de son grand-père avec la femme de charge d'un de ses châteaux ne pouvait, quelles qu'en aient été les suites, établir de parenté entre nous! Encore s'il m'eût rendu mon argent...

« Que vous dirai-je, messieurs? ruiné, repoussé, bafoué, par les hommes de ma caste; décidé à ne point déroger à ma noblesse, et à ne reconnaître d'égalité que devant Dieu, j'ai quitté la cour, et je viens m'enterrer noblement à la Chartreuse. »

C'était mon tour de parler; un religieux qui entra ne m'en laissa pas le temps : instruit que mes trois compagnons venaient avec des intentions de noviciat, il les conduisit dans des cellules de l'intérieur, et revint ensuite satisfaire au desir que j'avais témoigné de visiter la maison. Je fus introduit dans le cloître, vaste galerie, qui m'a paru avoir trois cents pas de longueur. Les portes et les tours, placés de distance en distance, indiquent les cellules des chartreux. Ces cellules sont séparées et composées d'un petit nombre de pièces; dans celle où le solitaire repose se trouve une espèce de coffre rempli de paille qui lui sert de lit : quelques uns couchent sur la planche sèche; d'autres, par excès d'austérité, sur la terre nue. Un petit jardin dépend de chaque cellule ; mais en le cultivant les pères ne cessent point d'observer le vœu qu'ils ont fait d'une solitude perpétuelle. Des murs de huit à dix pieds d'élévation séparent ces jardins les uns des autres. Il est encore permis aux solitaires, pour abréger les longues heures de la méditation, de se livrer à des travaux manuels : presque tous ont appris quelque métier; la plupart sont tourneurs. Il est sorti des cellules de saint Bruno un petit nombre d'ouvrages remarquables par leur élégance et leur légèreté : je n'ai point demandé comment les chartreux parvenaient à s'instruire dans cet art sans rompre le vœu de solitude et de silence.

L'espatiement est un lieu vaste où les religieux vont une fois par semaine faire des promenades en commun : ce jour excepté, ils ne se rencontrent qu'à l'église; ils ne voient pas même l'homme chargé de leur apporter leur nourriture : les aliments déposés dans le tour sont reçus par eux sans apercevoir la main qui les y a placés. On ne rencontre dans les bois que le général de l'ordre, le procureur, et quelques frères lais. L'habit des pères est entièrement blanc; le liseré noir, qui bordait la robe de celui qui nous conduisait, est sans doute la marque d'une dignité de l'ordre : y aurait-il encore quelques distinctions mondaines parmi ces hommes qui ont renoncé au monde? existerait-il des supériorités sociales chez les égaux de la tombe et de la prière? J'ai appris qu'il y avait dans la maison une vingtaine de chartreux et quelques novices : ceux-ci portent l'habit brun. On n'est point admis à subir les épreuves avant l'âge de trente-cinq ans; elles durent trois années, et pendant ce temps le chef de la communauté sonde à plusieurs reprises les dispositions des novices. La religion et la règle de saint Bruno ne permettent pas de repousser les malheureux de l'asile austère qu'il leur a ouvert; mais l'humanité commande de ne pas abandonner un imprudent aux conseils précipités d'un sentiment misanthropique ou d'une passion déçue. De charitables avertissements ont souvent arrêté des vœux téméraires et rendu au monde des hommes qui ne l'avaient quitté que par dépit.

On nous a montré un bâtiment destiné à fournir le pain de la communauté; sa distribution est telle que le blé, déposé d'abord dans l'étage le plus élevé, descend à l'étage immédiatement inférieur où il est écrasé sous des meules et réduit en farine; plus bas le blutage et le *tamisage* séparent le son de la farine; enfin il descend au dernier étage pour être mis en pâte et porté au four. La nourriture du chartreux est tout en maigre, même dans le cas de maladie. La raison et la religion ne suffisent pas pour expliquer cette singulière règle. Certains prêtres des Indes refusent de se nourrir de la chair des animaux; mais cette répugnance s'étend à tout ce qui a reçu la vie, et celui qui ne veut pas se repaître de la chair des animaux, compagnons de l'homme, rejette aussi celle des oiseaux et des poissons: il place même un voile au devant de sa bouche afin que l'insecte qui vole dans les airs ne vienne pas, en s'y précipitant, y trouver une mort involontaire; mais le poisson, servi à la table des chartreux, est-il moins l'œuvre du Créateur, a-t-il moins reçu la vie que le lièvre de la plaine ou la gelinotte des bois? Si c'est par mortification, pourquoi ce cuisinier, ces apprêts, cette recherche? pourquoi ces mulets chargés de marée et venant à grands frais d'Antibes deux fois la semaine? Il y a toujours un peu de folie dans la sagesse humaine, et quelque chose de terrestre même dans les hommes qui paraissent le plus détachés de la terre. Les traces de ce péché originel se retrouvent de toutes parts dans le vaste enclos que je parcours : l'avoine et le seigle qu'on y cultive au fond de quelques vallées peuvent être nécessaires à la nourriture des chartreux; mais les nombreux troupeaux qui paissent dans ces gras pâturages, est-ce le besoin ou l'avarice qui veille à leur multiplication? J'entends retentir la hache et crier la scie : le vaste palais des enfants de Bruno ne suffit-il plus pour loger sa sainte famille? Le plus grand nombre des cellules est vide encore : ces planches sont donc destinées pour le commerce? des mulets les porteront jusqu'aux lieux où l'Isère pourra les recevoir et les transporter au loin; elles seront échangées, non contre la bure des anachorètes et le pain noir de la pénitence, mais contre le dieu des avares, contre l'or! C'est pour procurer de l'or aux chartreux que trois à quatre cents ouvriers creusent des étangs, abattent les hauts sapins, et font retentir l'enclume du bruit des marteaux; c'est pour ajouter à ces profits du commerce les bénéfices de la domination que les petites chartreuses ont été soumises à une redevance envers la grande. Saint Bruno n'avait rien imaginé de semblable; il n'habitait qu'une humble cellule au fond des bois: allons la visiter. Mais cette cellule est située, à une demi-lieue de la grande Chartreuse, sur une colline élevée et difficile à gravir; ma journée était remplie, et j'ai remis cette course au lendemain.

Le guide qui m'a été donné pour me conduire à la chapelle de saint Bruno m'a paru être un des plus vieux employés de la maison. Sous son front chauve et blanchi brillait encore un œil vif et malin, et son sourire avait quelque chose de mordant et de sardonique; il m'a répété plusieurs fois, en me montrant des lieux où je n'apercevais rien de remarquable : « *Cet endroit a été purifié par le feu.* — Ils avaient donc été profanés? — Oui, monsieur ; oh ! c'est une histoire fameuse. Je puis vous la raconter : on a fait ce qu'on a pu pour la tenir secréte ; mais dans le temps tout Grenoble en fut informé, *à ce qu'on dit*. C'était en 1786, je vous parle de loin, et pourtant j'avais quarante ans alors : il y avait à Grenoble, dans la congrégation des pères de la Charité, un homme fort habile dans l'art de la chirurgie ; c'était le père El..., qui depuis a eu l'honneur de panser des infirmités royales, *à ce qu'on dit*. Il n'était pas moins fameux à Grenoble par ses galanteries que par ses cures, et n'était pas, *à ce qu'on dit*, fort scrupuleux sur le choix de l'autel où brûlait son encens. Il y avait alors à Grenoble une dame de M*** qui n'était pas moins célèbre que le père El..., par ses aventures galantes. Tourmentée du desir de visiter la Chartreuse, elle ne pouvait contenter son envie qu'au moyen d'un déguisement ; mais des habits d'homme ne lui faisaient pas peur, *à ce qu'on dit*. Il fallait y aller accompagnée de gens propres à éloigner les soupçons : l'extérieur du père El... prêtait merveilleusement à la tromperie ; un loup se cache encore plus facilement sous un froc que sous un hoqueton de berger, *à ce qu'on dit* : la partie fut concertée entre eux, et madame de M*** eut la satisfaction de parcourir des lieux où, depuis sept siécles nulle femme n'avait pu pénétrer. Sa joie en fut si grande qu'elle ne put la tenir secrète : de son côté, le bon père de la Charité ne fut pas fâché de faire connaître à quelques personnes de sa confrérie qu'il avait joué ce tour aux chartreux; car il a toujours existé entre les différents ordres monastiques un peu de jalousie et un peu de haine, *à ce qu'on dit*. Le secret parvint de langue en langue et d'oreille en oreille jusqu'à celle du général des chartreux : aussitôt des purifications, des cérémonies expiatoires furent faites tant dans la maison que dans les parties de l'enclos que madame de M*** avait profanées par sa présence. La paille brûlée nettoie admirablement ces sortes de souillures, *à ce qu'on dit*; des feux de paille furent donc allumés de tous les côtés; toutes les traces féminines disparurent, et furent remplacées par des taches noires qui ont disparu à leur tour : le vent a emporté les cendres, et l'herbe a effacé les stigmates du feu. »

Si un jeune étudiant et une simple grisette de Grenoble avaient donné ce scandale, la justice s'en serait mêlée, et peut-être les deux coupables auraient péri par le dernier supplice; mais comment exercer des poursuites contre un révérend père, contre une haute et puissante dame? L'impunité était aussi un des priviléges de la race féodale : et ce n'est pas le moins regretté par les vertueux du vieux temps.

Nous avons gravi avec peine le sentier qui aboutit à la cellule de saint Bruno; la terre humide et grasse rendait le chemin glissant. Cette cellule, entretenue avec soin, n'a rien de remarquable que son extrême simplicité et le contraste qu'elle forme avec le palais magnifique qu'habitent maintenant avec orgueil ces frères de l'humilité. Huit fois ce superbe bâtiment a été détruit par la guerre et par le feu, sans que jamais cet événement ait fait ressouvenir les chartreux que leur humble fondateur priait sous un toit plus modeste; neuf fois la charité a vu détourner les deniers de l'aumône pour relever ces murs somptueux, renversés tour-à-tour par la fureur des hommes et le courroux du ciel. Auprès de la cellule de saint Bruno étaient celles des six premiers disciples qui vinrent avec lui habiter le désert. Tous six furent une nuit ensevelis vivants sous les neiges et les débris précipités du haut de la montagne par une avalanche: d'autres cénobites prirent leur place, au risque d'être emportés par les torrents subits que forme l'orage, ou écrasés par l'éboulement des rochers. Mais, vers le milieu du douzième siècle, les chartreux établirent leur demeure dans l'endroit moins périlleux où se trouve maintenant leur maison.

Il en est des émotions violentes comme des sentiments profonds; ils épuisent promptement toutes les forces de l'ame, et la langueur qui suit ces sortes de jouissances est aussi insupportable que la douleur. L'accumulation, dans cet espace étroit, de torrents dévastateurs, de rochers suspendus et menaçants, de montagnes tantôt couronnées de noires forêts, tantôt dépouillées de terre et de verdure; ces abymes élevés, ces précipices profonds, au bord desquels le pied se pose en tremblant, que l'œil mesure avec effroi, remplissaient ma tête d'images confuses: mon esprit éprouvait, encore plus que mon corps, le besoin du repos; j'ai repris le chemin du monastère.

En y retournant, mon guide m'a fait remarquer une roche suspendue sur l'abyme. « Là, m'a-t-il dit, venait souvent se mettre en prière le seul chartreux que les orages de la révolution n'avaient pu chasser du désert. Jamais il n'a voulu quitter son habit, qui tombait en lambeaux; jamais il ne répondit autrement que par signes aux questions qui lui furent adressées; et, lorsque les questionneurs s'éloignaient, il se parlait à lui-même en élevant la voix, pour prouver que son silence était l'effet de sa seule volonté, et l'accomplissement d'un devoir dont il ne se croyait pas affranchi. Un pauvre frère lai continua aussi d'habiter le désert; il y servait de guide aux étrangers. »

J'ai donné le reste du jour au repos afin de me préparer à faire à pied, le lendemain, la route de la Chartreuse à Saint-Laurent-du-Pont; car les chemins sont peu pratiqués, et il ne serait pas sûr de faire la route à cheval. Aussitôt que la fraîcheur du matin, très piquante dans ces hautes régions, nous a permis de nous mettre en voyage, quelques personnes se sont jointes à moi, et nous sommes sortis de l'enclos des chartreux, dont l'entrée est fermée de ce côté, comme de l'autre, par deux gros rochers. Plus loin nous avons admiré une belle cascade formée par les eaux du désert, qui, réunies dans ce lieu, se précipitent, du haut d'un rocher, en tourbillons écumeux. La route descendant vers Saint-Laurent-du-Pont est, comme celle du Sapey, bordée d'abymes et de précipices; dans plusieurs endroits on glisse plutôt qu'on ne descend, et par-tout il y faut marcher avec précaution. A Saint-Laurent nous avons trouvé des chevaux pour nous porter à Grenoble.

N° LXXX. [30 octobre 1819.]

LES HAUTES-ALPES.

> Passe ta vie comme si tu étais seul, retiré sur une montagne
>
> *Pensées de Marc-Aurèle.*

Depuis quelque temps je vis au milieu des montagnes : leurs pics dépouillés ou couverts de glaces et de neiges éternelles, leurs flancs revêtus de bois et de verdure, les mamelons arrondis où paissent d'innombrables troupeaux, ne sont plus pour moi un spectacle nouveau et cependant ne cessent pas d'attirer mes regards et de frapper mon esprit d'admiration et de surprise. Mes yeux, en s'élevant vers leurs cimes blanchies, m'aident à remonter aux premiers âges du monde, vers ces siècles inconnus où les torrents de la vallée roulaient en paisibles ruisseaux sur un terrain à peine incliné : mille fois leur lit fut rempli par les terres et les rochers éboulés; forcés de s'arrêter, de tourner sur eux-mêmes, ils sont devenus lacs, et mille fois, débordant l'étroit bassin qui les renfermait, brisant ce vase de tuffe et d'argile, les torrents ont repris leurs cours vers les mers, entraînant avec eux les roches pendantes, les arbres déracinés, et souvent les téméraires habitants de leurs redoutables rives. Ainsi la main puissante qui éleva ces montagnes au-dessus des nuages, les abaissera un jour au niveau des plaines; elle fait avancer les terres vers les mers et reculer les eaux devant le limon des fleuves. Aigues-Mortes et Fréjus d'un côté des Alpes, Ravenne et Ferrare de l'autre, ont vu combler leurs ports; les troupeaux paissent où nageaient les poissons, et le tranchant du soc ouvre des champs que les vaisseaux sillonnaient hier encore; car les siècles sont à peine des journées dans les époques de la nature.

L'homme, fuyant devant les hivers, est-il descendu des montagnes pour habiter les plaines, ou, menacé par les eaux, a-t-il quitté les plaines inondées pour demander un asile aux divinités des montagnes? Combien de fois le glaive exterminateur et la torche incendiaire des héros l'ont-ils forcé d'abandonner les forêts pour les prairies, les prairies pour les forêts! Triste jouet de la violence des éléments, de la fureur des guerriers et de la destructive oppression des tyrans, il a traîné sa vie misérable au milieu des abymes, des torrents, et des incendies. Pourquoi cette race, vouée au malheur et à la destruction, n'a-t-elle pas péri tout entière? Est-ce parceque, de tous les animaux, l'homme est le seul qui joigne au sentiment de ses maux l'affreuse prévoyance de la mort? Les êtres nés pour le commandement et la domination ont-ils besoin de ce spectacle? Est-ce pour satisfaire cet affreux besoin que les générations succèdent aux générations et que l'espèce humaine croît et se multiplie?

La nature a vainement élevé dans les nues le front chauve des montagnes, creusé le lit des fleuves, déchaîné les tempêtes sur les mobiles plaines de l'Océan! Annibal se sent à l'étroit en Espagne et César en Italie : tous deux franchissent les Alpes, l'un pour se répandre dans les champs qu'arrosent l'Éridan, le Mincio, et le Tibre, l'autre pour asservir les Gaules. Les Huns, les Sarrasins, les Goths, et les Maures; les bandes de Genseric et celles de l'ermite Pierre, ont, tour-à-tour, foulé ce sol âpre et sauvage que protégeaient en vain ses glaces et ses rochers. Les moines guerriers, qu'un pape et un roi firent périr au milieu des flammes, eurent dans ces montagnes de somptueuses demeures, et la féodalité y apporta ses fers et ses servitudes....

L'éclat et la chaleur du soleil, parvenu au plus haut de son cours, m'ont arraché à la rêverie profonde dans laquelle j'étais plongé depuis le matin. J'avais traversé Eybens, Vizelle, Saint-Théoffrey, Pierre-Châtel, Lamare, où retentit de toutes parts le bruit du marteau des fabricants de clous, et j'étais arrivé jusqu'à Corps, à l'entrée du département des Hautes-

Alpes, sans m'apercevoir de la rapidité de ma course.

Quelques paysans, la main couverte d'un gant épais, portant un sac et armés d'un sifflet, ont traversé la route. « Ce sont, m'a-t-on dit, des hommes qui vont à la chasse d'une espèce de gibier assez singulière : le son aigu de leur instrument attire les vipères ; ils les saisissent de la main revêtue du gant, les jettent dans leur sac, et leur arrachent les deux dents meurtrières par lesquelles coule le venin à l'instant de la morsure. Ainsi réduites à l'impuissance de nuire, ils les gardent sans danger et vont les vendre aux pharmaciens de Turin et de Gênes. »

L'un des ressorts de notre voiture s'est cassé à Saint-Julien en Champsaur : au nombre de mes compagnons de voyage se trouvait M. Collin, curé dans le Dévouly, pays sur lequel il a publié une brochure pour invoquer la charité des fidèles en faveur des infortunés habitants de cette misérable contrée. Excepté lui et moi, tous les voyageurs pestaient contre l'accident qui nous forçait d'accepter le mauvais gîte où nous allions passer la nuit. Ma résignation lui a paru de bon exemple : il m'en a fait compliment. « Je voyage, lui ai-je dit, pour observer et dans l'espoir de tirer de mes observations quelques avantages pour moi, et peut-être pour les autres. Le pays où nous sommes peut m'offrir plus de choses curieuses, plus de leçons salutaires, que Gap où j'allais en chercher. — Si votre voyage n'a d'autre but que de recueillir des observations utiles, m'a dit M. Collin, venez dans le canton que j'habite; vous y trouverez des hommes et des choses dignes d'attirer les regards d'un ami de l'humanité. »

Deux chevaux attendaient le charitable pasteur, l'un pour lui, l'autre pour un parent que des affaires ont retenu dans son pays. M. Collin m'a offert, de la manière la plus obligeante, de remplacer ce parent, et je me suis mis en route pour le *Dévouly*.

Nous avons dirigé notre marche à l'ouest, et bientôt nous nous sommes trouvés au milieu d'un triangle équilatéral, formé par des montagnes escarpées. La longueur de chacun des côtés de ce triangle est d'environ cinq lieues. M. Collin m'a fait observer le mont *Obioux*, dont la cime s'élève à plus de deux mille huit cents mètres au-dessus des eaux de la Méditerranée. Les matelots aperçoivent cette montagne avant d'entrer dans les ports de Marseille et de Toulon. Les oursins, les ammonites, et les autres pétrifications de corps marins qu'on y trouve, attestent qu'à une époque, dont le souvenir s'est effacé de la mémoire des hommes, cette montagne a été couverte par les eaux de la mer, au-dessus desquelles elle s'élève maintenant de plus de huit mille pieds.

On prétend que le nom de *Dévouly*, donné à ce plateau, divisé et comme haché par des ravins, dérive du latin *devolvit*, parcequ'il est le produit des éboulements successifs occasionés par la chute des neiges : la nature du sol ne dément point cette conjecture. Il est en général sablonneux, et sa surface est presque par-tout couverte de pierres. Si les éboulements ont produit ce plateau, quel devait donc être le vaste abyme qu'ils ont comblé? Néanmoins je me défie de la science des étymologistes; elle est frivole et presque toujours incertaine. Ils donnent au nom de *Malmort*, que porte une tour située sur la pointe d'un rocher, dans ce même pays, une origine beaucoup plus forcée, et qui est devenue le sujet d'un conte populaire. Nos doctes paysans vous diront que cette tour était la résidence d'un seigneur châtelain; qu'il y fut assiégé par quelque autre seigneur plus puissant; qu'il s'amusait, durant le siège, à prendre le frais avec sa fille à une des fenêtres de sa tour, et qu'une flèche, lancée par les ennemis, étant venue percer le sein de cette jeune personne, il s'écria : *Amara mors!*

Les traditions d'événements tragiques, les histoires de sorciers et de revenants, abrègent les longues heures des soirées d'hiver, dans un canton où les rayons du soleil sont arrêtés par les montagnes ou perdus dans les vapeurs qui, s'élevant de la plaine, forment un voile épais entre le ciel et la terre. Aussi les hommes se sont-ils tenus long-temps éloignés de ces lieux que la nature semble avoir destinés à servir de retraite aux animaux sauvages : les oiseaux même fuient cette terre déshéritée; dans le cours de quarante années, les paysans se rappelaient n'y avoir entendu qu'une seule fois le chant du rossignol. Le *Dévouly* n'est habité que depuis environ huit siècles; ses terres furent données à des vagabonds, à la seule condition d'y résider du moins une partie de l'année. A la chute des neiges une partie de la population mâle quitte le pays pour aller travailler dans les villes. Lorsque des enfants restent orphelins, les garçons vont chercher fortune ailleurs, et laissent à leurs sœurs l'héritage paternel, afin qu'elles puissent s'établir.

La nuit nous a surpris au milieu de notre course: l'obscurité était profonde; on eût dit que nous cheminions sur une voûte sans échos, car il était impossible de distinguer aucun objet, et le bruit du pas des chevaux s'élevait à peine jusqu'à nous. Dans cette situation l'esprit éprouve je ne sais quelle préoccupation inquiète, ennemie de la méditation, et qui rompt incessamment le cours des pensées.

J'ai remarqué dans le modeste presbytère où nous sommes descendus le seul luxe qui convienne aux ministres du Dieu des pauvres, l'ordre et la propreté. Pendant le souper, M. Collin m'a beaucoup parlé de son digne prédécesseur, le curé Dounette, mort il y a quelques années. Il était la providence du Dévouly: les habitants n'avaient point voulu d'autre juge de paix; et, durant sa vie, la paix ne s'est jamais éloignée d'eux. Consolateur des affligés, sa fortune était bien médiocre, mais sa charité était inépuisable; il secourait l'indigence, moins encore en lui donnant du pain qu'en ranimant son courage et en lui enseignant que le travail est un plus sûr nourricier que l'aumône : la reconnaissance publique fut la récompense de sa vie; elle vient encore chaque jour prier et pleurer sur sa tombe.

Le lendemain, M. Collin est entré tard dans ma chambre : « Vous deviez avoir encore plus besoin de repos que de sommeil, m'a-t-il dit, et moi, avant d'être à vous, j'ai dû commencer par être à mes paroissiens. La santé, compagne fidèle du travail, règne ici : allons visiter nos pauvres habitants et nos arides plaines. »

Déja nous étions au milieu de la campagne : des faux, des faucilles, quelques pioches, une charrue grossière, voilà tous les instruments de labourage des cultivateurs du *Dévouly*. L'orge et l'avoine sont les seuls grains qu'ils récoltent, et trop souvent, sous une température si froide, les céréales ne parviennent pas à leur maturité; la pomme de terre en tient lieu : c'est la nourriture habituelle du pauvre, et quelquefois sa seule ressource. On n'a pas assez enseigné l'art de conserver ce précieux tubercule dans une contrée où la vivacité de l'air et la crudité des eaux donnent aux habitants un appétit qui ne se contente pas de peu et qui se réveille souvent.

Des femmes, de faibles enfants, ont passé près de

nous, haletants et courbés sous des charges de bois vert. « Plus l'homme est près de la nature, continua le pasteur, moins il a de prévoyance. La pensée du sauvage n'embrasse pas le cercle entier d'un seul jour. Les habitants du *Dévouly* ont détruit de grands bois qui jadis leur donnaient de l'ombrage dans l'été et, dans la saison des frimats, des rameaux pour échauffer leurs foyers. Les plus vieux arbres ont été convertis en planches, en lattes : de plusieurs forêts qui ornaient autrefois cette vallée, il ne reste plus que celle du village de *la Cluse*, et chaque année elle perd ses antiques ornements. Les jeunes pousses des hêtres sont coupées et deviennent la pâture des chèvres; encore quelques lustres et cette vallée n'offrira que des champs pierreux et stériles, couverts de ronces et entourés de buissons. Déjà les malheureux qui portent ces lourds fardeaux sont réduits à aller au milieu des rochers et des précipices chercher à la distance de plusieurs lieues ces bois que la nature avait placés près d'eux, mais dont chaque jour ils éloignent imprudemment la lisière. »

Un bruit confus de coups retentissants comme ceux du marteau sur l'enclume, les mugissements de la cornemuse, les sons aigus de sifflets et de grands éclats de voix, sont parvenus jusqu'à nous. M. Collin m'a dit en souriant : « Ce bruit annonce l'exécution d'une de ces sentences que prononce la justice populaire, en vertu d'un code fondé sur des mœurs et des usages dont l'origine se perd dans la nuit des traditions. Ce spectacle mérite d'attirer vos regards : restez pour en être le témoin ; quant à moi, l'habit que je porte ne me permet pas d'y assister, alors même que ma raison me défend d'en être le censeur. Je vais me tenir un moment à l'écart, et je vous rejoindrai quand la foule qui s'avance se sera écoulée. » A ces mots, il s'est enfoncé dans un ravin dont les bords escarpés l'ont bientôt dérobé à tous les yeux.

Le discours un peu énigmatique de M. Collin, les attitudes grotesques et les costumes bizarres des gens qui s'avançaient vers moi, fixaient toute mon attention.

Un homme ouvrait la marche tenant un cornet à bouquin qu'il faisait résonner de la manière la plus discordante ; après lui venait une femme couverte d'une espèce de mandille grossière, montée à califourchon sur un âne, et la figure tournée vers la queue qu'elle tenait en guise de bride. Deux écuyers, grotesquement ornés de colliers de mulets, garnis de grelots, marchaient à ses côtés, et lui formaient, par dérision, une espèce de garde d'honneur ; mais ces écuyers discourtois n'étaient placés si près d'elle que pour la forcer de subir toutes les humiliations auxquelles on l'avait condamnée. Ce groupe était environné d'un grand nombre de paysans chantant, dansant, ou plutôt sautant, cabriolant, jetant des cris de joie, et adressant à la patiente des paroles de moquerie. Il n'y avait dans la figure de cette femme rien qui décelât un sentiment de repentir ou de honte : ses formes un peu athlétiques, ses regards assurés, je ne sais quelle expression de fierté dédaigneuse, inspiraient plus de curiosité que de compassion. Cette mascarade s'est arrêtée devant moi ; le cornet a sonné trois fois : un des écuyers a lu à haute voix une espèce de jugement en style burlesque et en patois du pays, où il était dit que la nommée N....., du village de Saint-Étienne, *dûment atteinte et convaincue d'avoir battu son mari*, avait été condamnée à *chevaucher sur un âne :* cette lecture faite, l'autre écuyer a versé du vin dans une tasse et a présenté ce vase à la délinquante ; elle a été forcée d'y tremper ses lèvres, que l'écuyer a essuyées avec la queue de l'âne. De grands éclats de rire, des chants, des danses, ont accompagné cette singulière correction. Le cornet a sonné de nouveau, et le cortège s'est remis en marche. « Cet usage, m'a dit M. Collin en revenant vers moi, a quelque chose d'extraordinaire : il semble remonter au temps des bacchanales et rappelle les folles cérémonies faites en l'honneur des dieux du paganisme ; il a pour objet de réprimer une faute assez rare, même dans le Dévouly, où les hommes sont généralement d'une plus petite stature que leurs compagnes. La crainte de tenter d'inutiles efforts m'a empêché jusqu'ici de m'opposer ouvertement à ces sortes d'exécutions populaires. Ailleurs, et particulièrement dans les environs de Gap, c'est le mari qui s'est laissé frapper par sa femme que l'on promène sur un âne : nos paysans se piquent d'une justice plus exacte; c'est la coupable qu'elle atteint. L'autorité ferme les yeux sur ces légers désordres : en fait de gouvernement, comme en fait de religion, la tolérance vaut mieux que le rigorisme. »

Les paysans du Dévouly ont en général le teint basané; leur stature est petite : il y a dans leurs traits, dans l'expression de leur visage, dans toute l'habitude de leur corps, je ne sais quoi d'africain Le docteur Villars, né dans le Champ-Saur, croyait y reconnaître les descendants des Maures. Cependant on donne aux habitants de chacune des quatre communes du Dévouly des caractères bien différents : ceux d'*Agnières* sont, dit-on, insouciants et peu fidèles à leurs promesses; ceux de *Saint-Étienne* sont portés à la vengeance; ceux de *Saint-Didier*, à la superstition; et les ambitieux abondent dans le village de *la Cluse*. Mais ici, je m'empresse de le dire, les rêves de l'ambition ne roulent ni sur la conquête des royaumes ni sur le renversement des états : les habitants de la Cluse ne veulent être ni ministres, ni gouverneurs, ni préfets; ce n'est point à figurer dans les antichambres des princes, à galoper aux portières de leurs voitures, ou à remplir près d'eux les nobles devoirs de la domesticité qu'ils aspirent : posséder un champ pierreux, quelques têtes de bétail, et un habit de bure, voilà le terme des vœux et des espérances d'un ambitieux de la Cluse. On fait à ces hommes un reproche plus fâcheux, parcequ'il est plus fondé : ils sont accusés d'aimer un peu trop le vin. Mais que faire dans le Dévouly? songer ou boire : ce dernier passe-temps est à la portée de tous les esprits.

Notre course avait été longue : nous étions parvenus aux confins des villages de Saint-Étienne et de Saint-Didier, sur la rive droite de la *Souloise:* M. Collin me faisait remarquer des cavernes obscures, profondes, où le son, répété par des échos souterrains, se propageant sous des voûtes immenses, donne une effrayante idée de l'étendue de ces abymes. « J'espère, m'a dit M. Collin, qu'avant de quitter ces lieux vous serez témoin d'un phénomène singulier. Le vent désigné dans le pays sous le nom de *la lombarde* règne depuis dix à douze jours, et le bruit sourd que je crois entendre annonce l'arrivée du torrent. » J'ai prêté l'oreille, et en effet j'ai entendu une espèce de mugissement qui, croissant de minute en minute, prenait à chaque instant plus de force et d'éclat : au bout d'une heure, un fleuve d'eau, sorti avec violence de la caverne, est venu se briser en flocons écumeux contre les grands rochers sous lesquels la nature l'a creusée.

«Cette eau cessera de couler, m'a dit M. Collin, quand le vent cessera de souffler. Dans un pays où, durant la belle saison, les eaux sont si rares que souvent les troupeaux n'ont pour se désaltérer que de la neige, cette source serait précieuse si son cours était régulier, ou si l'industrie des habitants savait lui préparer d'utiles réservoirs; mais, dans l'état actuel du Dévouly, elle offre plutôt un accident curieux qu'un secours utile.»

J'ai remercié M. Collin de sa bienveillante hospitalité, et de m'avoir en quelque sorte associé à sa tendre sollicitude en faveur des habitants du Dévouly. Puisse ma voix, unie à la sienne, appeler l'attention des magistrats sur cette contrée malheureuse et oubliée! Si la charité s'est montrée sourde à l'appel que lui a fait le bon pasteur, l'autorité doit répondre à cet appel; c'est pour elle un devoir.

J'ai repris la route du *Champ-Saur* par un chemin qui m'éloignait de Gap sans me détourner du but de mon voyage. Les ruines des tours et des forteresses, assises sur des pics élevés, rappellent ces temps où les tyrans seigneuriaux se retranchaient dans ces espèces de cavernes féodales, afin de se livrer à toutes les dépravations du pouvoir, et de commettre impunément tous les crimes qu'inspirent l'orgueil oisif et l'avarice désœuvrée.

En traversant un village, je me suis arrêté à considérer un groupe de jeunes filles dansant aux chansons sous le vaste dôme de verdure que formaient les longs rameaux d'un orme séculaire. Un jeune homme s'est avancé vers moi, et m'adressant la parole d'une manière libre et franche : « Monsieur, c'est aujourd'hui la fête patronale de notre village ; chaque chef de famille, assis au haut de sa table, reçoit tous ses concitoyens et même tous les étrangers qui daignent s'y présenter : veuillez faire à mon père l'honneur de vous asseoir à sa droite. Si les jeux et l'innocence des champs sont un spectacle doux pour votre cœur, accordez-nous cette journée : demain je serai votre guide. Je connais toutes les routes, je vous conduirai, par la plus courte ou la plus agréable, au lieu où vous voulez vous rendre. » J'ai tendu la main au jeune interprète des sentiments d'une famille honorable, puisqu'elle exerce l'hospitalité à la manière de celle des patriarches ; il l'a serrée à-la-fois d'une manière familière et respectueuse. La maison de son père, une des plus apparentes du village, étant là tout proche, j'ai été introduit dans une grande salle : un homme, le front sillonné de rides profondes, les épaules couvertes de longs cheveux blancs, dont sa tête était abondamment garnie, s'est levé à mon approche, et, me saluant avec un sourire plein de bienveillance, il a dit au jeune homme en lui frappant sur la joue : « Mon cher Pierre, tu recommences ma longue carrière ; tes rencontres sont heureuses comme celles que je faisais à ton âge : s'il passait un étranger dans le pays, c'était toujours moi qui avais le bonheur de me présenter à lui le premier. Tant que notre hôte sera au logis, c'est à moi qu'il appartient de veiller à ce que tous ses vœux soient satisfaits : quand il se sera reposé et rafraîchi, le conduire par-tout où le desir de connaître nos usages et nos jeux pourra l'appeler est un plaisir que ton âge réclame et que le mien est forcé de te céder. » Le jeune homme nous a quittés en promettant de revenir bientôt. La chaleur était forte, j'ai accepté les rafraîchissements qui m'ont été offerts : « *Qui êtes-vous? où allez-vous? comment vous trouvez-vous dans ce pays assez éloigné des routes ordinaires?* C'est votre secret : ici ce secret sera respecté de chacun, et vous n'avez pas à craindre des questions indiscrètes. Mais vous êtes étranger; l'homme aime à voir, à entendre des choses nouvelles : si vous éprouvez le desir de connaître nos usages, je suis prêt à vous satisfaire; ce que je vous aurai dit contribuera peut-être à vous rendre plus agréable ce que vous verrez au-dehors. Nos fêtes patronales se nomment *vogues*. Dans ces jours chaque maison est ouverte, chaque chef de famille est tenu de faire les honneurs de sa table, de boire à toutes les santés qui sont portées, et, quand ses hôtes vident leurs tasses, de vider la sienne : on les remplit souvent. Je me suis long-temps acquitté de ce devoir avec la plus scrupuleuse politesse, et le soir, en quittant la table, j'ai trouvé que mon lit était un peu loin. Maintenant mon âge est une excuse que l'on veut bien accepter, et dont je vous vois homme à vous contenter. Quand j'ai des hôtes moins raisonnables, ce qui m'arrive quelquefois, je rappelle mon antique valeur, et, si je ne demeure point vainqueur, du moins je ne sors pas sans quelque gloire de la mêlée des pots et des verres.

« Notre jeunesse attend avec impatience le retour de ceux qu'elle a députés pour chercher et amener ici des ménétriers; il y a un peu de mésintelligence entre notre village et les habitants du village voisin, où sont les meilleurs joueurs de violon du département. J'espère du moins que les fifres ne nous manqueront pas; ce serait grand dommage: les amants accourent en foule des communes environnantes et forment sur le gazon des danses moins légères, moins brillantes que celles des salons où j'ai quelquefois pénétré dans ma jeunesse, mais plus vives et plus originales. » Le fils du vieillard est rentré précipitamment en s'écriant: *Le voilà! le voilà!* Il tenait par la main un jeune homme, dont la veste, le chapeau, et la canne, étaient ornés de rubans; ses cheveux étaient relevés en rond et pondrés: il a été salué du nom d'*abbé*. « On donne ce nom, m'a dit le vieillard, au maître des cérémonies, à celui que ses camarades ont choisi pour présider aux jeux; il est chargé d'y maintenir l'ordre, d'y faire régner la décence, sans en bannir la joie. Nul ne peut danser sans son autorisation; malheur à celui qui aurait cette témérité. Une bourse commune a été faite pour fournir à toutes les dépenses. »

Le jeune Pierre m'a demandé si je voulais assister à la plantation du *mai*, et nous sommes sortis. Des hommes robustes portaient sur leurs épaules un arbre nouvellement arraché de terre; il a été planté au milieu d'une pelouse qui devait servir de salle de bal. Aussitôt une foule considérable d'individus des deux sexes a formé un grand cercle et tourné autour de l'arbre, au bruit d'une musique discordante et des chants un peu sauvages de la foule qui semblait prendre un vif plaisir à ce bruyant et joyeux désordre. Après avoir pris un moment part à ces danses, Pierre est venu me rejoindre et m'a conduit dans un lieu où un coq se trouvait attaché à un piquet: il pouvait tourner à environ un pied de distance; il avait été enivré, moins sans doute pour le rendre plus insensible aux coups qui lui étaient portés, que pour lui donner plus de vigueur et prolonger le cruel plaisir des joueurs. Placé à vingt-cinq pas de distance, chacun lui lançait à son tour une pierre qui devait l'atteindre et l'étendre mort sur la place. Le coq était destiné à devenir le prix du vainqueur. Je n'ai point attendu le moment de la victoire, et j'ai porté mes pas vers un endroit où des jeunes gens se livraient à un exercice plus innocent et plus utile.

L'un d'eux avait saisi un long piquet ferré, et, le lançant avec vigueur, l'avait fortement enfoncé dans la terre ; les autres s'efforçaient de le renverser en lançant chacun à leur tour leur piquet contre celui qui se trouvait debout: le joueur qui parvenait à le renverser recevait le prix convenu. Ailleurs j'ai remarqué les jeux de quilles et de boules, qui se retrouvent dans toutes les provinces de France, et qui n'amusent pas moins les Parisiens que les habitants du département des Hautes-Alpes.

Le jeune Pierre m'a ramené à la maison de son père: nous y avons trouvé l'*abbé*, une compagnie nombreuse, et la table servie. Le repas a été court et silencieux; chacun mettait le temps à profit: les hommes âgés étaient moins pressés et sont restés pour boire. J'ai oublié que mon âge m'invitait à faire comme eux. C'est la pensée qui rend chez moi le corps immobile; aussitôt qu'elle s'arrête, j'éprouve le besoin de l'agitation physique: j'ai suivi les danseurs, non pour me mêler à leurs plaisirs, mais pour en être spectateur.

Ma présence n'a pas été inutile à l'autorité de l'*abbé*. Les jeunes gens du village où l'on avait été prendre les ménétriers, et en quelque sorte les enlever de vive force, sont venus pour troubler la fête en cherchant à enlever les violons: les pères et les mères prenaient parti pour leurs enfants, et une rixe violente était au moment d'éclater. Déja la chevelure de l'abbé se dépoudrait, et il avait perdu une partie de ses rubans, en s'efforçant d'apaiser les mutins, lorsqu'il s'est avisé de me proposer pour arbitre : tout le monde y a consenti. Assis sur un tertre, comme un juge sur son siége, j'ai écouté, le plus gravement qu'il m'a été possible, des plaidoyers qui ressemblaient un peu à ceux de l'Intimé et de Petit-Jean. Avant de prononcer ma sentence, je me suis adjoint deux vieillards respectables, et nous avons décidé que des quatre ménétriers, amenés pour la fête, deux s'en retourneraient avec les villageois qui étaient venus les chercher, afin qu'eux aussi pussent danser ce jour-là, ainsi qu'ils en avaient le projet, disaient-ils. Cet arrêt a été reçu au milieu des applaudissements; on a loué grandement l'équité des gens qui viennent de loin, le signal de la danse a été donné, et le plaisir différé en est devenu plus vif. Les danses et les jeux se sont prolongés bien avant dans la soirée : le temps était favorable, la brise du soir avait rafraîchi l'atmosphère, et la clarté de la lune succédait aux dernières lueurs du jour.

La chaleur était excessive; je me suis retiré de bonne heure. En rentrant, j'ai trouvé toute la maison remplie d'une joie nouvelle : la femme du fils aîné de mon hôte venait de le rendre père d'un *gros garçon*, car, fussent-ils maigres et souffreteux, les nouveau-nés du sexe masculin sont tous des gros garçons, tandis que l'enfant de l'autre sexe, pesât-il douze ou quinze livres, est toujours une petite fille. Le point capital est de trouver des traits de ressemblance entre l'enfant et l'époux, et, grace au ciel, on trouve par-tout des gens habiles à saisir les ressemblances et à les faire remarquer. La salle était éclairée avec de la chandelle, ce qui est une grande magnificence dans un pays où l'on travaille à la lueur incertaine du bouillon blanc, trempé dans l'huile, ou des bois résineux, à la manière des paysans russes. Ma présence a paru causer un peu d'embarras et d'inquiétude à toute la famille; pour l'en affranchir j'ai témoigné le desir de me retirer : cette demande a redoublé l'espèce de gêne dont je ne devinais pas la cause. Enfin le vieillard s'est levé et m'a dit en me présentant une très jeune et très jolie villageoise : « Cette jeune fille est notre nièce; ses parents habitent *Abriès,* dans la vallée du *Queyras,* à l'autre extrémité du département : elle était venue pour être marraine de l'enfant que le ciel nous envoie; mais voilà que le jeune homme qui devait être son compère se trouve absent. Si monsieur n'était pas trop pressé de nous quitter, et s'il ne dédaignait pas d'avoir pour commère une humble paysanne, je le prierais de faire cet honneur à notre chère Lise. — Ma plus grande affaire, lui ai-je répondu, est de saisir les occasions trop rares de goûter les seuls plaisirs permis à mon âge, et il n'en est pas de plus doux que de se rendre agréable aux personnes dont on a reçu un aimable accueil : présenter à l'église un nouveau-né, ouvrir la marche triomphale, le bras enlacé avec celui d'une vierge des champs, croyez, mon cher hôte, que de si pures jouissances ne peuvent me trouver insensible ; j'accepte avec reconnaissance la proposition que vous venez de me faire. » A ces mots, la sérénité est revenue sur tous les visages : le teint un peu brun de ma jolie commère s'est coloré d'un vif éclat ; son sourire, sa révérence, et sa réponse à mon compliment, m'ont paru pleins de grace et de gentillesse.

Tout le monde s'était retiré : un silence profond régnait depuis quelque temps dans la maison, et ma chambre semblait être la seule où le sommeil n'eût pas encore pénétré, lorsque les aboiements des chiens de basse-cour ont annoncé l'approche d'un étranger. Cet étranger n'était pas inconnu, sans doute, car il a appelé les chiens, et aussitôt les aboiements ont cessé. Un moment après, j'ai entendu, sous des fenêtres qui n'étaient pas les miennes, l'amoureuse complainte que je vais transcrire, et dans laquelle, pour tous changements, j'ai remplacé par des expressions françaises les mots patois qui s'y trouvaient en assez grand nombre :

L'autre jour, assis sous un mélèse,
Je chantais mon amour et sa foi;
Je la vis sourire au jeune Blaise,
Puis soupirer et s'éloigner de moi.
Lise me quitte sans dire pourquoi.

Qu'ai-je fait pour te perdre, infidèle?
Un instant ai-je bravé ta loi?
M'a-t-on vu chercher une autre belle?
J'ai de l'amour, mais ce n'est que pour toi;
Et tu me quittes sans dire pourquoi.

Sur les monts que tentait mon audace,
Sur les rocs qui causaient ton effroi,
De nos nœuds j'effacerai la trace;
J'irai mourir où j'attestais ta foi,
Si tu me quittes sans dire pourquoi.

Quand les chants ont cessé, il m'a semblé entendre un léger bruit dans la chambre voisine de la mienne. Cependant aucune fenêtre ne s'est ouverte; le chanteur est resté long-temps, bien long-temps, à la même place. Il caressait les chiens et paraissait fort enrhumé, car il toussait beaucoup : à la fin, le jour a paru, et il s'est retiré.

Je m'endormis en rêvant à cette aventure qui m'aurait paru toute simple aux environs de Séville, mais qui me surprenait un peu dans un hameau du Dauphiné.

Déja chacun était debout, et tout semblait en mouvement dans le logis. Le maître de la maison a envoyé demander des nouvelles de ma santé, et la grosse fille qu'il avait chargée de ce message m'a dit, d'un air embarrassé et mystérieux, que ma jeune commère desirait avoir avec moi un moment d'entretien. Je me suis levé aussitôt pour la recevoir, et au bout d'un quart d'heure je l'ai entendue frapper timidement à ma porte. Je l'ai fait asseoir contre la fenêtre ouverte et tout près de l'endroit où l'on avait chanté. Elle a jeté sur moi un regard fort expressif. « Monsieur a-t-il passé une bonne nuit? m'a-t-elle dit en baissant les yeux. — Assez bonne, ma belle enfant, car enfin les nuits sans sommeil ne sont pas toujours sans repos. — Monsieur aura peut-être été réveillé par quelque bruit, l'aboiement des chiens... — N'a pas duré long-temps; on dirait qu'ils se sont tus pour écouter certaine chanson. — Monsieur a entendu la chanson? — Oui, vraiment, et vous? » Lise a rougi, et changeant tout-à-coup de conversation, « Monsieur, dit-elle toute honteuse, ne connaît pas nos usages; mais, puisqu'il veut bien être mon compère, c'est à moi de l'en instruire : nous devons faire un présent à l'accouchée; j'ai préparé le mien à l'avance: monsieur, n'ayant pas été prévenu, n'a pu faire son emplette, et il ne trouverait rien ici; mais il peut offrir également la somme qu'il aurait destinée à son petit cadeau, seulement il y faudra mettre un peu plus de mystère. L'accouchée refusera d'abord, c'est l'usage ; mais nous insisterons, et elle finira par accepter, parceque c'est l'usage aussi. Tous les amis et tous les parents sont invités; en sortant de l'église, nous devrons parcourir les trois rues de la commune : elle sont très longues, et je crains bien, vu l'âge de monsieur, que cela ne le fatigue beaucoup. — En effet, ces courses conviendraient mieux à un jeune homme.... Il avait donc beaucoup d'affaires, celui que vous aviez choisi, et qui s'avise de s'absenter dans un moment où sa présence était si nécessaire ? est-il allé bien loin ? » Pendant ces questions, j'observais ma future commère ; je la voyais rougir et pâlir tour-à-tour, son sein était agité, des larmes roulaient dans ses yeux. « Si cela dérangeait trop monsieur ? m'a-t-elle dit d'une voix tremblante, et sans répondre à ma question. — Eh bien, oui, ma chère Lise, cela me dérangerait presque autant que vous ; et si, par hasard, votre premier compère était de retour, comme la chanson de la nuit me l'a fait un moment soupçonner..... — Oui, monsieur, m'a dit la jeune fille en versant d'abondantes larmes, oui, c'est Claude qui chantait sous mes fenêtres; oui, c'est moi qu'il accusait de le quitter *sans dire pourquoi!* Je vais vous le dire à vous, monsieur, et vous jugerez si j'ai eu tort : Claude est jaloux, et, dans un moment d'impatience, je lui ai *donné l'avoine*....— Comment, vous lui avez donné l'avoine?— Monsieur ne sait peut-être pas ce que cela signifie..... dans notre pays, quand une jeune fille ne veut pas du mari qu'on lui propose, elle glisse une pincée d'avoine dans la poche de l'amoureux : est-ce qu'à Paris les dames ne donnent pas quelquefois l'avoine à leurs soupirants?—C'est un moyen dont elles ne se sont pas encore avisées; peut-être craindraient-elles de mettre trop souvent leur cocher dans la confidence : quoi qu'il en soit, vous avez donné l'avoine à Claude, c'est-à-dire que vous avez rompu avec lui?— Pas tout-à-fait; je ne lui ai pas présenté le *tison éteint* : c'est encore un de nos usages, et c'est une manière de dire à *quelqu'un* que tout est fini et qu'il ne doit plus reparaître.—Sans entrer dans le détail des reproches que vous avez à faire à l'ami Claude, je vois que vous n'en êtes pas avec lui au point d'éteindre le tison. — Bien au contraire, monsieur, je l'aime plus que jamais, et, puisque le voilà revenu, je voudrais bien lui pardonner; mais vous sentez que ce n'est pas à moi à faire les avances.— Non, sans doute, et cela me regarde. »

J'ai si bien joué mon rôle de médiateur qu'une heure après cet entretien j'ai présenté mon remplaçant à la famille, à la grande satisfaction de la jolie petite commère. Quant à l'ami Claude, il était dans une joie qui lui faisait dire mille folies; son bonheur débordait et se répandait sur chacun de nous : bonbons, faveurs, bouquets, tout m'a été prodigué et j'ai tout accepté. Quand on m'a jugé suffisamment fleuri et enrubané, on m'a prié d'ouvrir la marche baptismale, qui de la maison s'est dirigée vers l'église. Après la cérémonie religieuse, on a parcouru les rues du village, c'est-à-dire des chemins bordés de haies, pavés de cailloux roulants, et remplis de poussière.

A notre retour, nous avons trouvé la table chargée de toutes sortes de mets : on a servi des soupes de pâte, et Lise a distribué le fromage râpé. Claude, qu'elle regardait en saupoudrant mon potage, s'efforçait de montrer une mine contente ; le vieillard souriait, et Lise, moitié sérieuse et moitié gaie, paraissait, ainsi que son amant, attacher à cette distribution une grande importance. Ils ne se perdaient pas des yeux l'un et l'autre, tout en affectant de ne se pas regarder. Les anxiétés de Claude devenaient plus vives à mesure que le fromage diminuait ; enfin la main de Lise s'est avancée vers son assiette et je l'ai vu pâlir : elle y a d'abord laissé négligemment tomber un peu de fromage, et le trouble de Claude est devenu si visible que l'attention de tous les convives s'est fixée sur lui ; Lise, qui s'en est aperçue, a versé avec abondance le fromage sur la soupe de son amant qui, passant tout-à-coup de la tristesse à la joie la plus vive, paraissait ne maîtriser ses transports qu'en employant toute la puissance de sa volonté. Il a porté sur Lise des regards si brûlants d'amour et de reconnaissance que les yeux de la jeune fille se sont remplis de douces larmes.

Toute la famille paraissait prendre un vif intérêt à cette scène muette que je comprenais mal. Le vieillard s'est penché vers mon oreille et m'a dit : « La réconciliation entre les deux amants est complète : dans nos contrées le fromage est considéré comme une espèce de philtre amoureux ; c'est sur la quantité que la maîtresse en mêle au potage de son amant que se mesure le degré d'estime qu'elle en fait : vous voyez qu'elle ne l'a pas épargné. »

Par-tout le cœur de l'homme est le même ; partout il s'émeut au cri de la douleur, s'attendrit à la voix de l'amitié, s'embrase aux feux de l'amour et de la colère ; mais les signes extérieurs des passions changent avec les climats, diffèrent comme les teintes de la peau, comme les inégalités de la fortune : ici le gage d'amour est du fromage râpé ; ailleurs c'est une fleur, une tresse, un bracelet, ou un gant.

J'ai laissé la famille entière dans la joie. Au baptême devait bientôt succéder une noce, et il ne tenait qu'à moi d'en être le premier garçon ; mais le but mobile vers lequel je me dirige dans la route que je parcours ne me permet pas de rester long-temps en place. Desirant partir le lendemain de très bonne heure, afin de jouir du calme et de la fraîcheur du matin, j'ai mis dans ma confidence le jeune Pierre. Il a été discret et exact : nos préparatifs se sont faits dans le silence; la voix du coq n'avait encore éveillé personne, et déjà nous suivions, mon jeune guide et moi, le chemin raboteux par lequel je devais rejoindre la grande route de Gap.

Parvenus sur un tertre élevé, Pierre m'a fait remarquer des feux semblables à des lampions, qui, des hameaux et de divers points élevés, se dirigeaient vers un lieu bas et marécageux. « *Voilà*, m'a-t-il dit en affectant une sérénité que trahissait le tremblement de sa voix, *voilà les sorciers qui vont au sabbat.* » J'ai essayé de lui faire comprendre que ces feux, causés tantôt par le fluide électrique, tantôt par des émanations phosphoriques, ou d'autres matières ignées, n'étaient ni des esprits ni des lutins. « Je le sais, m'a-t-il dit : cependant au milieu de la nuit je n'aimerais pas à les regarder si j'étais seul; mais nous sommes deux, et le jour ne tardera pas à paraître. » Les feux, paraissant et disparaissant tour-à-tour, semblaient sautiller et faire de concert certaines évolutions. Au bout d'une heure, presque tous se sont éteints ou ont disparu; quelques uns se sont perdus dans l'air. « Chacun rentre chez soi, m'a dit Pierre : ceux qui étaient sortis de terre y sont rentrés, ceux qui étaient venus du village y retournent. » Les premiers rayons du jour ont fait disparaître cette espèce de fantasmagorie : je me trouvais sur le grand chemin de Gap; je n'ai pas permis à mon jeune guide d'aller plus loin, et nous nous sommes séparés.

N° LXXXI. [5 NOVEMBRE 1819.]

GAP.

> Qui voit aujourd'hui la France, la voit telle qu'elle a été, telle qu'elle est, telle qu'elle sera.
> E. J.

On croit que le terrain où maintenant est assise la ville de Gap, chef-lieu du département des Hautes-Alpes, fut jadis un lac. Ce territoire a environ huit lieues de circonférence : il est au bas des montagnes ; mais sa hauteur au-dessus des eaux de la Méditerranée est encore de plus de deux mille pieds. A l'époque de l'année où j'y suis arrivé, toute cette surface, brûlée par les rayons du soleil, n'offrait plus qu'un plateau aride et pelé. « La sécheresse dévore l'herbe nécessaire aux bestiaux, et les bestiaux, en s'éloignant, refusent à la terre les engrais productifs dont elle a besoin. Il faudrait de l'eau, et l'eau manque dans le pays des neiges, des rivières, et des torrents! A gauche, vers Chabotte, coule le Drac, et à droite la rivière de Vence, qui a ses sources dans les montagnes calcaires d'Ancelle et se jette dans la Durance.

« Dès le règne de Louis XI on a conçu l'idée de dévier les eaux du torrent d'Ancelle et de les amener dans la plaine de Gap : les travaux, commencés en 1450, furent abandonnés durant les guerres longues et destructives causées par l'intolérance religieuse. Après deux cent quarante années d'interruption, vers la fin du dix-septième siècle, on songea à les reprendre ; mais bientôt le roi de Sardaigne envahit le Dauphiné : pour la plus grande gloire de ce petit monarque, ses troupes saccagèrent la malheureuse ville de Gap, et tout projet utile fut abandonné. Depuis ce royal passe-temps, soixante-dix années s'étaient écoulées lorsqu'un subdélégué de l'intendant de la province, M. Delafont, publia un mémoire pour rappeler à l'autorité qu'il existait depuis près de quatre siècles un projet pour amener sous les murs de Gap les eaux du torrent d'Ancelle. Des fonds furent accordés par l'intendance. La philosophie avait étouffé le fanatisme et, avec ce monstre, les guerres de religion : la politique permettait à la paix de régner en Europe ; la France l'avait achetée de ses trésors, du sang de sa jeunesse, de ses possessions dans les deux Indes, de son honneur au-dedans, de sa considération au-dehors : tout promettait que ce calme de l'épuisement serait de longue durée. Après tant de pertes, d'humiliations, et de désastres, le royaume avait soif d'industrie et de travaux réparateurs ; mais l'intérêt public n'a-t-il pas deux ennemis avec lesquels il n'y a ni paix ni trêve à espérer, l'orgueil et l'avarice? Les possesseurs des champs stériles, des terrains pierreux, à travers lesquels bondissaient les eaux du torrent, prétendirent que ces eaux étaient leur propriété; cette prétention fut appuyée par de hauts et puissants seigneurs : on n'osait alors être utile à beaucoup d'hommes quand il fallait déplaire à quelques uns; d'ailleurs le soin de ses plaisirs ne permettait pas au roi de France de s'occuper d'autres affaires, et Gap fut oubliée pour le Parc-aux-Cerfs. Quarante ans plus tard, sous l'administration de cet empereur qui n'eut pas une seule petite maison, mais qui fit tracer tant de grandes routes, jeter tant de ponts sur les rivières, et creuser tant de canaux, des ingénieurs furent chargés de faire la reconnaissance des eaux qui coulaient au-dessus de Gap. Un d'eux, M. Gayant, proposa d'y faire venir celles du Drac, et de les prendre au pont d'Orciers. Deux préfets, administrateurs habiles et citoyens zélés pour toutes les entreprises utiles, MM. Bonnaire et Ladoucette, s'occupèrent successivement et avec ardeur d'un projet qui devait décupler le produit des terres d'une partie du Gapençais. Mais, si, sous Louis XV les trésors de l'état étaient épuisés pour les plaisirs d'un monarque voluptueux, trop souvent alors ils étaient dévorés par les armées d'un monarque conquérant, sous le gouvernement duquel les guerres naissaient des guerres. L'autorité locale s'adressa aux habitants du pays : il fut proposé aux propriétaires de contribuer, en proportion de leur fortune, aux dépenses de la construction d'un canal. En peu d'années chacun eût été remboursé de ses avances, et les terres les moins favorisées auraient doublé de valeur : Romette, La Rochette, et d'autres communes, auraient eu part aux avantages et seraient entrées dans la dépense. Le gouvernement accordait une somme de cent mille francs; mais cette fois encore l'égoisme s'agita, et l'autorité se vit forcée d'ajourner à des temps, désormais incertains, l'ouverture d'une source féconde de richesses agricoles qui se trouve aux portes de Gap, mais que ses habitants ne savent point faire jaillir. »

Assis sur un tertre sans verdure, un vieillard tenait ce discours en contemplant la plaine désolée, et moi je le répète sans espérance que ma voix sera plus écoutée que la sienne. « Cependant, m'a dit le bon vieillard, dans notre pays tout canal est un Pactole qui roule de l'or dans ses ondes. Des terrains non arrosés, et dont la valeur ne s'élève guère au-delà de cent soixante-dix à cent quatre-vingts francs l'arpent, se vendent depuis deux jusqu'à quatre mille francs lorsqu'ils sont fécondés par les eaux. M. Desherbeys, un des agronomes les plus distingués du département des Hautes-Alpes, a fait construire à ses frais un canal d'irrigation dans la commune d'Aubessagne, où il habite; ce canal a élevé à quatre ou cinq cents francs l'hectare des terres qui auparavant ne se vendaient que quarante à cinquante francs, et a servi de modèle à tous ceux qu'on a faits depuis.

« L'on peut calculer que les cinq cents canaux existants, et qui arrosent une surface d'environ dix-sept mille hectares, ont augmenté de près de vingt-huit millions la valeur des propriétés territoriales du département des Hautes-Alpes. Les terres qui ont encore besoin d'irrigation exigeraient la construction d'une centaine de nouveaux canaux; mais le temps des Bonnaire et des Ladoucette est passé; les regrets qu'ils ont laissés se renouvellent sans cesse dans le cœur des citoyens de notre pays; car à chaque pas ils retrouvent des traces de leur bienveillante administration. La ville de Gap renferme un grand nombre de monuments qu'ils ont élevés aux arts, à l'industrie, à l'agriculture, et même aux plaisirs des habitants du pays. Par exemple, notre ville, car je suis habitant de Gap, était entourée de murailles qui tombaient en ruines: elles ont été abattues; la terre, couverte de leurs débris, en a été débarrassée: à leur place s'est élevée une jolie promenade plantée, pour ainsi dire, par les mains de M. Ladoucette, ainsi qu'une vaste pépinière où l'on cultive les jeunes plants des arbres utiles qui croissent dans les diverses températures de nos plaines et de nos montagnes. C'est sous l'administration de M. Ladoucette qu'a été bâti le faubourg neuf, que s'est enrichi notre musée, et qu'a été fondée la société d'émulation dont j'ai l'honneur d'être membre.

« Les travaux de cette société ont pour but de donner plus d'activité et une meilleure direction à l'agriculture et à l'industrie. L'instruction fait naître le goût de la littérature, adoucit les mœurs en portant les hommes à consacrer à la lecture d'ouvrages utiles ou agréables les moments de repos et les heures oisives des jours de fête, presque par-tout sanctifiés par la débauche et le jeu. Mieux vaut, disait Voltaire, passer son temps à composer ou à lire des vers qu'à s'enivrer au cabaret. Je ne vous conseille pas cependant, vous qui pouvez mieux faire, de parcourir le recueil des productions poétiques de nos académiciens gapençais; mais, si vous jetez les yeux sur notre journal d'agriculture et des arts, peut-être y reconnaîtrez-vous des vues sages et des conseils utiles sur l'économie rurale et industrielle d'une contrée souvent traversée, mais rarement visitée par les voyageurs.

« J'offre de vous faire connaître de notre ville tout ce qui me paraît mériter d'être vu; de vous dire de son industrie, de sa civilisation, de ses mœurs, tout ce qui peut en être dit. Je me nomme Val*** : ma maison est sur la place Saint-Arnould; il s'y trouve une chambre vacante et meublée que je vous louerai à un taux discret, pour autant de jours qu'il vous plaira, et, si ma table peut vous convenir, le prix de la pension sera bientôt réglé entre nous. Je pourrais vous offrir tout cela gratis : ma fortune me le permet ; mais, comme vous n'accepteriez point une telle proposition, je ne suis ni assez sot ni assez impertinent pour vous la faire.—L'autre me convient beaucoup mieux, lui ai-je dit ; je l'agrée, et je vous en remercie. »

Nous étions à la porte du logis ; le vieillard agile est monté d'un pas léger au premier étage et m'a conduit dans une chambre petite, mais fort propre et très bien tenue, dont les croisées donnent sur la promenade. « Ce cours a été planté en 1803, m'a dit M. Val*** ; c'est encore à M. Ladoucette que nous le devons. Lorsque vous aurez pris un peu de repos et de nourriture, nous irons y faire un tour de promenade, et ensuite nous visiterons la ville : elle n'est pas grande ; ce qu'elle renferme de monuments curieux n'est pas très considérable : on peut, sans trop se presser, tout voir en un jour. » M. Val*** a donné ses ordres, et presqu'à l'instant un déjeuner agréable, composé d'œufs, de légumes, et de fruits de la saison, nous a été servi. « Comme vous êtes à table d'hôte, m'a-t-il dit en riant, je ne vous demande point la permission de m'y asseoir avec vous ; tout en déjeunant je vous raconterai l'histoire de notre ville, si vous ne la savez pas : quand on cause on mange plus lentement, et la digestion est plus facile.

« On ne connaît point l'époque de la fondation de Gap, et cela importe peu : les plus vieilles origines ne sont pas les meilleures. Des auteurs prétendent que le mot VAP est celtique; que les Bourguignons et les Francs, par un défaut de prononciation, changèrent le v en G, et que ce mot signifie *lieu enfoncé, vallée profonde :* d'autres prétendent que le mot latin *vapincum* est une contraction de deux mots *val pinguis,* vallée fertile. Des docteurs en langue celtique, trouvant *armes* dans *vapin*, en ont conclu que les anciens bourgeois de *Vap* ou de *Gap* avaient l'humeur guerrière. Saint Isidore ne donne pas moins de dix noms à cette ville, et ce saint vivait ou, comme on dit, florissait dans le septième siècle.

« Dès le quatrième, un siége épiscopal fut établi à Gap : Démétrius, disciple de saint Jean l'évangéliste, y prêcha la doctrine du Christ, sous le règne de Domitien. Ce missionnaire recommandait l'obéissance et non la servitude; cependant il parlait à des païens et non à des chrétiens : il portait à ces peuples des paroles de paix et de consolation et non des brandons de discordes, suspendus à des chapelets. Béni soit le nom de Démétrius, disciple de saint Jean! honni soit celui des apôtres de la dîme et des servitudes féodales!

« Cent ans après, Gap eut un évêque du nom de Constantin : c'était le temps où il pleuvait des canonisations; les papes en firent un saint : ils en ont fait qui le méritaient moins. Un successeur de Constantin, l'évêque Grégoire, fut plus fier, et, ne se contentant pas du titre de bienheureux, il voulut avoir celui de prince : cette dignité lui fut conférée en 1058, par l'empereur Frédéric, qui faisait des princes avec autant de facilité que les papes faisaient des saints. Grégoire sentit qu'il lui fallait de l'argent pour soutenir sa dignité : un saint peut être humble et pauvre; mais un prince doit être fier et riche : il demanda les droits de régale, et ces droits lui furent conférés par le magnifique empereur. Les successeurs de Grégoire ne se montrèrent pas plus jaloux que lui des honneurs du ciel : on ne compta plus de saint parmi eux; mais tous voulurent être princes, et le furent.

« En 1184, l'évêque Guillaume prenait le titre de seigneur et comte de Gap : cette ville jouissait, à la fin du douzième siècle, de moulins, de fours banaux, et d'autres priviléges semblables; car dans le bon vieux temps on ne faisait ni moudre son grain ni cuire son pain où l'on voulait. Par un traité, passé au château de Corps, en 1257, ces droits furent partagés entre le dauphin et l'évêque : le trône et l'autel s'appuyèrent réciproquement pour dépouiller le peuple, l'un au nom de la charité évangélique, l'autre en attestant l'amour et la sollicitude paternelle. Gap a toujours compté des sujets assez rebelles, des ouailles assez impies, pour ne pas se laisser dépouiller sans se plaindre : quand on les volait, ils criaient au voleur. Cet esprit de sédition et d'irréligion causa de fréquentes querelles entre les habitants et leurs seigneurs tonsurés. La politique des rois n'est pas toujours de fouler les peuples ; c'est aux peuples qu'ils ont recours quand ils veulent s'affranchir de la servitude des nobles.

« Après beaucoup de luttes et de révolutions, les évêques de Gap furent dépouillés par François Ier du titre de prince, et réduits à celui de comte. Leur humilité catholique n'est pas encore consolée de cette disgrace.

« Tous les évêques de Gap n'ont point été des princes fainéants : Sallonius fut un prêtre guerrier. Il contribua, sous le patrice Ennius Mummol, au massacre qui fut fait des Lombards, dans la plaine de Chalmes, nommée plaine de *Barbari*. Mais ce grand courage lui donna malheureusement le goût des actions guerrières ; il se révolta, fut vaincu, fait prisonnier, condamné, et exécuté : *chacun son métier*.

« Il faisait le sien, celui qui, en vertu d'une bulle du pape Urbain II, excommunia Hugon, comte de Gap, et délia ses sujets du serment de fidélité ; car des gens vous diront que tout évêque est tenu d'obéir au pape, même contre son prince : l'Église d'abord ; le prince vient après ; la patrie est un devoir nouveau. Dans les guerres de religion, un chanoine, nommé Lapalu, commandait la jeunesse de Gap. Lesdiguières, qui depuis fut connétable, passa au fil de l'épée cette jeunesse et le chanoine Lapalu. L'histoire des temps anciens, de ces jours si vantés par les races oisives et oppressives, n'est guère que le récit des crimes et des malheurs de ces temps de honte et de dissolution. L'empereur Othon, pour se venger des habitants de Gap, qui l'avaient longtemps tenu prisonnier, les fit passer sous la domination des comtes de Provence, qui y firent arborer leurs armes et leur bannière au haut du palais, et établirent de fortes contributions.

« Cette ville, prise, reprise, dévastée, incendiée, par vingt peuples barbares et par les guerres de religion, a été ébranlée par trois tremblements de terre, en 1282, en 1682, et en 1808 : dépeuplée par la peste en 1630, par la grande mortalité de 1744, et par la révocation de l'édit de Nantes, elle ne comptait guère, au commencement du dix-huitième siècle, que quatre mille habitants. Cent ans auparavant elle en avait plus de seize mille. Aujourd'hui sa population est d'environ huit mille ames. Il s'y trouve peu de protestants; leur nombre ne s'élève guère au-dessus de quatre mille dans tout le département. Mais la fin de notre déjeuner doit être aussi celle de mon précis historique : allons parcourir la ville. »

Nous sommes sortis du logis, et au lieu de suivre le cours, ainsi que M. Val*** me l'avait proposé d'abord, nous sommes entrés dans les rues. Elles sont presque toutes étroites, sales, encombrées de fumier; le pavé est inégal et raboteux : pendant les dernières guerres d'Italie, le passage fréquent des convois et des canons l'a cassé, enfoncé; et, depuis la paix, on ne s'est pas beaucoup occupé à le réparer. Les maisons sont mal bâties et encore plus mal distribuées. M. Val*** est un peu comme l'écuyer du chevalier de la Manche, il aime les manières de parler proverbiales. « *A tout seigneur, tout honneur*, m'a-t-il dit; commençons par la cathédrale. Cet édifice, presque entièrement démoli par les calvinistes en 1577, pendant les guerres de religion, n'a été rebâti que près d'un siècle après, en 1692. Quoique entièrement restauré, il n'a rien de bien remarquable, ni à l'extérieur ni à l'intérieur. Il faut pourtant en excepter le mausolée de Lesdiguières, dont les bas-reliefs en albâtre de Boscodon, bordés de marbre noir du Champ-Saur, sont d'un assez bon travail. Ces bas-reliefs, représentant les principales actions de Lesdiguières, sont attribués au sculpteur Jacob Richier, que le connétable tint en chartre privée jusqu'à ce qu'il eût fini cet ouvrage, menaçant même de lui ôter la vie s'il ne le terminait pas promptement et à son gré, deux conditions assez difficiles à remplir en même temps. Lesdiguières est représenté avec son armure, couché, et appuyé sur le coude. Ce mausolée était depuis 1626 au château de Lesdiguières; en 1768, il fut apporté à Gap. Il devait être transféré au musée avec les gantelets, la lance, et le casque du connétable, dont l'empreinte d'une balle est l'ornement le plus remarquable. Observez, m'a dit M. Val***, qu'il y a beaucoup de ressemblance entre les traits de Lesdiguières et ceux de Henri IV. En effet, cette ressemblance est assez frappante; mais quel rapport y avait-il entre l'ame de ces deux hommes? Tous deux guerriers, tous deux protestants, à la vérité; mais l'un bon, généreux, nourrissant les catholiques, même alors qu'il les combattait; l'autre, dur, impitoyable, fut appelé le *Roi des montagnes*, sans doute parcequ'il y porta la terreur par ses expéditions militaires. Il épouvanta Gap du massacre d'une partie de ses habitants, pour la punir d'avoir pris le parti de la ligue, chassé les huguenots, et résisté aux prédications de Guillaume Farel, né dans cette ville, et qui avait publié, pour convaincre les incrédules, un ouvrage intitulé: *Le Glaive de l'esprit*. Lesdiguières surprit une seconde fois cette ville la nuit, au milieu de la sécurité et du désordre d'une fête: il y fixa sa résidence, et, pour la tenir en bride, il rétablit, en treize jours, la forteresse que les Sarrasins avaient construite sur la hauteur de Puymore. Il s'empara d'Embrun, y pilla les églises, et entra à cheval dans la cathédrale: il détruisit l'ancienne église et le couvent de Saint-André de Rosans; ruina et convertit en prison le château de Queyraz; mit à contribution les habitants de la Vallouise qu'il réduisit à la misère, et sur lesquels il leva, pour son compte particulier, une somme de douze mille francs, enlevant par-tout des otages et saccageant une foule de lieux. Un incendie éclaira de ses sinistres lueurs la commune de Saint-Bonnet le jour de la naissance de Lesdiguières; un autre éclata le jour de sa mort. Quatre-vingt-quatre années s'étaient écoulées entre ces deux époques, et leur cours orageux fut marqué par des massacres, des pillages, et des violences de toute espèce. Cependant l'auteur de tant de maux avait sur son visage des traits de ressemblance avec le bon roi! Du plus haut degré de sagesse à la plus insigne folie il n'y a souvent qu'un tour de cheville, a dit Montaigne: de la vertu au vice la distance est peut-être plus courte encore. »

En sortant de la cathédrale, M. Val*** m'a dit: « Si vous étiez venu trois mois plus tôt à Gap, vous m'auriez vu figurer pompeusement à la superbe procession de la Fête-Dieu. Quelques jours avant cette solennité, le clergé et la fabrique de la paroisse de Gap choisissent des *prieurs* et des *prieures* parmi les personnes distinguées par leurs mœurs, et sur-tout par leur fortune; car les prêtres, tout en disant que les pauvres sont les meilleurs amis de Dieu, ont soin de tenir ces bons amis éloignés du maître et sur-tout de ses orgueilleux serviteurs. Les *prieurs* et les *prieures* ont l'avantage immense d'assister à la procession en tenant un flambeau allumé à la main, honneur qui ne se confère qu'une seule fois à la même personne. Je l'ai obtenu cette année sans l'avoir demandé, et je l'ai bien payé en mettant dans le plat d'argent de la quêteuse une offrande plus forte que de coutume. *Rien pour rien, même dans la maison de Dieu.* »

Tout en causant, nous cheminions, et nous nous sommes trouvés vis-à-vis une autre église : c'est celle des Pénitents ou de Saint-Jean-le-Rond. « Quelques auteurs l'ont prise pour un ancien temple, m'a dit M. Val***, et je ne sais pas bien sur quoi ils fondent leur opinion : quoi qu'il en soit, un peu d'eau bénite lave bien des taches. Après avoir chassé les faux dieux, le Dieu vrai a pris leur place, et ce n'est pas à Gap seulement qu'il loge dans leurs palais. A Rome, la majeure partie de ses autels est bâtie avec le marbre de ceux des divinités du paganisme : il eût été difficile d'en trouver de plus beau et à meilleur marché. » Ces rapprochements ne m'ont pas paru très orthodoxes dans la bouche d'un homme qui venait d'être prieur; mais, comme je suis fort tolérant pour toutes les opinions purement spéculatives, je ne me suis avisé ni de blâmer ni de combattre celles de M. Val***. Après tout, les prières dites dans les bains de Dioclétien ou dans les chapelles du Panthéon, et l'eau bénite répandue dans des lieux qui jadis furent aspergés d'eau lustrale, ne perdent pas leur vertu.

M. Val*** m'a conduit au palais de justice, à l'hôtel-de-ville, à la préfecture. J'ai regardé, mais je n'ai point admiré : à Gap, ces édifices, comparés à tout le reste, sont très beaux sans doute; mais ailleurs j'en ai vu de plus beaux encore. Nous sommes entrés dans l'ancien séminaire où sont réunis le collège, les salles de la société d'émulation et le musée. J'ai partagé la reconnaissance des habitants de Gap pour M. Ladoucette, en parcourant les divers objets d'histoire naturelle et d'industrie que cet ancien administrateur avait su y réunir. On voit dans le musée de Gap les minéraux, les plantes, les oiseaux, plusieurs quadrupèdes des Alpes, et les échantillons de tous les produits de l'industrie des habitants du département. M. Ladoucette avait destiné à cet établissement les modèles en plâtre des plus belles statues du musée de Paris, avant qu'il eût été dépouillé par les barbares; la *Vénus*, dite de Médicis, le *Germanicus*, *Castor et Pollux*, l'*Hermaphrodite*, le *Gladiateur*, ainsi que les modèles des monuments des Alpes, exécutés en albâtre et en pierre ollaire du pays; des tombeaux, des inscriptions, des bas-reliefs, trouvés au mont Séleucus et dans d'autres endroits du département. « Il me semble, ai-je dit à M. Val***, que tous les objets dont vous m'avez parlé ne se trouvent pas ici. — Il me le semble aussi, m'a-t-il répondu: *autres temps, autres soins.* Si nous avons moins de statues, nous avons plus de gendarmes: il y a compensation, comme dit M. Azaïs. »

En revenant à notre logement, M. Val*** m'a fait parcourir les quartiers où se fabriquent des tissus de laine et de soie, des chapeaux, des cuirs, des cordes, et des instruments aratoires. Gap n'est pas seulement une ville de fabrique, elle fait aussi le commerce d'entrepôt, et au besoin pourrait être considérée comme place de guerre. J'ai remarqué un beau corps de caserne, terminé il y a douze ans. M. Val*** n'a pas les inclinations martiales; l'aspect de ce monument a paru lui donner un peu d'humeur. « Il faut, m'a-t-il dit, que les citoyens soient tous soldats, afin que les soldats ne se croient plus hors de la cité, et armés pour lui faire la guerre. Avant M. Pitt, c'est-à-dire au temps où ils étaient encore un peu libres, les Anglais ne souffraient pas qu'on bâtît des casernes dans leur pays, et ils faisaient bien; aujourd'hui ils le permettent, et ils s'en repentiront. Mais il en est du repentir comme du remords, l'un ne répare pas les crimes, ni l'autre les sottises. »

Un homme, le visage voilé d'une sombre tristesse, est venu aborder M. Val*** qui, tout inquiet, lui a demandé la cause de son chagrin. « Le mariage est rompu. — Rompu! Comment? pourquoi? — Oh! je vais vous le dire: je le dirai devant monsieur, qui me paraît un honnête étranger, a repris cet homme; car je veux qu'on le sache, qu'on le répète par-tout. Puisqu'il est des fourbes qui trouvent leur intérêt à nourrir des préjugés si funestes, il faut que les honnêtes gens se liguent pour combattre, pour étouffer ces préjugés; » et m'adressant la parole, « Monsieur saura donc, m'a-t-il dit, que j'ai un fils en age de se marier: il avait fait choix d'une fille belle et sage; elle avait agréé sa recherche: les deux jeunes gens s'aimaient éperdument; il y a entre eux rapport d'état et de fortune. Mais, hélas! dans la commune d'Orcières, où je réside, la plupart des habitants sont aussi brutes que les ours dont le village tire son nom: ils croient aux sorciers. Je suis né d'humeur un peu sombre, je parle peu; la solitude me plaît: un méchant prêtre, car il y en a beaucoup de méchants, a prétendu que si je m'enfermais chez moi pendant qu'on dit la messe, c'était pour jeter des sorts sur mes voisins et sur leurs troupeaux. Le malheur a voulu que ceux des parents de ma future belle-fille fussent atteints de la clavelée: ils ont attribué cette maladie à quelque sortilège. Pour connaître le sorcier et s'en emparer, ils ont, selon un antique usage, volé une poule noire et des clous, qu'ils ont mis, avec du vinaigre, dans un pot neuf. Pendant que ce singulier ragoût bouillait sur un grand feu, deux garçons de ferme des plus vigoureux se tenaient, armés de bâtons, derrière la porte, prêts à assommer la première personne qui se présenterait, parceque, selon leurs idées, cette personne ne pouvait être autre que le sorcier attiré par la force du charme. Depuis quelques jours, mon fils se plaignait du refroidissement de la famille de sa maîtresse, et m'engageait à la presser de conclure son mariage. J'ai cédé à ses instances: je me suis présenté au moment où se faisait la cérémonie mystérieuse. Alors tous les soupçons jetés sur moi ont été confirmés; ma justification est devenue inutile, ou plutôt m'a été interdite; j'ai été injurié, frappé, et si je n'ai pas été tué sur la place, je le dois aux larmes, aux cris de la jeune fille que mon fils devait épouser, et qui demandait à genoux grace pour le père de son amant. A la fin, ils m'ont jeté à la porte, sanglant et demi-mort. Je voulais porter plainte en justice : j'ai été retenu par les prières de mon fils, et plus encore par le souvenir du tendre intérêt que m'avait montré sa maîtresse; mais tout est rompu, rompu à jamais, entre nous. » Ces dernières paroles ont été prononcées d'une voix émue et animée par le sentiment de la tendresse paternelle : on voyait que cet homme avait oublié son injure pour ne songer qu'au chagrin de son fils.

M. Val*** s'est efforcé de le rassurer : il a promis d'aller trouver les parents de la jeune fille, d'employer l'autorité que lui donnent sur eux l'estime qu'ils lui portent, les services qu'il leur a rendus. Le paysan a secoué la tête avec un sourire amer : « Non, monsieur, ne prenez point cette peine ; elle serait perdue : ils ont été cruels envers moi ; faites qu'ils ne soient point ingrats envers vous. Ils le deviendraient si vous tentiez de vaincre leur injuste prévention. Ne savez-vous pas de quels excès rend capable cette croyance aux sorciers ? Ignorez-vous l'histoire de la pauvre femme de Réalon, qu'on accusait de jeter des maléfices sur les hommes et les bestiaux, et qu'on étouffa en la tenant suspendue en l'air, parceque, disait-on, toutes les fois qu'elle touchait la terre, elle prenait des forces nouvelles ? » M. Val*** a dit au prétendu sorcier de venir le trouver le lendemain matin de bonne heure, parceque ses affaires l'appelaient à Orcières et qu'il voulait y aller avec lui. Le pauvre homme nous a quittés en promettant d'obéir; mais son air disait assez qu'il ne croyait pas au succès de la démarche que M. Val*** se proposait de faire. L'histoire de la sorcière de Réalon m'a paru une fable. « Elle n'est pourtant que trop véritable, m'a dit M. Val***. Ce fut en 1802 que périt cet Antée femelle, et de la manière dont on vient de nous le raconter. Nos montagnards sont avides de merveilleux. Durant les longues nuits d'hiver, le murmure des torrents, le sifflement des aquilons, les pics de rochers blanchis par la neige qui apparaissent comme de grands fantômes, et semblent portés sur les nuages, les ombres bizarres et changeantes qui se projettent au loin dans les vallées, tout, au milieu de cette nature sauvage et gigantesque, imprime la terreur aux esprits les plus fermes et les dispose à adopter les superstitions les plus extravagantes. Dans beaucoup de communes, lorsque les biens de la terre souffrent de l'abondance des pluies, ou de la sécheresse, les curés sont forcés, par leurs paroissiens, d'exorciser le temps : s'il vient à changer, le curé est un saint; si la pluie continue, c'est un mauvais prêtre. Malheur à celui dans la commune duquel la grêle ou un orage détruit les moissons, sur-tout si cet accident se renouvelle! poursuivi par la haine de ses ouailles, il est bientôt forcé de s'en éloigner.

« Notre-Dame de Laus est une chapelle bâtie dans le lieu même où Benoite Reneurelle, bergère de Saint-Étienne, prétendait avoir eu avec la Vierge plusieurs entretiens. On vit en 1803 venir en pèlerinage à cette chapelle, qui attire les dévots du midi de la France, une femme qu'on appelait la sainte Valence. Lorsqu'elle traversa la ville de Gap, de vieilles dévotes, des bourgeois imbéciles, lui dérobèrent de sales chiffons: il en est même encore plusieurs qui conservent ces ignobles reliques. On lui fit d'abondantes aumônes; des personnes distinguées lui demandèrent sa protection auprès des puissances de l'autre monde. Le préfet voulut la voir et la fit venir chez lui; aussitôt la cour de la préfecture, les rues adjacentes, et la place publique, se remplirent de gens qui demandaient la bénédiction de la sainte, et se proposaient de lui servir de cortége dans son voyage à Notre-Dame de Laus. Le préfet interrogea cette sainte en guenille; il la trouva gorgée d'eau-de-vie et vide de raison. Elle fut renvoyée à Grenoble et mise dans une maison de charité, où on lui apprit à coudre et à tricoter. Depuis qu'elle fait des bas, elle a cessé de faire des miracles, et son crédit est grandement tombé; mais, par le temps qui court, je ne serais pas étonné de la voir retourner à son premier métier. Nous avons des gens qui savent tout le parti qu'on peut tirer des folies absurdes qui sortent de la bouche d'une femme ivre, et assez adroits pour la tenir, comme les pythonisses, assez loin des curieux, pour qu'ils ne puissent découvrir le dieu dont elle reçoit les inspirations.

«Excepté le patriotisme, chez les peuples qui ont une patrie, c'est-à-dire qui jouissent de la liberté, les vertus sont presque individuelles; elles meurent avec celui qui les a pratiquées. Les races vertueuses sont aussi rares que les races poétiques: il n'en est pas ainsi des vices et des erreurs; ils passent des générations qui disparaissent aux générations qui leur succèdent. La sagesse et la raison sont roturières : elles ne comptent point de quartiers ; mais l'origine des préjugés et de l'erreur est toute féodale et remonte au berceau des nations. Les superstitions des pères se mêlent à celles des enfants, et forment cet ensemble monstrueux et incohérent des cérémonies chrétiennes et païennes qu'on retrouve dans tous les pays de l'Europe, et plus particulièrement dans les contrées montagneuses.

« Telle est la fête du soleil que célèbrent tous les ans les habitants du village des *Andrieux*, situé dans la commune *de Guillaume Pérouse*, sur les bords de la *Sevraise*. Ce village, ainsi que le *Villard-d'Arênes*, est privé pendant cent jours des rayons du soleil : il n'y reparaît que vers le 10 février. Aussitôt que les premières lueurs du jour éclairent le front des montagnes, quatre bergers du hameau donnent, par le son des fifres et des trompettes, le signal de la fête. Après avoir parcouru le village, ils se rendent chez le plus ancien des habitants ; l'honneur de présider à la cérémonie appartient à l'âge et n'est point décerné par la faveur : le nom de *vénérable* est donné au vieillard. Les bergers, après avoir reçu ses ordres, recommencent leurs fanfares et invitent tous les habitants à préparer une omelette. A dix heures, chacun, muni de son omelette, arrive sur la place du village ; une députation, précédée des bergers musiciens, se rend au son des instruments chez le *vénérable* et le conduit au lieu de la réunion, où il est salué par les acclamations de tous les habitants : ils exécutent, en tournant autour de lui, une farandole, leur plat d'omelette à la main. Ensuite le vieillard donne le signal du départ : tout le monde se met en marche dans un ordre régulier, les bergers en tête. Arrivé sur le pont de Pierre, on y dépose les omelettes, et l'on se rend dans le pré voisin, où les farandoles recommencent. Le soleil paraît enfin ; aussitôt chacun remonte sur le pont et présente son omelette au soleil. Le vieillard, tête nue, élève la sienne vers l'astre bienfaisant, puis il annonce la fin de la cérémonie, et l'on suit, pour retourner au hameau, le même ordre qu'en partant. Après avoir reconduit le vieillard à son logis, chacun rentre dans sa famille ; on y mange l'omelette, et le reste du jour est consacré aux plaisirs. Le culte du soleil se trouve encore dans plusieurs des contrées qu'il réchauffe et féconde. Si la reconnaissance fut le premier sentiment religieux, l'astre de la lumière a dû recevoir le premier encens des mortels.

« Le département des Hautes-Alpes, m'a dit M. Val***, présente tous les degrés de civilisation, depuis la barbarie des sauvages du nouveau monde jusqu'à la corruption des capitales de l'ancien continent ; mais la presque totalité des citoyens se trouve placée entre ces deux points extrêmes. Il y règne par conséquent plus de rudesse que de dureté, plus d'indolence que de mollesse. Ce dernier caractère est particulièrement celui des habitants du Gapençais, c'est-à-dire de la moitié du département, car l'arrondissement de Gap renferme au-delà de soixante-six mille ames. Patients dans l'adversité, ils savent cependant compatir aux douleurs d'autrui, et font le bien pour le bien lui-même, sans songer aux louanges et aux récompenses par lesquelles les bons gouvernements font germer les actions généreuses. Deux habitants du mont Genèvre trouvent dans la neige un militaire glacé par le froid, privé de sentiment, et près d'expirer; ils le prennent dans leurs bras, le portent à l'hospice, et ont la satisfaction de le voir revenir à la vie par les soins empressés des charitables religieux. Le prieur de la communauté offrit une gratification à ces deux braves gens: « Mon révérend, lui « dirent-ils, accepter ce serait gâter notre bonne « action ; ces choses-là ne se font point pour de « l'argent; le premier regard, le premier sourire de « l'infortuné que nous avons sauvé, est d'un bien « autre prix. » Ces deux hommes, si dignes d'être connus, se nomment l'un Antoine Bulcet, l'autre François Bès.

« Les habitants des Hautes-Alpes, d'un caractère apathique en apparence, sont peut-être de tous les Français les citoyens les plus capables de dévouement à la chose publique et de sacrifices personnels;

à différentes époques de notre histoire, ils ont donné de glorieux exemples de courage et de patriotisme : en 1693, ils repoussèrent vaillamment les troupes du roi Victor-Amédée, qui avaient pénétré jusqu'au Col de Cabre. Parmi les combattants, on voyait figurer au premier rang la célèbre Philis de la Tour-du-Pin, mademoiselle de la Charne : à la tête des paysans qu'elle avait armés, elle livra plusieurs combats dans les défilés des montagnes ; la palme du triomphe lui fut décernée : Louis XIV lui accorda une pension militaire, et ce monarque déposa lui-même dans le trésor de Saint-Denis l'épée et les pistolets de l'héroïne Philis.

« Lorsque le roi Charles VII chassait les Anglais de la France, les habitants des Hautes-Alpes défendaient leur pays contre l'invasion de l'étranger, et dans ces patriotiques combats, les femmes, les vieillards, les enfants même, faisaient front à l'ennemi. Pendant la funeste expédition de François Ier en Italie, les habitants du Haut-Dauphiné lui dirent d'emmener avec lui toutes ses troupes, se chargeant de garder eux-mêmes les défilés. Ce furent eux encore qui conservèrent libre la route du mont Genèvre, par laquelle rentrèrent, en 1814, sous les ordres du comte Grenier, quarante mille Français que leur général en chef avait abandonnés sur les rives du Mincio.

« Parmi les habitants des Hautes-Alpes, la bienfaisance est presque une vertu d'instinct, tant elle paraît facile et naturelle. Dans l'arrondissement de Briançon, les veuves et les orphelins ne doivent que la nourriture aux ouvriers pour les travaux de la moisson. La charité publique leur a accordé le droit de faire couper leurs grains et faucher leurs foins trois jours avant tous les autres, et ce droit est toujours respecté. Si la maison du pauvre a besoin de réparations, c'est à ses frais que le riche fait transporter tous les matériaux nécessaires. Un homme, privé de secours par la perte de ses enfants ou de sa famille, tombe-t-il malade au moment de la moisson, le curé ou le maire fait connaître sa position à ses concitoyens, et le dimanche, après l'office, des individus de tout sexe, de tout âge, vont recueillir ses fruits, ses grains; ils les portent à son logis ou les mettent à l'abri des injures du temps. Véritable et touchante manière de sanctifier les jours destinés à la prière! Le pauvre a-t-il perdu par accident ou par maladie quelque pièce de bétail, les habitants de la paroisse se cotisent entre eux, et la perte est bientôt réparée.

« Vers la fin de l'hiver de 1806, un homme de la commune de la Grave mourut d'une manière tragique. De sept enfants qu'il laissait, quatre en bas âge étaient hors d'état de gagner leur vie. Le maire et son adjoint, le curé, et tous les habitants, s'empressèrent à l'envi de prodiguer des secours et des consolations à cette famille désolée: elle appartenait au bourg de Ribières, et les habitants de cette commune disputèrent à ceux de Lagrand le plaisir de la bienfaisance. Une maison qu'avait affermée le père de ces sept enfants, et le peu de biens qui en dépendaient, furent affranchis de toute hypothèque et rendus libres aux héritiers.

« Il y a douze ans, des avalanches désolèrent le *Vulgodémant;* cinq hameaux de la commune de Guillaume-Pérouse furent ensevelis sous les neiges: vieillards, femmes, enfants, les hommes, et les animaux, tout disparut; seulement (spectacle digne de pitié) quelques personnes absentes au moment du désastre, des amants, des époux, des mères, accourus aux lieux d'où leurs familles venaient de disparaître, cherchaient sur ces débris d'arbres, de rochers, et de glaces, l'emplacement où fut leur maison, appelant avec des cris pitoyables l'amante, l'épouse, l'enfant, qu'ils y avaient laissés pleins de santé et de vie quelques heures auparavant. Le maire, M. Guilbert, le curé, M. Dusserre-Tellemont (il est des noms qu'on ne doit jamais oublier), firent de tous les côtés un appel à l'humanité des habitants des communes voisines: cent vingt hommes se réunirent à leur voix. Après un travail de deux jours, durant lesquels nul ne songea à prendre ni repos ni nourriture, ils parvinrent à retirer vivants ces malheureux du tombeau de glace où ils étaient ensevelis. Par les soins du bon maire et du charitable pasteur, des feux, des aliments réparateurs, avaient été préparés; ils recueillirent chez eux les familles les plus nombreuses et les plus pauvres: chacun suivit ce touchant exemple, et, par une espèce de miracle, pas un seul individu ne périt dans un désastre qui menaçait la vie de deux cents individus. Les ames sensibles sont encore émues de terreur et de pitié au souvenir de ce terrible événement. Napoléon voulut récompenser la noble conduite du curé et du maire de Guillaume-Pérouse: des médailles d'or furent décernées à MM. Guilbert et Dusserre-Tellemont... Le préfet, qui avait fait connaître le dévouement de ces généreux citoyens, eut la touchante mission de leur remettre lui-même, sur les lieux témoins de leur noble action, ces médailles, les plus honorables des décorations.

« Je pourrais vous citer un grand nombre de faits semblables; car il n'est ici point de canton, de commune, qui n'ait ses héros de bienfaisance et d'humanité. Jamais, la nuit, l'indigent ne frappe en vain à la porte d'une chaumière; il y trouve une place au coin du feu, au bout de la table, et le même lit reçoit la famille et l'étranger: si c'est un homme, il est placé à côté du mari; et si c'est une femme, elle se couche auprès de la ménagère. Je m'abandonne au plaisir de vous donner ces détails qui font honneur au caractère des habitants de nos montagnes, et je ne m'aperçois pas que les heures de la nuit s'écoulent : donnons celles qui restent au sommeil ; nous en avons besoin pour nous préparer aux fatigues qui nous attendent ; car je ne dois pas différer d'un seul jour mon voyage à Orcières. Je porte aux deux familles que la calomnie vient de diviser un trop vif intérêt pour ne pas me hâter de les rapprocher, et de leur rendre la paix qu'elles ont perdue. Demain, aux premiers rayons du jour, nos montures seront prêtes et nous nous mettrons en route. »

Le prétendu sorcier d'Orcières n'a point deviné que nous voulions partir si matin : on l'a long-temps et vainement cherché en ville ; il avait été se loger au faubourg. Le soleil éclairait les tours de Gap quand nous sommes sortis de la ville. Nous avions fait à peine un quart de lieue que M. Val*** s'est vu arrêter par deux paysans, disputant entre eux, et qui l'ont pris pour arbitre. « J'ai mis, disait l'un, mes ruches chez le compère André, à condition qu'il me tiendrait compte de la moitié du miel et des abeilles, ainsi que cela se pratique parmi nous : maintenant il veut que je les reprenne, quoiqu'il sache fort bien que je n'ai pas un endroit propre à les placer ; j'offre de les lui vendre, et il refuse de les acheter, sans doute afin de me forcer à les lui abandonner pour rien. » Maître André a répondu : « Compère, vous dites là une chose méchante ; vous n'ignorez pas que les ruches qu'on achète pour de l'argent ne prospèrent jamais: les vôtres ont multiplié chez moi; les miennes ont cette année donné beaucoup d'essaims: je dois loger mes abeilles de préférence à celles qui ne m'appartiennent pas; reprenez les vôtres, ou donnez-leur la volée. » M. Val*** a mis fin à ce débat en offrant son jardin pour refuge aux abeilles chassées de l'asile hospitalier.

Pour aller de Gap à Orcières il faut prendre la route de Grenoble; car il n'y a point de communications directes entre cette commune et Embrun, quoiqu'elle n'en soit éloignée que de quatre lieues. M. Val*** n'a voulu recevoir ni mes remerciements ni mes adieux. « Monsieur, m'a-t-il dit en riant, nous réglerons nos comptes à votre retour dans la ville de Gap; car il faut y revenir, puisque vous vous proposez d'aller à Lyon. »

N° LXXXII. [10 novembre 1819]

CHORGES.

> Laissez dire les sots, le savoir a son prix
> LA FONTAINE.

Depuis que je parcours les montagnes, j'ai pris l'habitude de monter à cheval. Cet exercice de ma jeunesse était bien loin de moi ; mes longues courses sur mer me l'avaient fait presque entièrement oublier. Cependant combien cette manière de voyager n'offre-t-elle pas à la curiosité de l'observateur de moyens de se satisfaire ? Il trouve, pour s'approcher des objets qui attirent son attention, des routes presque toujours praticables ; il s'arrête aussi souvent, aussi long-temps qu'il le veut, sans craindre de faire attendre ses compagnons de voyage : il rompt à chaque instant la monotonie de la ligne droite que sont forcées de suivre les personnes qui voyagent en voiture ; il trouve, sous les arbres qui bordent la route, un abri contre la pluie que verse l'orage, et contre les rayons que darde le soleil.

Je laissais ma paisible monture suivre son allure naturelle, et j'obéissais à ses mouvements plutôt qu'elle ne cédait aux impulsions de ma volonté. *J'ai tant vu le soleil!* répondait une jeune personne qu'on invitait à admirer les splendeurs de l'astre du jour; et moi, j'ai tant vu les montagnes que la majesté de leurs masses commence à me trouver indifférent, je dirais presque irrespectueux : mon œil poétique cherche des prairies, des vignobles, des champs, où les zéphyrs se jouent sur l'ondoyante chevelure de la blonde Cérès. Tous les pas que je fais m'en éloignent : je vois les plaines s'alonger en gorges étroites; les prés ne sont plus que des lisières de verdure, et la vigne, cramponnée sur le rapide penchant des collines, semble ne s'y maintenir qu'avec effort.

Je me suis arrêté à *Chorges* pour y dîner.

L'hôtellerie où je suis descendu n'est pas somptueuse, mais toute auberge m'est commode dès que je puis y reposer ma tête; tout mets me semble agréable lorsque je le digère facilement : j'ai l'estomac plus délicat que le goût. On m'a offert de dîner à table d'hôte; j'ai accepté : il est rare qu'il n'y ait pas quelque chose à apprendre avec les gens que l'on ne connaît point, même avec les plus ignorants. Le plus méchant livre renferme toujours quelques bonnes pages. Les convives étaient rassemblés dans la pièce qui sert à-la-fois de salon et de salle à manger. Là se trouvaient plusieurs personnages vêtus d'étoffes brunes; ils avaient une plume fichée à leur chapeau : leur contenance était austère; mais leur gravité avait quelque chose de roide et de pédantesque. L'hôte, qui s'est aperçu que je regardais ces hommes avec attention, m'a dit en se penchant vers mon oreille : « Ce sont des instituteurs : si vous restez au dessert, vous entendrez de belles choses, car ces messieurs en savent long, et ils disent tout ce qu'ils savent. »

Les premiers moments d'un repas, sur-tout lorsqu'on est à table d'hôte, sont toujours silencieux : il règne une grande émulation dans cette espèce d'exercice gastronomique; c'est à qui arrivera le plus vite au terme, après avoir couru toutes les bagues. Les instituteurs m'ont paru fort habiles en ce genre d'escrime; il y en avait parmi eux de très jeunes, car ils étaient âgés tout au plus de quinze à dix-huit ans : les premiers, ils ont atteint le but. Dans la halte qu'ils ont faite entre l'entremets et le dessert, on a demandé à l'un d'eux combien la Vallouise enverrait de maîtres au-dehors dans le courant de l'automne : « Je ne sais pas au juste, a répondu celui-ci ; mais je ne pense pas que le nombre excède quatre-vingts : l'instruction est abandonnée pour le commerce. Autrefois notre vallée voyait partir, au commencement de chaque hiver, deux cent cinquante instituteurs, qui allaient dans les autres communes, et même hors des limites du département, porter l'instruction et l'exemple des bonnes

mœurs. Ce qui coûte le plus est toujours ce qui rapporte le moins. Il faut des dispositions naturelles et de longues études pour former le maître le moins habile, tandis qu'un peu de calcul et de forces physiques suffisent au colporteur; cependant ses bénéfices sont trois fois plus forts que ceux de l'instituteur le plus savant : celui-ci rapporte à peine, au printemps, une modeste somme de quatre cents francs, quand l'autre revient chargé de quatre cents écus.
— Mais comptez-vous pour rien le poids des ballots qu'il porte sur son dos pendant la moitié de l'année? a dit, avec un peu d'humeur, un homme qui paraissait savoir par sa propre expérience combien ce poids quotidien est accablant. Lorsque la pluie et les frimas couvrent et pénètrent les habits des colporteurs, vous êtes tranquillement assis dans un lieu sec et chaud. Nous allons de porte en porte chercher des chalands; et vous, ils viennent vous trouver. Vous avez toujours qui gronder, à qui parler; et nous, nous sommes presque toujours seuls : chacun déprise nos marchandises, afin de les avoir à meilleur marché. Vous n'entendez que des éloges, afin d'encourager votre zèle; les dispositions naturelles des élèves, les progrès qu'ils font vous sont attribués : si, au contraire, il s'en trouve qui n'apprennent rien, la faute en est à l'écolier, et jamais au maître. Sur environ quatre mille cinq cents personnes, colporteurs, peigneurs de chanvre, bergers,

cultivateurs, marchands de fromages, mégissiers, charcutiers, aiguiseurs, voituriers, etc., on compte presque autant de porteurs de marmottes que d'instituteurs. La masse entière des émigrants rapporte près d'un million dans le département, et votre part dans ces produits de l'industrie n'est guère que d'un neuvième. Cessez donc d'attacher tant d'importance à un vain savoir qui rapporte si peu. D'ailleurs, au fond, que savez-vous? — Mon ami, reprit aigrement l'instituteur, n'êtes-vous pas de Chorges? — Oui, monsieur le docteur. — Eh bien! je sais qu'on donnait à vos ancêtres le nom de *Caturiges*, composé du mot celtique *cat*, qui signifie *bourreau*, et du mot latin *urigo*, *brûlure;* ce qui prouve que vous descendez de gens flétris : vous le voyez, la science est bonne à quelque chose. » Cette plaisanterie, un peu brutale, a d'abord déconcerté le négociant ambulant; mais bientôt la colère a succédé à l'étonnement : d'autres citoyens de Chorges, qui se trouvaient là, ont pris parti pour le défenseur de l'ignorance; une rixe sérieuse était au moment d'éclater: je me suis interposé entre les deux partis, et ce n'est pas sans peine que j'ai obtenu un moment de silence ; les passions sont causeuses, et la colère est la plus bavarde de toutes. J'ai commencé par établir mon caractère d'impartialité, en déclarant que je n'étais ni marchand ni instituteur, mais que je faisais grand cas du commerce et de la science : « J'ai connu beaucoup de négociants très estimables, beaucoup de savants très estimés : à la rigueur, je le sais, on se passerait plutôt de livres que d'habits; mais ce sont les faiseurs de livres qui ont enseigné l'art de tirer des productions naturelles le parti le plus avantageux. L'étymologie forcée que monsieur l'instituteur a donnée au nom *Caturiges,* que portaient vos ancêtres, est une petite malice dont il n'a pas même le mérite d'être l'inventeur : d'autres l'ont trouvée avant lui ; mais des savants plus dignes de foi prétendent que ce nom signifie *montagnards, bons guerriers.* Cette étymologie est plus vraisemblable que l'autre : vous habitez de hautes montagnes et l'histoire atteste votre valeur. D'ailleurs, s'il est juste de défendre l'honneur de ses aieux, il est contraire à la saine raison d'honorer ou de mépriser les fils d'après les vices ou les vertus de leurs pères; l'estime doit se mesurer à chacun selon ses vertus et ses qualités personnelles. » Ma petite harangue a produit un bon effet : le vin du dessert a ramené la gaieté parmi les convives; et, pendant qu'ils buvaient, les uns à la science, les autres au commerce, je me suis esquivé doucement pour parcourir la capitale des *Caturiges.*

Le portail de l'église est orné de bas-reliefs qui semblent prouver que dans ces lieux la chaste Diane a été adorée avant la chaste Marie. Des débris de colonnes, des restes de remparts, d'anciennes portes en pierres de taille, placées, non à l'entrée du bourg, mais au milieu des habitations, attestent que la guerre, les barbares, le fanatisme, et la féodalité, ont passé par-là. Dans le cimetière de la paroisse, on voit un gros bloc de marbre, sur lequel une croix a été plantée. Ce bloc était le piédestal d'une statue de l'empereur Néron[1], lequel, comme les princes ses prédécesseurs, reçut de la politesse romaine le titre de *divin*, même après qu'il eut fait empoisonner son frère, tuer sa femme, et noyer sa mère. Si cette Providence du monde, ce prince *pieux, auguste, tout-puissant*, revenait sur la terre, il serait peut-être un peu surpris en voyant sa place occupée par le signe de la rédemption des hommes.

Je suis rentré à l'auberge au moment où tous les voyageurs allaient se mettre en route. Ce n'est pas aux colporteurs à qui le pardon des injures coûte

---

[1] Ce piédestal était orné de deux inscriptions qui ont été conservées. Voici celle placée à l'occident :

PIO-PRINCIPI-INVICTO-AUGUSTO
RESTITUTORI-ORBIS
PROVIDENTISSIMO
NERO-PRINC-JUV-AE-SUPER-OMNES
FORTISSIMO
ANNIUS-RUFINUS-VE-PR
PRAC-ALP-MAURITIMARUM
DEVOTUS-NUMINI
MAJESTATI-QUE-EJUS.

le plus; il était aisé de s'en apercevoir à leur air riant et à la mine un peu renfrognée des instituteurs.

Le bourg de *Savines*, nommé *Sabina* par les Romains du moyen âge, est exposé aux ravages de la Durance, qui, deux fois, la première en 1358, et la seconde en 1802, a intercepté les communications entre Gap et Embrun, rompu la route, et emporté une partie des terres végétales.

En approchant d'Embrun, j'ai vu un grand nombre d'hommes couchés sur l'herbe. Leur vêtement avait quelque chose d'étranger, leur langage n'était point le patois du pays. C'étaient pour la plupart des Italiens venus du Piémont, de la Ligurie, de Lucques, du royaume de Naples, et même de la Suisse. Ces hommes, de professions diverses, quittaient les plaines de l'Italie pour venir dans les montagnes du Dauphiné faire la moisson et tailler des pierres, vendre des chaudrons et des figures en plâtre, en cire, en albâtre; acheter des vipères et des marmottes. Si l'axiome féodal, *ubi bene, ibi patria*, était vrai, le nom de patrie serait un mot vide de sens; car nulle part l'homme ne se trouve bien où la nature l'a placé. S'il n'est attaché au sol natal par la puissance des lois, comme à la Chine, ou réduit par la fortune à l'heureuse impuissance de le quitter, on le voit, poussé par son humeur inquiète et aventureuse, franchir les montagnes, traverser les fleuves, braver les tempêtes et les abymes des mers pour chercher une terre et des cieux nouveaux. Le vice et la misère ont enfanté ces migrations, plus nuisibles qu'utiles aux populations chez lesquelles elles ont pris une espèce de caractère endémique. La fatigue et la débauche font périr avant le temps, et sur des terres étrangères, un grand nombre de ces ouvriers vagabonds. Ceux qui ne succombent pas rapportent dans leurs villages, avec l'argent qu'ils ont recueilli, les vices qui les portent à le dépenser promptement et follement. Parmi tous ces colporteurs d'industrie, on n'en voit pas beaucoup qui, comme M. Irat du Val-des-Prés, soit devenu un riche négociant et le bienfaiteur de son village, ou qui, comme le fameux Guérin-de-Ceillac, ait pu compter au nombre de ses petits-fils un cardinal de Tencin. Il y a cette différence entre les émigrants italiens et les émigrants des Hautes-Alpes, que ceux-ci quittent leur pays à l'époque où les autres rentrent dans le leur, au commencement de la mauvaise saison.

A mesure que j'approchais d'Embrun, une remarque que j'avais faite depuis Chorges devenait à chaque pas plus frappante et plus douloureuse. Parmi les habitants de petite taille en général, j'ai vu, plus qu'ailleurs, un grand nombre d'individus boiteux, estropiés, rachitiques. Les médecins, à qui j'ai demandé la cause de ces difformités, les attribuent à l'usage du maillot, conservé dans ces montagnes, à l'abus non moins nuisible d'allaiter trop long-temps les enfants. La contrainte les suit jusque dans leurs jeux et dans leurs ébats. Les femmes veulent toutes avoir la taille longue et pointue, et s'enferment dans des corps de baleine, où elles respirent avec effort; leurs coiffes et leurs tabliers courts achèvent de gâter le peu de charmes que leur a donnés la nature. Les hommes portent une veste courte, un gilet fait avec le drap grossier du pays; de gros bas de laine couvrent la culotte jusqu'au milieu de la cuisse; les souliers sont tellement garnis de clous qu'ils durent des années entières. Dans les jours consacrés au travail, tous ceux qui travaillent sont coiffés d'un épais bonnet de laine; une cravate noire, un habit carré, et un chapeau de quarante sous, forment leur parure aux jours de fête et de cérémonie. La couleur la plus généralement adoptée est le vert. Cet habillement est peut-être, dit-on, celui qui se rapproche le plus de celui des Caturiges: si cette conjecture était vraie, elle viendrait à l'appui de ceux qui prétendent que le nom de *Caturiges* est formé du celtique *cat* et du latin *urigo*.

N° LXXXIII. [15 novembre 1819]

EMBRUN.

> Si tu as la vue fine, sers-t'en pour juger les hommes et les choses.
> APULÉE.

Le territoire d'*Embrun* est propre à tous les genres de culture; il produit le froment, le seigle, l'avoine, des légumes et des fruits en assez grande abondance et d'une saveur agréable. On y recueille même des raisins; mais le vin qu'ils donnent ne flatte guère le palais des gourmets délicats. Située sur un plateau, entourée de remparts, de fossés, et de bastions, Embrun est dominée par le mont *Saint-Guillaume,* sur lequel se trouve un lac. Plus petite, mais mieux bâtie et mieux percée que Gap, elle a l'honneur, quelquefois importun, de posséder un sous-préfet et un tribunal de première instance.

A Chorges, j'avais dîné avec des instituteurs; à Embrun, j'ai soupé avec une bande d'écoliers qui venaient de passer les vacances chez leurs parents, et retournaient, les uns à Gap, les autres à Grenoble, pour reprendre leur place sur les bancs de l'école.

Cette jeunesse m'a paru moins remarquable par le sel et la vivacité de ses saillies que par son bon sens et son inaltérable gaieté.

Dans la plupart des vallées de ce pays l'agriculture est encore au maillot, si l'on peut s'exprimer ainsi : la même terre, qui sous Louis XI était ensemencée en froment et en seigle, reçoit encore chaque année des semences de seigle et de froment. Le laboureur est vainement averti par la médiocrité des récoltes que cette terre, épuisée pour la même espèce de grains, demande une autre culture; vainement il voit le champ voisin où le seigle succède au froment, l'avoine au seigle, et les prairies artificielles à l'avoine, enrichir le cultivateur qui sait varier ainsi ses produits. Les petites araires, dont l'usage est encore presque général, effleurent à peine le sol : notre terre recèle des trésors, mais ils ne sont point à sa surface; il faut, pour les y amener, la creuser profondément. M. Ladoucette, qui a fait tant de bien dans notre département, est parvenu à y faire adopter la grande charrue. Nulle contrée en France n'exige une plus grande variété de culture. La température y varie selon les divers degrés d'élévation : lorsqu'on fait à Ribière la moisson des seigles, leurs tiges percent à peine la couche de neige qui les couvre encore dans la commune de Saint-Véran.

Cette commune, peut-être la plus élevée du globe, est à plus de six mille pieds -audessus des eaux de la mer; les hivers y sont si rudes et si longs qu'on dit que les mélèses même n'y donnèrent aucun signe de végétation en 1796. Lorsque l'on cultive les hauts plateaux et le sommet des montagnes, les semailles ne peuvent se faire qu'en juin, et même en juillet, et les récoltes au mois de septembre de l'année suivante. Dans les champs couverts par les avalanches, le grain enseveli sous la neige ne se pourrit pas ; mais il faut que cette neige soit fondue par la chaleur du soleil avant que les tiges puissent se développer, et ce n'est que deux années après les avoir ensemencées qu'on peut faire les récoltes. Il est des terrains élevés où les récoltes gèlent presque de deux années l'une.

Les moyens simples et économiques d'extraire le grain des épis ne sont point connus dans ces campagnes ou en sont repoussés; les gerbes, étendues sur une aire, sont foulées par les chevaux, les mulets, ou les bœufs, qu'on fait marcher dessus durant des heures entières. Cette opération gâte la paille, salit le grain qu'il faut laver ensuite, fait perdre beaucoup de temps, et cause un déchet de quatre pour cent. Mais l'ornière de la routine est si profonde en France, qu'il est difficile d'en sortir : les secousses de la révolution l'avaient un peu comblée; voilà qu'on la creuse de nouveau, et que l'ignorance s'efforce d'y enfoncer plus que jamais nos pauvres cultivateurs.

Dans aucun département de la France, excepté peut-être dans quelques contrées de la Bretagne, la distance entre le château et la chaumière n'est aussi grande que dans le Haut-Dauphiné. Une cavité de montagne, devant laquelle on place des planches et du chaume; un trou qui sert à-la-fois de cheminée pour l'écoulement de la fumée et de porte d'entrée, tel est l'asile où des familles entières se rassemblent et passent nos longs hivers : ces habitations ne valent pas douze francs. Il est des villages où les habitants couchent dans de grandes armoires; les lit y sont placés les uns au-dessus des autres. Les vêtements sont en harmonie avec l'horrible saleté des demeures et la grossièreté des aliments: ceux des hommes, faits d'un drap appelé *cordelice*, qui se fabrique dans les ménages, sont lourds et rudes. Les femmes sont vêtues d'une étoffe qui n'est pas beaucoup plus légère, nommée *cadis*: elles aussi portent de la dentelle; mais dans plus d'une vallée cette dentelle est faite avec du crin de cheval. Cependant la nature supplée à l'industrie dans ces montagnes. Les hommes y sont patients et bons; les crimes y sont à peine connus; les mœurs en général sont pures; l'existence est longue, exempte d'infirmités, si l'on en excepte les goîtres, qui même semblent devenir plus rares.

Embrun ne renferme guère au-delà de trois mille habitants; il ne faut pas employer beaucoup de temps pour en faire le tour. Près du pont de la Clapière se trouve la jolie maison de la *Robillione*, où le général Vallier-Lapeyrouse est mort en 1804, laissant un dernier témoignage de son amour pour sa patrie : c'est un ouvrage manuscrit sur le système militaire qu'il conviendrait d'adopter pour la défense des Alpes. La mort éclaircit chaque jour les rangs de ces guerriers sans reproche, qui n'ont combattu que pour la France et sous les drapeaux français, et qui lèguent en mourant, ce qu'on n'a pu leur ravir, de la gloire et des avis salutaires, fruit de leur longue expérience et de leurs patriotiques méditations.

Je me suis arrêté un moment devant l'ancien collége, dont on a fait une maison de détention. Cette maison est du petit nombre de celles qui n'ont pas été supprimées depuis la chute du gouvernement impérial. Douze cents condamnés apprennent à y faire des tissus en laine, en coton, en lin, en chanvre, et en bourre de soie; ce travail leur procure des aliments meilleurs et des ressources pour les premiers moments où ils seront rendus à la société.

Les premiers ministres du Dieu des pauvres et de son vicaire, le serviteur de ses serviteurs, sont en général peu modestement logés. Le palais des archevêques d'Embrun est admirablement situé et figurerait avec honneur parmi les demeures royales de plusieurs petits souverains de l'Europe. Ces archevêques, il est vrai, furent aussi des petits princes; ils en eurent les prétentions, les prérogatives, et la turbulence. L'empereur Conrad II leur accorda les droits régaliens et celui de battre monnaie. On voyait sur cette monnaie, d'un côté, une croix entourée de fleurs, et, de l'autre, l'effigie de l'archevêque en mitre. Ces droits, confirmés par les empereurs Rodolphe et Frédéric II, enflèrent le cœur des archevêques d'Embrun et achevèrent d'en chasser l'humilité. Dans tous les actes publics ils firent placer leurs noms avant ceux des dauphins, souverains du Dauphiné. Un de ces dauphins voulut être le premier à Embrun, comme il l'était dans tout le pays soumis à sa domination; mais les archevêques, comme tous les prêtres catholiques, ont une patrie différente et reconnaissent une autre puissance que les citoyens ordinaires. Le prince en soutane, d'Embrun, de Rochebrune et de Breziers en appela à l'évêque de Rome, lequel, ainsi que cela arrive toujours, prit parti pour sa robe et prononça en faveur de la mitre. Urbain IV autorisa, par une bulle, l'archevêque à conférer à un autre prince l'autorité que le dauphin exerçait dans Embrun, si le dauphin ne se reconnaissait pas son vassal. Humbert II, prince pieux et discipliné s'il en fût jamais, se soumit au décret papal et prêta à monseigneur l'archevêque d'Embrun le serment que tout sujet devait alors à son souverain. Charles VIII, roi de France, se montra moins bon catholique; il retira aux archevêques le droit de battre monnaie, et, depuis la réunion du Dauphiné à la France, les rois très chrétiens ont eu la fantaisie d'être les premiers chanoines d'Embrun, et le prélat de cette ville a dû se contenter de n'être que le second personnage de son chapitre. Louis XIII, surnommé *le Juste*, et qui ne mérita pas moins ce sobriquet que Louis XV celui de *Bien-Aimé*, était, on le sait, un monarque si pieux qu'il remit à un cardinal le gouvernement de son royaume, et le laissa maître de démolir la citadelle d'Embrun; mais il n'abandonna à personne l'honneur de se montrer dans la cathédrale de cette ville en camail et en rochet de chanoine, car ce prince entendait merveilleusement les choses qui tenaient à la dignité de sa personne et aux intérêts de sa gloire.

La cathédrale n'est pas indigne de l'archevêché, et monseigneur peut sans rougir passer de sa maison dans celle du Dieu qu'il sert.

La ville d'Embrun, comme toutes celles qui se trouvent sur les passages des Alpes, a souffert plusieurs sièges. Occupée et saccagée tour-à-tour par les Vandales, les Lombards, les Huns, et les Saxons, quelques gentilshommes la livrèrent par trahison, en 966, aux Maures, qui la pillèrent, mirent le feu aux archives, et massacrèrent l'archevêque Benoît, l'évêque de la Maurienne, et toute la population, sans distinction d'âge ni de sexe. Elle fut encore pillée et, en partie, incendiée par les grandes bandes en 1573. Cependant, de toutes les villes du Haut-Dauphiné, c'est celle où moins de ruines attestent les malheurs et les crimes de ces siècles désastreux qu'on appelle le bon vieux temps.

La chèvre indigène des Alpes porte ici, comme celle du Thibet, un duvet fin, doux, et léger, presque semblable à celui avec lequel se fabriquent les précieux tissus qui nous viennent d'Orient : le froid paraît être nécessaire au développement de ce duvet, dont la nature garnit le manteau des chèvres à l'approche des frimas; mais la chaleur et l'humidité des bergeries le pourrissent sur le corps de l'animal, et l'en détachent avant le temps de son entier accroissement. On retire des chèvres laitières un profit plus certain que celui de leur poil; elles donnent, terme moyen, quinze livres de fromage, qui se vend dix sous la livre. Cent chèvres sont la fortune d'un paysan et la ruine d'une forêt.

Le Haut-Dauphiné produit des hommes d'un caractère doux et modéré, partant, peu de ce qu'on appelle des grands hommes; car ce n'est que par de violents efforts qu'on parvient à se faire une grande réputation, dans quelque genre que ce soit. Tencin, le cardinal; Marcelin, jésuite et historiographe; Claude Comiers, mathématicien et astronome, sont à-peu-près tous les personnages remarquables qu'aient produits Embrun et son territoire. Jean Morel naquit dans cette ville; il y donna le jour à trois filles que leur beauté et leurs talents rendirent célèbres : Camille, l'une d'elles, possédait toutes les langues de l'Europe.

N° LXXXIV. [20 NOVEMBRE 1819.]

BRIANÇON.

> L'injustice à la fin produit l'indépendance.
> VOLTAIRE.

Entre les communes de Saint-Clément et de Châteauroux les montagnes se rapprochent et forment un défilé étroit, auquel on a donné le nom de *Serre-du-Buis*. La Durance, grossie par les pluies de septembre, y roulait avec une rapidité effrayante ses ondes fangeuses. On m'a dit, à Saint-Clément, que cette commune n'éprouvait jamais de grêle, parceque les nuages qui descendent des hautes montagnes s'arrêtent au défilé de *Serre-du-Buis*, et que ceux qui sont chassés, par les vents du midi, de la Provence et du département des Hautes-Alpes, s'arrêtaient au même endroit.

Au-delà de Saint-Clément, on trouve *Guillestre*, bourg dont la population s'élève à près de douze cents ames. Dans un pays où il faut disputer aux torrents les terres qu'ils entraînent, et s'emparer de celles qu'ils déposent, une compagnie de juifs offrit d'encaisser la Durance entre des digues, afin qu'elle ne pût endommager les champs fertiles qu'elle arrose. Cette compagnie ne demandait pour indemnité que l'abandon des *délaissés* du fleuve. En acceptant sa proposition, on eût conservé environ douze cents arpents des meilleures terres labourables du département; mais les ennemis de tout ce qui est bon, les adversaires de toute entreprise qui a pour objet la prospérité publique, les hommes de la féodalité, puisqu'il faut les appeler par leur nom, s'opposèrent à cette proposition, et la firent rejeter. Par respect pour les injustes prétentions de quelques hobereaux, la Durance a continué de ravager et d'engloutir ses rivages.

Je me suis arrêté peu de moments à *Guillestre*, et cependant assez pour entendre la longue complainte des vieillards sur la triste destinée de ce bourg. « Dans ma jeunesse, disait un de ces hommes au front ridé, le *Guil* baignait les murailles de nos maisons, et arrosait les plates-bandes de nos jardins; maintenant il en est éloigné d'un quart de lieue. De mon temps, le jour de la Pentecôte, on célébrait la *frairie :* les autorités civiles et ecclésiastiques se rendaient à la maison de l'habitant qu'elles avaient choisi pour *prieur;* après avoir été harangué, on le conduisait à l'église, une torche ornée de fleurs à la main, et on chantait le *Te Deum*. Cette cérémonie terminée, le prieur s'occupait des fonctions de sa charge, achetait des légumes, de la farine, deux bœufs, et un veau qu'il faisait engraisser. L'avant-veille, on venait en cérémonie prendre dans les étables du prieur le veau et les bœufs : les animaux étaient couverts de toiles blanches, ornées de rubans; à leurs cornes étaient enlacées des guirlandes de fleurs, dont on leur formait une espèce de couronne. Les cuisiniers, les boulangers du pays, en bonnets et tabliers blancs, rehaussés de cocardes et de nœuds de diverses couleurs, ouvraient et fermaient la marche. Après avoir parcouru toutes les rues de *Guillestre* au bruit des fanfares, les trois victimes étaient conduites au bâtiment de la *frairie*, où elles tombaient sous la massue et le couteau des sacrificateurs. Le pain et les viandes destinés au festin recevaient auparavant la bénédiction du curé, et chacun des conviés, à qui il avait été envoyé une tourte aux épinards, en faisant maigre la veille se préparait au festin du lendemain. Ce jour-là tous les hommes, même les domestiques, venaient s'asseoir à une table commune, dont les conseillers municipaux faisaient les honneurs, après avoir d'abord fait ensemble un très bon déjeuner : les anciens prieurs dînaient à une table séparée. Deux vieilles filles avaient voulu que la jeunesse prît aussi part à la fête; elles avaient pourvu par un legs suffisant à ce que tous les mentons imberbes, divisés en compagnies de vingt-cinq, pussent manger et boire en l'honneur de la frairie. Le dîner était suivi d'un souper non moins splendide. A la fin de chaque repas, le curé, en habits sacerdotaux, et suivi par un autre prêtre, venait en faire la clôture par des actions de graces. Le même jour il était fait à chaque famille indigente une distribution de soupe et de pain, proportionnée au nombre de personnes dont elle était composée, et le soir un bouquet était remis en cérémonie au prieur. Enfin cette fête avait un lendemain, mais seulement pour les pauvres; il leur était encore distribué du pain et de la soupe, et, après leur repas, ils venaient en cérémonie sur la place publique remercier Dieu et lui recommander les morts. Maintenant la Pentecôte se célèbre ici comme ailleurs; on se contente d'y faire une distribution de pain et de soupe aux pauvres. Il n'y a plus rien de curieux à voir à *Guillestre*, et ce que les étrangers qui arrivent ont de mieux à faire est de passer leur chemin. »

J'allais suivre à la lettre le conseil de ce vieillard, lorsque je me suis souvenu que le général Albert était né dans cette commune. J'ai témoigné le desir de lui faire une visite. « Le général Albert est à Paris, m'a dit un jeune homme de fort bonne mine; il a l'honneur d'être attaché, en qualité de premier aide-de-camp, au duc d'Orléans, bon juge des services et de la valeur d'une armée dans les rangs de laquelle il a lui-même combattu avec gloire, et qu'il n'a quittée que pour dérober sa tête aux coups des révolutionnaires de 1793. Le général Albert avait mérité cette distinction flatteuse par de longs et honorables services. A dix-neuf ans il fut fait officier dans un bataillon à la formation duquel il avait contribué par ses discours et ses exemples : la France était menacée d'une invasion, et il s'enrôla un des premiers pour combattre l'étranger... C'était pour la cause sainte de l'indépendance nationale qu'il avait pris les armes en 1791, et il l'a défendue jusqu'au dernier moment. Quand il fallut opter entre la fidélité à des engagements récents et la vieille fidélité envers la patrie, le général Albert remplit ses devoirs jusqu'aux limites où tous les devoirs cessent, excepté celui de citoyen : il atteignit la frontière, et ne la dépassa pas. Quoique jeune, j'estime encore plus le courage civil que la bravoure dans les combats. Je pourrais citer vingt traits d'intrépidité par lesquels ce général s'est fait remarquer dans sa longue carrière militaire ; sa brillante conduite pendant les trois premières campagnes de l'armée des Pyrénées, et en Italie, sous les ordres du général Augereau, qui l'avait aussi choisi pour aide-de-camp ; je pourrais dire qu'il se distingua d'une manière particulière aux batailles d'Austerlitz, d'Iéna, d'Eylau, d'Essling, et de Wagram ; au siège de Dantzick et dans la désastreuse campagne de Russie, où le courage ne fut vaincu que par les seuls ennemis qui soient invincibles pour les Français, le froid et la faim; je pourrais rappeler sa résolution généreuse et salutaire d'attaquer l'ennemi devant lequel on fuyait; ses services à la Bérésina, à Bautzen, à Hanau, dans la campagne de France; vous citer ses blessures et ses décorations; mais j'attache un plus haut prix aux vertus civiques qu'aux actions guerrières. Parent du général Albert, je redis avec orgueil qu'en 1815 son devoir le conduisit jusqu'aux frontières de France, et que son patriotisme ne lui permit pas de les franchir. Au-delà se trouvaient des honneurs et des récompenses, mais aussi il s'y trouvait des Prussiens et des Anglais; au-dedans il n'y avait que des périls et des fatigues, mais aussi on n'y apercevait encore ni drapeaux ni uniformes étrangers: un Français ne s'y trouvait environné que de Français...; le général Albert fit en 1815 ce qu'il avait fait en 1791, il opposa son fer au fer de l'ennemi du dehors. — Votre enthousiasme pour les hommes qui placent le dévouement à la patrie au premier rang des devoirs, ai-je dit au jeune parent du général Albert, prouve que le patriotisme est chez vous une vertu de famille. Je verrai le général à mon retour à Paris, et si vous vous glorifiez, à juste titre, d'un parent tel que lui, il n'apprendra pas sans plaisir que son pays natal renferme encore d'aussi bons citoyens que vous.[1] »

[1] L'Ermite n'a point revu le brave général Albert, qu'une mort

Le jeune homme a paru sensible à cette manifestation franche de mes opinions politiques. L'amour de la patrie est un sentiment électrique : ses vives émotions se communiquent rapidement aux cœurs qu'il embrase de ses saintes ardeurs; il établit presque subitement entre eux une douce sympathie. « Vous allez à Briançon, me dit-il; je pars aussi pour cette ville, où mes affaires m'appellent, et, si vous me le permettiez, j'aurais beaucoup de plaisir à faire route avec vous.—Venez, venez, jeune homme; nous parlerons du général et de votre pays. Je suis grand questionneur; pour peu que vous aimiez à répondre, le chemin nous paraîtra court. » Ses préparatifs ont été bientôt faits. « Je serai votre écuyer, » m'a-t-il dit en prenant la bride de mon cheval pendant que je le montais; il s'est élancé sur le sien et nous voilà partis.

Au sortir de l'Argentière, mon compagnon de voyage m'a fait remarquer avec quel soin étaient cultivés tous les coins de terre que la patiente industrie des paysans peut dérober aux neiges envahissantes et aux torrents dévastateurs. Dans les vallées du Briançonnais la terre, légère et sablonneuse, est presque par-tout couverte de cailloux; mais, à force de travail et d'engrais, le laboureur parvient à lui faire rendre de douze à quinze grains pour un

prématurée a enlevé à la patrie, à la gloire, et à l'amitié, vers la fin de l'année 1823.

qu'il lui confie. Les champs, non moins bien cultivés que les vignobles de la Bourgogne, que les vergers de Paris, ressemblent à des jardins par leur petitesse et la variété de leurs produits. Mais oserai-je dire ce que j'ai vu? et qui voudrait ajouter foi à mon récit, si les témoignages les plus respectables n'en attestaient la sincérité? O femme! être délicat et sensible, toi que la nature a créée pour inspirer l'amour et transmettre la vie; toi qui presses les lèvres avides de l'enfance contre ton sein nourricier, et le vieillard défaillant entre tes bras consolateurs, quelle grace peut-être comparée à la tienne? à quelle hauteur la nature ne t'a-t-elle pas placée au-dessus de tous les êtres animés! Cependant le pouvoir a méconnu et ta divine essence et ta noble destination! il a osé appesantir sur la fleur de la création sa flétrissante main! Dans les harems de l'Orient tu n'es plus la compagne de l'homme: esclave avilie et soumise, ton maître commande, et tu obéis; il desire, et tu aimes! Dans l'Occident, le travail t'a courbée sous son joug quotidien; dans les villes, il t'attache, jusqu'aux dernières heures de la nuit, sur ses banquettes, où les ingénieuses fantaisies de la mode satisfont et réveillent incessamment les desirs capricieux de l'opulence; dans les champs, il t'arrache aux douces illusions du sommeil, pour te rendre aux fatigues du jour: trop souvent tu partages avec les animaux la paille qui leur sert de litière, l'étable qui ne les protége qu'à demi contre les frimats et le souffle glacé des hivers! Hélas! ce n'est point là le dernier excès de tes maux, le dernier terme de tes humiliations! Ici je te vois attelée à la même charrue que la femelle du plus méprisé des animaux : la corde que tu tiens serrée fortement entre tes mains, et qui passe par-dessus tes épaules, est attachée à cette charrue dont je vois le rude timon appuyé sur ton sein délicat. On t'instruit à mesurer ton pas sur celui de ton étrange compagne. Oui, j'ai vu, dans les campagnes du Briançonnais, des femmes attelées avec des ânesses! Ce triste et honteux spectacle m'a fait monter la rougeur sur le front; j'en ai détourné mes yeux, que la compassion remplissait de larmes, tandis qu'au fond de mon cœur j'éprouvais mille mouvements confus d'horreur et d'indignation.

Plongé dans ces tristes réflexions, je ne m'étais pas aperçu qu'à plusieurs reprises mon jeune compagnon de voyage m'avait adressé la parole. A la fin il est parvenu à rompre le cours de ces idées mélancoliques, en disant d'une voix élevée : *Voilà Briançon!* Nous arrivions par la route qui conduit d'Espagne en Italie; nous traversions le pont de la *Guisanne :* devant nous se présentaient, sur un alignement presque régulier et au premier plan, à droite et à gauche, des maisons flanquées d'arbres, et au milieu l'église de Sainte-Catherine; à mi-côtes la ville, où s'élevaient, en se dessinant sur le profil des montagnes, d'un côté les clochers de l'église paroissiale, et de l'autre un grand bâtiment, qui m'a paru être une caserne; les sept forts qui dominent Briançon; le pont, de cent-vingt pieds d'ouverture, jeté sur un précipice, pour lier les forts à la ville; dans un enfoncement, le mont Genèvre, qui semble porter une couronne de rochers; et enfin la Durance, qui, coulant lentement au milieu du paysage délicieux qu'elle fertilise, semble le quitter à regret. Tel est le magnifique tableau qui s'offrait à nos regards, et dont nous pouvions saisir à-la-fois l'ensemble et les détails.

Briançon, ville de garnison et de passage, ne compte cependant pas plus de trois mille habitants; mais il y a plus d'industrie, plus d'instruction, que dans les autres villes du département. Les rues sont en pente, étroites, et la hauteur de la plupart des maisons rend ce défaut d'espace plus sensible : elles sont arrosées par de belles fontaines. Les eaux d'un canal d'irrigation, prises dans la *Guisanne*, au-dessus du joli village de *Lasalle*, après avoir arrosé le territoire de cette commune et celle de *Saint-Chaffrey*, servent à laver la grande rue de Briançon, dans laquelle nous avons été nous loger.

Au bout d'une heure on a visité dans cette ville tout ce qui mérite d'être vu. En passant devant l'hôpital je me suis souvenu du malheureux combat d'*Exiles* et de madame d'Audifret, femme du lieutenant-de-roi de Briançon, qui, « prête d'accoucher, « pansa de ses mains les blessés, et mourut, dit « Voltaire, en s'acquittant de ce pieux office. »

Je desirais visiter les forts et les galeries souterraines qui ont été taillés dans le roc vif pour établir entre eux des communications sûres et invisibles; deux obstacles m'en ont empêché: quoique leurs feux se croisent, et qu'ils soient assez près les uns des autres pour se protéger réciproquement, cependant le plus rapproché est éloigné de la ville d'une heure de chemin; il faut marcher pendant plus de trois heures pour arriver au château: nous nous sommes contentés de les voir du dehors.

Placés sur le pont construit en 1750 par l'habile ingénieur d'Asfeld, qui lui a donné son nom, mes regards, tantôt plongeant au fond de l'abyme sur lequel il a été jeté, et tantôt s'élevant sur la redoute de *Linfernet*, passaient avec rapidité du grand et terrible spectacle des hautes montagnes se perdant dans les nues, des noires forêts de sapins, parsemées de bouquets d'un vert tendre, formés par les touffes des mélèses, aux riantes prairies, aux campagnes verdoyantes, ou la Durance promène ses eaux paresseuses; de l'autre côté est la vallée, plus riche et plus belle encore, qu'arrose la *Guisanne*..

Les forts de Briançon battent toutes les gorges et toutes les grandes routes par lesquelles on peut y arriver. Cinq de ces forts, situés sur la rive gauche de la Durance, ne peuvent communiquer avec Briançon que par le pont d'*Asfeld :* si la ville était prise, un coup de canon ferait sauter la clef du pont, et cette communication serait coupée. C'est dans un de ces forts, dégarnis de troupes, que se jetèrent en 1814 les habitants de *Saint-Chaffrey*, village voisin de Briançon. Le général piémontais les somma de se rendre, en annonçant qu'il brûlerait leur village s'ils faisaient la moindre résistance : Brûlez ! lui répondirent ces braves gens ; et ils virent sans sourciller la flamme dévorer leurs toits : cependant une maison et une part dans les paccages de la commune étaient toute la fortune de la plupart d'entre eux. Ils se battirent avec un courage héroïque : les Piémontais restèrent devant Briançon jusqu'au mois de septembre, et les habitants ne consentirent à mettre bas les armes qu'après avoir vu leur territoire entièrement purgé de la présence de l'étranger.

Une circonstance remarquable de l'affaire de Didier, et qui peut faire juger dans quel esprit il agissait, c'est que le mot d'ordre de sa petite troupe était *Saint-Chaffrey*. Les habitants de ce village sont habiles cultivateurs, ils entendent merveilleusement la conduite et l'économie des eaux ; ils recueillent beaucoup de grains, ce qui leur a fait donner le titre de *puissants dans les halles*

La liberté, pour me servir de l'énergique expression d'un montagnard, la liberté est indigène et vivace comme les mélèses dans ces contrées, où elle peut se retirer sur des plateaux escarpés, se défendre derrière des torrents et des murs de glace. Combien de fois, durant le cours sanglant de nos discordes civiles, ces montagnes, ces forêts hospitalières, n'ont-elles pas offert aux échappés de toutes les tyrannies un asile sacré que n'ont pu violer ni la corruption, ni la terreur, ni cette odieuse politique qui fait un échange des malheureux, et qui, comme au temps des Tibère et des Domitien, veut qu'il n'y ait plus sur la terre un seul lieu de refuge pour les proscrits du pouvoir! Cette patrie du malheur ne reçut jamais de fers sans les briser aussitôt sur la tête de ceux qui tentèrent de les lui imposer.

Dans les siècles de féodalité, les nobles du Briançonnais voulurent aussi courber le front des montagnards sous le joug honteux et accablant, imposé alors à tous les paysans de la France : le châtiment suivit de près le crime; tous ces tyrans disparurent le même jour, à la même heure. Depuis cette époque il n'y eut plus que des citoyens dans le Briançonnais. Les autres nobles de la province prirent les armes pour venger leur caste : les dauphins se mirent à leur tête; mais ils avaient affaire à des hommes, qui, préférant la mort à la servitude, ne furent ni soumis ni exterminés. La cause était sainte, et la guerre fut glorieuse. Un traité solennel reconnut et consacra des droits sanctionnés par la victoire : les tailles, les octrois, les gabelles, tous les droits seigneuriaux, tous les devoirs féodaux, furent abolis ou abandonnés aux habitants. Sous le nom d'*escarton*, il fut créé un conseil chargé de la répartition des impôts, de la levée des gens de guerre et de pourvoir à leur subsistance : s'il s'agissait de combattre au dehors, ils n'étaient tenus que de fournir cinq cents hommes, dont la solde était payée par les dauphins; mais si la guerre menaçait le pays, tous les habitants répondaient à l'appel du bailli, et couraient aux armes. Leurs syndics consentirent à faire hommage au dauphin, mais en baisant le dessus de sa main, ou simplement le chaton de sa bague, à la manière des nobles, et non pas son pouce, comme les roturiers y étaient astreints; consacrant ainsi le grand principe d'égalité naturelle et politique, base de tout contrat social, fondé sur la justice et la raison.

Depuis 1343 les Briançonnais jouissaient de ces priviléges, d'autant plus glorieux qu'ils ne pesaient sur personne, et donnaient un bon exemple à tous; mais lorsque la révolution française éclata, ces braves gens y renoncèrent aussitôt, ne voulant pas être libres autrement que le reste des habitants de la France. Comme les éléments de résistance et d'opposition avaient disparu de cette contrée depuis quatre siècles et demi, les heureux citoyens des Hautes-Alpes ont ignoré et les fureurs de l'esprit de parti, et les sanglantes réactions, et les machinations secrètes, et les conspirations ténébreuses; ils ne savent pas encore ce que c'est qu'un espion, un délateur, un agent provocateur : il n'y a point de privilégiés parmi eux.

Il faut le dire aussi, pour encourager le zèle philantrhopique des propagateurs de l'instruction populaire, dans l'arrondissement de Briançon il n'est guère de paysans qui ne sachent lire, et il s'y commet infiniment moins de crimes, relativement à sa population, qu'en aucun autre arrondissement de France. Pendant tout le dix-huitième siècle il n'y a pas eu une seule tentative d'assassinat, pas une seule action capitale, tandis que dans l'Oysans, qui y touche, il y a une vallée où règnent la plus crasse ignorance, la plus grossière superstition, et cette vallée est continuellement le théâtre des vengeances les plus atroces, des forfaits les plus abominables.

Nous avons été dîner au pont de *Cervières*, hameau de Briançon, où habite un ami de mon compagnon de voyage. C'est un homme savant, et renommé par la guérison de certaines maladies contre lesquelles la science des médecins ordinaires s'est trouvée impuissante.

A table, on a beaucoup parlé des mœurs et des

usages du pays. « Je regrette, m'a dit le maître de la maison, que vous ne nous ayez pas visités un mois plus tôt, le 16 août, jour de notre fête patronale : les jeunes gens du hameau exécutent, au chant des femmes, une danse guerrière qui pourrait bien être la fameuse pyrrhique des Grecs. »

Comme il parlait encore, neuf jeunes gens, en veste, mais vêtus avec propreté, sont entrés dans la salle, dont on a aussitôt enlevé la table et les chaises. Chacun d'eux tenait à la main une épée large et courte, comme l'épée romaine ; celui qui faisait les fonctions de chorége ayant donné le signal, un méchant violon a joué l'air que je vais noter sans prétendre que cet air soit véritablement d'origine grecque[1].

[1] Cet air, ainsi que celui du jeune homme d'Abriès, se trouve

Les danseurs se placent en cercle, posent à terre eurs épées, la poignée de leur côté et la pointe vers le centre du cercle dont elles forment autant de rayons. Après s'être salués, ils saisissent de la main droite la large poignée de leur arme, et de la gauche la pointe de l'épée de leur voisin, et tournent en partant du pied gauche et sans lâcher les épées. Les figures de cette danse sont au nombre de douze; mais les danseurs reviennent souvent à la position circulaire : tantôt ils se portent sur la gauche deux à deux, l'un ayant le poignet droit sous le coude gauche de l'autre; tantôt ils élèvent la main gauche au-dessus de la tête de leur voisin, et posent son épée sur leur épaule gauche. Le chorége se place au centre des danseurs, élevant au-dessus de sa tête les deux épées qu'il tient; les autres danseurs en font autant en se pressant autour de lui : il passe par-dessus ses épaules les deux épées qu'il tient; les danseurs posent leurs lames sur ces épées qui se trouvent ainsi croisées dans une position horizontale autour du cou du chorége : celui-ci, ramenant ses deux épées devant lui, se trouve les bras croisés; les autres l'imitent et prennent la même attitude. Les danseurs se séparent en deux bandes, puis en trois, et forment avec leurs épées des carrés et des triangles, en balançant leurs armes, et se portant les uns vers

dans l'ouvrage, plein de recherches et d'observations judicieuses, de M. de Ladoucette, sur le département des Hautes-Alpes.

les autres. Dans une autre figure, les danseurs passent sous l'épée du chorége, sans rompre la chaîne. La danse finit, comme elle a commencé, par un salut. Il n'y a de guerrier dans cette prétendue pyrrhique que les armes et quelques évolutions à droite et à gauche. Lorsque les danseurs tournent sur eux mêmes, c'est toujours les talons qui leur servent de pivot. Leurs mouvements, leurs sauts même ont quelque chose de lent et de lourd qui n'a aucun rapport avec l'ardeur et la vivacité des actions guerrières, sur-tout chez les anciens, où l'attaque avait lieu d'homme à homme, où les batailles les plus générales, et les attaques faites avec le plus d'ensemble, n'étaient, pour ainsi dire, que la somme totale d'un nombre infini de combats singuliers.

Briançon est la patrie de plusieurs hommes distingués dans les sciences et dans les lettres. Parmi eux, on cite le mathématicien Oronce Finé, moins célèbre par ses ouvrages que par sa longue détention pour s'être opposé avec ardeur au concordat fait entre le pape et François Ier; Laurent de Briançon, auteur d'un poëme intitulé *le Banquet de la Faye;* Brunet, auteur d'un mémoire sur les dîmes.

Les pics élevés des montagnes commençaient à blanchir; déjà les paysans se pourvoyaient de crampons de fer, au moyen desquels ils se soutiennent sur la glace, et de raquettes d'un pied de diamètre, qu'ils placent sous leur chaussure pour ne pas enfoncer dans la neige. On plantait de grands jalons le long des routes, pour indiquer aux voyageurs la ligne qu'ils doivent suivre, lorsqu'elles sont entièrement couvertes par les neiges. Je n'ai pas attendu que ces jalons me fussent de quelque secours: je me suis hâté de m'éloigner de ces hautes régions, et de revenir sur mes pas, pour me rendre à Lyon, où j'ai le projet de passer ce qui reste des beaux jours de l'arrière-saison.

N° LXXXV. [25 novembre 1819.]

LE RETOUR.

Sit patiens operum, parvoque assueta juventus.
   Virg., *Georg.*

Que les jeunes gens s'accoutument au travail,
et s'habituent à se contenter de peu.

Les pluies d'automne m'ont forcé de me renfermer de nouveau dans ces prisons roulantes, où les cahotements et le bruit ne sont pas toujours ce qu'il y a de plus désagréable. Cette fois du moins le hasard m'a été favorable, la voiture était douce et les voyageurs en petit nombre. Parmi eux se trouvait un membre de la société pastorale d'Embrun, homme profondément versé dans la connaissance des procédés agricoles et de l'économie rurale. Il m'a beaucoup parlé de M. Ladoucette. « C'est à lui, m'a-t-il dit, que nous devons le rétablissement des greniers de réserve et d'abondance, fondés par les anciens dauphins. L'administration de ces greniers prête des grains à ceux qui en manquent, à condition qu'ils lui seront rendus après la moisson, avec un intérêt léger, mais suffisant pour couvrir les déchets et les frais de manutention. Ces établissements, négligés pendant la révolution, n'existaient plus que dans un petit nombre de communes, M. Ladoucette en a fait revivre plus de trente. Un si charitable zèle a éveillé celui des administrateurs inférieurs; plusieurs maires, celui de Ribières entre autres, ont contribué, par des dons considérables en blé, à faire jouir leur commune de cette précieuse ressource; et tout porte à croire que de si bons exemples auront de nombreux imitateurs. Un de nos concitoyens, M. Barillon, avait fondé un prix pour l'auteur du meilleur mémoire sur la suppression des jachères; ce prix a été remporté par M. Serres de la Roche, qui a indiqué dans quel ordre de culture les grains doivent se succéder, et les prairies artificielles remplacer les céréales. Les membres de la société d'agriculture appuient le précepte par l'exemple; les heureux résultats qu'ils obtiennent ont plus d'efficacité que les exhortations les plus pressantes, que les raisonnements les plus convaincants. On avait beau dire à nos montagnards que le terrain le plus stérile en apparence n'avait besoin que d'être arrosé pour devenir fertile, ils ne voyaient dans le projet d'établir un canal que ce qu'il y avait de prochain, le travail et la dépense: les avantages qu'ils en devaient retirer étaient, à leurs yeux, trop éloignés et trop incertains. M. Desherbeys, propriétaire et cultivateur dans le Valgodemard, a fait circuler des eaux sur un plateau composé de sable fin, de galets, et de débris de montagnes primitives; ces stériles grèves sont devenues en peu d'années des plaines fertiles que chaque été voit couvrir de riches moissons.

« L'éducation des vers à soie avait été négligée; cette branche de l'industrie, pour laquelle le voisinage de Lyon offre de si avantageux débouchés, a été ranimée dans le département des Hautes-Alpes : elle faisait autrefois la principale occupation des femmes de nos vallées.

« Des pépinières de mûriers ont été formées à Serres, à Trescleoux, à Ribières, à Rosans, et dans d'autres parties basses du département.

« Dans un pays où les hivers sont si rigoureux, et les communications si difficiles, la nature semble avoir voulu placer près de l'homme les choses les plus nécessaires à la vie; mais les gouvernements, institués en apparence pour l'intérêt de tous, ne le sont trop souvent en réalité que pour l'avantage de quelques uns. Il existait, dans le département des Hautes-Alpes, des fontaines salées; le fisc les a fait combler, afin de procurer aux fermiers-généraux la vente de quelques minots de sel de plus. Il fallait, pour que le faisan, le turbot et l'ananas des Antilles fussent servis sur la table de quelques courtisanes, interdire aux cultivateurs du Dauphiné la faculté de puiser dans les fontaines d'Aspres et de la Saulce quelques cruches d'eau salée : c'est ainsi que la France était administrée au bon vieux temps, et ces traditions fiscales ont été soigneusement conservées. Malheur au paysan qui voudrait rouvrir ces sources naturelles ! il serait poursuivi comme contrebandier. »

J'avais promis à M. Val*** de le voir à mon retour à Gap ; je lui devais cette preuve de souvenir et de reconnaissance. J'ai passé avec lui une soirée fort agréable ; il s'est livré à des recherches archéologiques, tant à Gap qu'au *Monetier-Allemont*, où l'on a découvert plusieurs tombeaux romains, et surtout au *Mont-Saléon*, autrefois *Mons Seleucus*, ou *Mons Seleucis*. — C'est là que Magnence fut vaincu par les généraux de l'empereur *Constance*, le 11 août de l'an 543. On a retiré de ce lieu quelques fragments de peinture et de sculpture, de petites statues, des bas-reliefs, des mosaïques, des vases, et beaucoup d'autres objets curieux, dont M. Val*** possède le catalogue complet. *Mont-Saléon* serait pour les antiquaires une mine fort riche à exploiter : on en a fouillé quelques parties en 1804, sous la direction de M. Duvivier ; mais il ne fut point donné de suite à ce travail, qui, comme tant d'autres, est demeuré imparfait.

En redescendant vers le Dauphiné, la température devenait plus douce ; les pluies avaient cessé :

quelques jours me restaient encore pour voyager à cheval, j'en ai profité.

Je me suis arrêté à *Vizille*, lieu charmant, où l'on vient visiter le château que le connétable Lesdiguières y fit bâtir. Il est représenté à cheval, dans un grand bas-relief en bronze, placé sur la porte du château, et les portraits des personnes de sa famille sont encore dans la salle de billard.

J'ai visité avec plus d'intérêt et de curiosité la salle où se réunirent d'eux-mêmes, au commencement de la révolution, les fameux états du Dauphiné. Ce pays est trop plein des souvenirs de la féodalité pour n'être pas resté fidèle à la liberté. On m'a fait remarquer le dessus d'une porte où étaient représentées une tête d'homme et une truite; le connétable les avait fait sculpter pour perpétuer le souvenir d'un acte que, dans la barbarie de ces temps et la férocité des mœurs féodales, on appelait un acte de justice. Le connétable avait fait trancher la tête d'un paysan parceque ce malheureux avait pêché une truite.

M. Augustin Perrier, propriétaire du château de Lesdiguières, y a établi une grande et riche manufacture de toiles peintes. Je ne partage point l'espèce de pudeur qui lui a fait détruire le monument que Lesdiguières avait élevé à sa fureur. Tous les traits de cruauté de ce temps qu'on appelle *bon* doivent être conservés pour la honte éternelle de ses panégyristes, et pour la leçon des hommes de l'âge présent.

MM. Perrier ne se bornent pas à donner du travail aux habitants de Vizille; ils leur procurent un bien plus précieux, l'instruction. Ils ont établi à Vizille une école à la Lancastre; leur beau-frère, M. Teissère, en a établi une au bourg d'Oysans: dans ces institutions véritablement philanthropiques les élèves n'apprennent pas seulement à lire et à écrire; ils reçoivent encore des leçons de morale, des principes d'agriculture et d'industrie manufacturière.

N° LXXXVI. [30 novembre 1819.]

VIENNE.

Undè æmulatio, et invidia, et uno amne discretis connexum odium ?
　　　　　　　　　　　　　　Tac.

Séparés de ceux de Lyon par un fleuve, mais attachés par leur haine.

Me voici dans une ville qui fut grande, forte, et célèbre. Les Romains l'appelaient *Vienne l'Opulente, Vienne la Belle;* aux premiers siècles de l'Église, elle reçut des chrétiens le nom de *Vienne la Sainte;* l'auteur de l'épitaphe de saint Burchard l'appelle *la robuste nourrice des rois* (*nutrix fortissima regum*): elle a mieux mérité, de nos jours, le nom de *Vienne la Patriote,* car ni l'une ni l'autre fortune n'ont pu affaiblir dans le cœur de ses habitants l'amour de la justice, des lois, de l'honneur et de l'indépendance de la patrie.

Lorsque l'éclat des triomphes militaires éblouissait tous les yeux, égarait les plus sages, la liberté et l'égalité, fondées sur les lois, comptaient encore à Vienne autant d'adorateurs que de citoyens, et, quand le sort eut trahi le courage, on ne vit s'élever dans ses murs aucun autel aux divinités étrangères.

Les dieux du Panthéon et les statues des divins Césars, brisés par les barbares, forment les parois des maisons et le pavé des rues de Vienne; à chaque pas j'y foule d'un pied dédaigneux quelque membre d'un de ces hommes qui eurent des autels, des prêtres, et des dévots: la *majesté* de Galba, la *majesté* de Vitellius, la *majesté* de Claude, roulent dans la poussière. Un poete, un affranchi, dont l'esprit était déja celui d'un courtisan, osa le premier parler de la *majesté* des Césars.

Sed neque parvum carmen majestas recipit tua, dit-il au lâche, au sanguinaire Octave: depuis ce temps il n'est point d'esclave qui ait refusé ce titre à son maître; point de maître qui ne l'ait placé au premier rang des tributs que lui doivent ses esclaves.

Jamais, en Angleterre, il ne fut plus question de la *majesté* du prince que sous le règne de ce Richard III, petit, bossu devant et derrière, louche, cagneux, dont le visage était repoussant, le teint basané, le regard farouche, et qui fut à-la-fois, disent les historiens, le plus laid et le plus méchant des hommes.

Je me livrais à ces importunes réfléxions en traversant le Rhône pour me rendre à *Sainte-Colombe*. Arrivé tard à Vienne, je n'avais guère aperçu que les deux extrémités de cette ville, masquée, au levant, par le mont sur lequel est bâti le fort *Pipet*. Assis sur le coteau, chargé de vignes, qui domine la plaine étroite de Sainte-Colombe, je voyais se déployer devant moi les édifices et les ruines de cette Vienne jadis si superbe, maintenant si déchue.

La première ville des Allobroges, la résidence des gouvernements romains dans la province viennaise, l'antique métropole de la Gaule narbonnaise, la capitale du premier et du second royaume de Bourgogne, n'est aujourd'hui que le modeste chef-lieu d'une sous-préfecture. Elle a bien encore un haut dignitaire ecclésiastique, mais cet archevêque ne jouit plus des droits royaux octroyés par l'empereur Frédéric Ier à l'archevêque Étienne et à ses successeurs: les soldats qui veillent à la défense du fort Pipet ne sont plus les siens; il n'a plus ni *sénéchal* pour régler, chaque soir, les comptes de sa maison, et condamner à l'amende ou au fouet ces valets négligents qu'on appelait officiers; ni *bailli* pour rassembler et commander ses milices; ni *châtelain* pour veiller à la garde de ses châteaux, et les pourvoir de toutes sortes de provisions; ni *courrier* pour tenir la main à l'exécution des jugements; ni *cellérier* pour recueillir et serrer ses grains; ni *chanoine mistral* pour commander dans la ville en qualité de gouverneur; ni *bayle* pour faire la recette des droits seigneuriaux; ni *viguier* pour encaisser l'argent provenant des condamnations ; ni *prevôt* pour régler les amendes ; ni *clavaire*, ni *mandataire*, ni *bannier*, ni *maynier :* il faut qu'il se contente de *grands vicaires*, de *chanoines*, de *chantres*, et de *bedeaux ;* condition bien obscure auprès des splendeurs de l'antique église de Vienne, qui combattit si bravement et avec tant de persévérance contre l'église de Lyon, non moins brave et non moins têtue.

La philosophie a tout corrompu : elle a licencié les soldats des évêques, des archevêques, des moines et des chapitres ; elle ramenait à grands pas le clergé de France vers la simplicité des premiers siècles du christianisme, et, vendant au profit de l'indigence les carrosses des princes de l'Église, elle allait les forcer de faire le tour de leur diocèse sur l'humble animal qui portait le divin fils de Marie quand il fit son entrée dans Jérusalem ; heureusement pour le sacerdoce, *Bonaparte* vint à son secours, et lui rendit une partie de ses honneurs : une main plus chrétienne encore lui a rendu une partie de ses biens, une partie de sa puissance ; il est même des hommes plus catholiques qui veulent tout lui rendre : cela me paraît impossible ;

Mais quel temps fut jamais plus fertile en miracles?

J'ignore si dans le pays où je me trouve il y a assez de curés et de desservants ; mais il me semble que les prélats n'y font pas faute : j'en vois trois dans un seul département ; car si Vienne a son archevêque, Grenoble et Valence ont chacune leur évêque. Le concordat a singulièrement favorisé le midi de la France : Lyon et Aix ont des archevêques ; il y a un évêque à Viviers, un évêque à Avignon, un évêque à Arles, un évêque à Nîmes, un évêque à Montpellier, un évêque à Marseille...

Vienne s'élève en amphithéâtre sur un monticule séparé des autres montagnes par des ravins profonds. Cette vieille capitale des Allobroges est rentrée dans les limites que lui avaient données ses premiers fondateurs. Les Romains, qui l'habitèrent pendant plus de cinq cents ans, couvrirent de temples, de palais, d'obélisques, et d'aqueducs, les plaines qui s'étendent au midi vers Avignon, au nord du côté de Lyon, et firent de Sainte-Colombe une autre Vienne : que reste-t-il de tant d'édifices particuliers et de monuments publics ? un mélange confus de tours, de tourelles, de maisons, et de ruines.

J'interroge le fleuve ; il n'a ressaisi que ce qui lui fut pris, d'étroits rivages : il vient du nord, il se dirige au midi ; et, comme autrefois, il court verser dans la Méditerranée ses eaux qu'il a recueillies dans les montagnes et à son passage dans les plaines de la Provence et du Dauphiné. Les rochers qui pesaient sur la plaine la pressent encore de leurs masses inégales : la terre n'a point entr'ouvert ses entrailles pour engloutir ce qui était à sa surface ; ce sont des hommes qui ont brisé les épaisses murailles, renversé les palais des rois, abattu les temples des dieux, promené la charrue, et semé le sol, où d'autres hommes avaient élevé ces temples et ces palais.

Vienne avait arrêté la fortune de Clovis, mais un traître en ouvrit les portes au fils de ce conquérant. Au temps de Charles-Martel, elle avait rompu le premier effort des Maures et des Arabes ; mais les nobles enfants d'Eudes, duc d'Aquitaine, apprirent aux Sarrasins par quel côté il fallait la surprendre : les premiers ils y jetèrent des brandons enflammés, et plus tard François de Beaumont, baron des Adrets, renouvela et surpassa leurs fureurs.

Mes regards parcourent le fleuve qui me sépare de Vienne ; et c'est avec raison, je le vois, que les poëtes l'ont appelé *Impatiens pontis*, car des trois ponts qui jadis le traversaient ici, il en a englouti deux, et à peine a-t-il laissé debout quelques ruines du troisième.

Le pont dont je contemplais les tristes restes fut construit par ordre de Tibérius Gracchus lorsqu'il passa à Vienne pour se rendre en Espagne. Durant près de seize siècles ce pont résista à tous les assauts du fleuve, car sa fondation date de l'an 175 avant l'ère chrétienne, et sa première chute eut lieu au mois de février 1407. Selon nos anciennes chroniques, recueil fidèle des superstitions du bon vieux temps où l'on veut retrouver aujourd'hui les matériaux de l'histoire, cet événement fut annoncé par des prodiges : quelques cloches sonnèrent d'elles-mêmes; on entendit, la nuit qui précéda sa chute, des murmures, des gémissements étranges, et des chevaux courir et hennir sur le parapet : la veille, un taureau, d'une grandeur et d'une grosseur extraordinaires, fit quelques tours sur la place de Sainte-Colombe, et disparut tout-à-coup ! Depuis, ce pont a été plusieurs fois rétabli et plusieurs fois renversé : soit faute de moyens ou d'encouragements, on paraît avoir renoncé à l'espoir d'imposer un joug nouveau à l'*Impatiens pontis*.

A quelque chose malheur est bon, dit un vieux proverbe; les amateurs de la bonne chère eurent à se réjouir de la chute du pont de Tibérius Gracchus : antérieurement à cette époque, le carême commençait toujours le lundi dans le diocèse de Vienne, et non, comme ailleurs, le mercredi des cendres ; *Ant. de La Colombière*, grand-vicaire de l'archevêque *Ange Cato*, permit de faire gras le lundi et le mardi, à condition que chaque habitant, sans en excepter les enfants au-dessus de l'âge de sept ans, donnerait six deniers pour la réparation du pont. Mais il est probable qu'alors le nombre des gourmands n'était pas aussi considérable que de nos jours; car le bon M. *de La Colombière* se vit forcé de présenter une autre amorce à ceux qui, par avarice, se piquaient d'abstinence : *quarante jours de vrai pardon, en rémission de leurs péchés,* leur furent promis, s'ils contribuaient, pour une même somme de six deniers, à la réparation du pont de Tibérius. Enfin, pour ne laisser aucun refuge à la mauvaise foi, les fraudeurs furent bien avertis, par lettres patentes publiées dans tout le diocèse, que ceux qui, sans payer, mangeraient chairs et viandes défendues seraient excommuniés et damnés à tout jamais.

Les excommunications et les pardons n'ont pas toujours été employés dans des vues d'utilité publique ; par exemple, l'archevêque *Guillaume de Valence* songeait plus à ses proches qu'à ses ouailles quand il accordait quarante jours d'indulgence à tous ceux qui prieraient pour l'ame de ses parents, et pour celle de la mère d'un certain archiprêtre d'Annonay : *indulgentiam quadraginta dierum omnibus orantibus pro animabus parentum suorum et bona memoria Guillelme, matris domini archipresbiteri d'Annonay.*

Un autre archevêque, *Thibaud de Rougemont,* ayant reçu des officiers du roi de France je ne sais quelle injure, en punit les pauvres habitants de Sainte-Colombe, que cela ne regardait nullement : tous furent excommuniés, sans distinction d'âge ni de sexe, et restèrent un an tout entier sous le fatal interdit. Dieu sait ce que sont devenues les ames de ceux qui moururent dans le cours de cette année!

La tour élevée de ce côté du pont par Philippe de Valois avait moins pour but de protéger Sainte-Colombe que de menacer Vienne. Ce prince ambitieux convoitait non seulement les états des dauphins, qu'il se fit céder; mais cette ville et son territoire, alors soumis à la puissance ecclésiastique, le tentaient également. Il disait que les hommes qui se sont consacrés au gouvernement des consciences ne doivent point se mêler du gouvernement des états : j'adopte, pour mon compte, le raisonnement de Philippe de Valois. Pendant le séjour qu'il fit à Sainte-Colombe, *pour mulcter Vienne et se l'acquérir,* dit le bon Chorrier, le roi de France logea au couvent des cordeliers. Guichard, *seigneur* de Beaujeu, introduisit le premier en France cet ordre monastique.

Les cordeliers de Sainte-Colombe furent plus d'une fois chassés de leurs cellules. Reçus dans Vienne en 1202, ils habitèrent pendant cinquante-huit ans, sur le territoire de Saint-Gervais, une maison modeste, bâtie exprès pour eux, mais

Le ciel pour les punir leur donna des grandeurs.

L'archevêque Jean de Burnin les plaça dans un beau couvent de ce côté du Rhône. Pendant les guerres de religion, ce couvent tenta l'avarice des huguenots, qui le pillèrent et le saccagèrent : les catholiques ne l'épargnèrent pas davantage ; et le duc de Nemours acheva de ruiner ce couvent, sous prétexte qu'il pouvait favoriser les desseins des partisans et des serviteurs fidèles du roi Henri IV.

En vain, poussés par un intérêt qui n'est ni celui du ciel ni celui de la terre, quelques mortels insensés cherchent à éluder l'ordre du Créateur et le vœu de la nature. Elle a voulu que la femme fût la compagne de l'homme : par-tout où l'hymen ne les réunit pas un attrait invincible les rapproche, et, sans en deviner le motif, ils prennent des habitudes communes. Il y eut des dévots aussitôt qu'il y eut des dévotes ; dès qu'il y eut des bénédictins, des bernardins, et des carmes, on vit paraître des bénédictines, des bernardines, et des carmélites. Si vous apercevez un couvent de moines, soyez assuré qu'un couvent de nonnes n'est pas loin ; du moins il en est ainsi à Sainte-Colombe : entre la maison des cordeliers et celle des religieuses la distance était petite. Il paraît que l'obéissance n'était pas la première vertu de ces modestes filles, car le pape Grégoire IX ne se contenta pas de leur recommander un respect profond pour la juridiction de l'abbé de Saint-Pierre, il autorisa cet abbé et l'archevêque de Vienne à les contraindre à la soumission par la voie des censures ecclésiastiques, et sans s'arrêter aux appellations qu'elles pourraient interjeter, *appellatione remota*. Un petit grain de vanité se plaçait aussi sous leur guimpe : la supérieure des vestales païennes portait à Rome le titre de *maxima*; la supérieure des vestales chrétiennes à Sainte-Colombe prenait celui de *maxima monacha*. Un peu plus loin se trouvaient deux autres couvents de filles, l'un des religieuses de Sainte-Claire, et l'autre des religieuses de Sainte-Marie; ce dernier remplaçait un jeu de paume; et ce fut, dit un ancien auteur, un grand sujet de joie pour les anges de voir succéder des religieuses à des joueurs, et des exercices de piété à des divertissements profanes.

Tous ces édifices ruinés avaient été élevés sur les ruines d'édifices bâtis par d'autres générations.

Les Romains du moyen âge avaient eu leurs nymphes ou *matres*, espèces de divinités subalternes, favorables à ceux qui les imploraient, ou pour qui elles avaient de l'affection. Les *matres* succédèrent aux génies et aux lares dans la protection des provinces, dans la garde des empereurs et des simples particuliers. Après avoir été adorées dans les campagnes, où l'ignorance les avait reçues, elles s'introduisirent avec elle dans les villes, où elles obtinrent des temples : elles prirent dans les Gaules le nom de *Dames*, et enfin celui de *Fées, Fatidicæ*, qu'elles y ont conservé. Nos pères se les représentaient sous les traits et les formes de jeunes femmes d'une grande beauté ; elles conversaient familièrement avec tout le monde, avertissaient les gens des malheurs dont ils étaient menacés, et les instruisaient des choses à venir.

Les pierres usées dont l'œil suit avec peine, sur un sol inégal, l'alignement interrompu, forment la crête des murs d'un de ces sépulcres appelés *Ergastules,* où les anciens renfermaient leurs esclaves pendant la nuit. Ces vastes prisons souterraines, divisées en grottes par d'épaisses murailles et d'étroites ouvertures, étaient fermées par les grosses tours des gardiens et par des *portes irrévocables* comme celles du Tartare. Là le désespoir, chargé de fers, enveloppé de chaînes, environné de murailles hautes et lisses, n'avait en sa puissance que la mort et le néant; là l'horrible droit de la guerre enseignait au fils du roi, enchaîné avec le fils du pâtre, quels sont et les crimes du fort, et les douleurs du faible, leçon tardive, trop souvent répétée par le remords, et qui n'est qu'un supplice de plus.

Avec la vie, Dieu donne à tous les hommes la liberté; mais ce don du ciel semble être devenu l'héritage exclusif d'un petit nombre d'oppresseurs. J'entends prêcher la religion, la justice, les lois; je regarde, j'examine, et je vois les prédicateurs s'élever au-dessus de lois, se livrer à l'iniquité, et leurs passions aussi libres d'entraves que leurs membres sont exempts des liens. L'adorateur de Jupiter, le sectateur de Mahomet, le dervis, le flamine, l'iman, tous, jusqu'au moine de Saint-Claude, ne veulent être servis que par les mains enchaînées de leurs frères esclaves. S'il y a des athées, ils sont assurément parmi ces hommes sans charité, qui violent la loi du Dieu qu'ils servent, et qui ne craignent pas de braver sa menace : mais quittons la sagesse un peu douteuse des hommes pour leur folie, et les prévisions de l'avenir pour les erreurs du passé.

Les Arabes d'Espagne venus vers l'année 730 au secours de Gueffier, duc d'Aquitaine, contre Charles-Martel, renversèrent les monuments romains dont nous foulons les cendres. Un large massif, composé d'un ciment très fort, et couvert presque par-tout d'un pavé de marqueterie, a été percé par la pioche, arraché par la houe, déchiré de toutes parts, et des ceps vigoureux ont pu s'y enfoncer. Un peu plus loin est le territoire appelé le *Mireau* ou le *Miroir;* là, selon une ancienne tradition, existait un grand et bel édifice, élevé par le lieutenant de Sylla. Au lieu de se rendre promptement en Espagne pour s'opposer aux progrès de Sertorius, Pompée s'amusa à bâtir et à faire l'amour dans la capitale des Allobroges. Ce Pompée, dont le palais était situé à Vienne sur l'éminence où les pères capucins et les jésuites ont eu depuis des couvents, n'y voulut point loger avec sa maîtresse, sans doute pour éviter le scandale; mais il l'aimait trop passionnément pour se priver de sa vue et du plaisir de converser souvent avec elle, ne fût-ce que par signes. Il la logea de l'autre côté du Rhône, et fit appliquer à la muraille qui regardait le couchant un grand miroir de cristal, à l'aide duquel il lui faisait savoir, de moment en moment, à quel point en était sa tendresse : occupation très douce et très galante, mais qui n'était peut-être pas tout-à-fait digne du futur compétiteur de César.

Le territoire entier de Sainte-Colombe ne renferme que cent quinze arpents de terre en rapport; on n'y compte que cent quarante maisons, et son revenu net n'est évalué qu'à environ quatorze mille francs. Cependant cette petite commune a payé jusqu'à cinq mille francs de contribution par an, tant l'industrie est féconde.

En 1786 la population de Sainte-Colombe ne s'élevait qu'à six cent soixante-quinze individus; elle est aujourd'hui de sept cent cinquante, et, par une bizarrerie assez digne de remarque, c'est peut-être le seul coin de la terre où la naissance des garçons surpasse celle des filles de plus d'un cinquième. La partie virile de cette population n'est pas la seule laborieuse; les vieillards, les femmes, les enfants, travaillent constamment, les uns à carder de la laine, les autres à la filer : personne n'est oisif; jamais il ne s'élève de rixes entre les habitants; les procès sont inconnus parmi eux, chacun y respecte la personne et la propriété d'autrui : cette famille d'habitants aime le plaisir, sur-tout celui de la danse ; mais nulle part en France on ne trouverait de meilleurs citoyens : trente jeunes gens partirent à-la-fois et volontairement pour l'armée au commencement de la guerre de la révolution.

Sainte-Colombe a eu l'honneur de posséder des *viguiers*, et de compter parmi eux François de *Cours*, noble damoiseau; Eymard de *Villeneuve*, échanson de Charles VII; Claude de *Costaing*, écuyer tranchant, et un prévôt général du Dauphiné, Scipion de *Pollard*. Cette terre appartenait à la famille des *Maugiron;* rien ne lui manque, pas même les illustrations féodales, et quelques uns de ces noms que madame de Stael appelait historiques, quand par hasard elle oubliait qu'elle était la fille d'un financier pour se souvenir seulement qu'elle avait été la femme d'un baron.

J'arrive à *Ampuis*. Que la famille de Maugiron ait remplacé, dans la possession de cette ville, Gérard de *Ampusio* ou Roger d'*Ampois,* ou cet Erchembert qui succéda à Gondoald en la mairie du palais de Dagobert, et que le moine Adématus appelle Erchembert, *Ercanaldus* ou *Eccembaldus*, noms qui, dit le feuillant Pierre de *Saint-Romuald,* ne sont autres que celui d'*Archambaud;* qu'*Ampuis* ait eu aussi les noms de *Ampoysiacus* et d'*Amputheus*, cela importe peut-être assez peu : l'essentiel, c'est que saint *Éloi* soit entré dans l'église d'Ampuis pour faire sa prière, et qu'il y ait guéri incontinent un démoniaque qui se présenta à lui, miracle auquel j'accorde d'autant plus croyance que le secret de ces guérisons vient d'être retrouvé de nos jours par un noble évêque d'Allemagne; ce qui importe sur-tout, c'est que me voilà sur la terre classique de la vigne, en présence de cette *Côte-Rôtie* que Bacchus regarde avec amour.

Les vignes de Côte-Rôtie se perpétuent par les provins, et ne se replantent jamais. L'emploi des échalas, comme tuteurs de la vigne, est fort ancien: les Romains en faisaient usage; Columelle en parle. Ceux que j'ai sous les yeux ont huit à neuf pieds de haut, et coûtent depuis soixante-douze francs jusqu'à cent trente francs le cent; ils sont de bois de châtaignier, et viennent du département de l'Isère. Ceux qui sont faits avec de grosses branches refendues, et qu'on appelle *quartiers*, sont les plus chers, mais durent plus long-temps, sur-tout lorsqu'on a le soin de passer au feu le bout qui doit être enfoncé dans la terre.

Ampuis est abrité des vents du nord. Situé à l'orient et au midi, le coteau de *Vangris*, au-delà du Rhône, reflète les rayons du soleil, et concentre la chaleur sur celui d'*Ampuis*. Un rocher friable et humide, exfolié par le temps, compose le terrain d'où la vigne tire le suc particulier qui distingue ses raisins, et qui donne au vin qu'elle produit ce parfum et ce goût de poix qui plaisaient tant aux Romains. La première qualité se distingue par son feu, sa transparence, sa belle couleur, et l'odeur de violette ou de framboise qu'elle exhale; le temps corrige la légère amertume qu'on y remarque dans sa nouveauté : cette qualité est produite par les vignobles qui s'étendent le long du chemin de Sainte-Colombe à Condrieu jusqu'au ruisseau de *Malprofonde*. Les vignes qui approchent le plus de la crête du coteau, et celles qui sont au-dessus du ruisseau de *Font-Jean*, donnent le vin le plus estimé. Les raisins des vignes dont l'aspect est un peu vers le nord, et de celles du château de *la Roche*, ne produisent que des vins de médiocre qualité.

Le vin de *Côte-Rôtie*, l'orgueil de ces cantons, n'est agréable à boire qu'au bout de deux ans; mais il peut se conserver pendant plus de vingt années. Il se dépouille et s'améliore en vieillissant: s'il fut ignoré de Virgile, qui n'en fait pas mention dans ses *Géorgiques*, Pline en parle; et dans ses propos de table Plutarque n'oublie pas le vin *empoissé* de Vienne, dont les Romains faisaient grand cas, parcequ'il semblait les rendre *plus forts*. On assure que ces vignes, dont l'antiquité ne peut être mise en doute, ont été apportées de l'Orient sur les bords du Rhône par quelque colonie grecque.

Pendant quelques heures que j'ai passées à Vienne, j'ai visité la cathédrale de Saint-Maurice, vieux monument de la piété des rois de Bourgogne ; le palais archiépiscopal, où se tint, en 1311, le quinzième concile ; et l'abbaye de Saint-Pierre, où M. Schneyder fonda un musée des antiquités de la ville de Vienne, dont il fut pendant quarante ans le conservateur.

Je suis sorti par la porte d'Avignon : Louis XIII fit par-là son entrée dans Vienne après la prise de Montpellier. Une inscription rappelle cet événement, et dit aussi que ce roi, mort en tutelle, se laissait appeler *le Juste*.

De ce côté, les dehors de Vienne sont très agréables ; les montagnes, en s'étendant vers le sud, semblent s'avancer pour suivre le cours du Rhône. La plaine, riche autrefois des plus nobles monuments de l'architecture, s'est couverte d'utiles vignobles.

Non loin de la porte d'Avignon on voit, sur une base percée à jour par quatre arcades, un obélisque de soixante-treize pieds d'élévation. Ce monument, assis sur un massif de pierres de taille, et creux dans une partie de sa hauteur, n'a point été achevé : des quatre colonnes dont il est flanqué, aucune n'est parfaite ; les architraves attendent encore les moulures qu'elles devaient recevoir. C'est un cénotaphe ou tombeau vide qui, selon les uns, fut destiné à l'empereur Alexandre Sévère, et, selon les autres, à Auguste.

On aperçoit de ce côté des restes d'aqueducs, comme pour attester le séjour des Romains à Vienne et l'ancienne magnificence de cette ville. Un de ces aqueducs amenait dans la citadelle du *Mont-Quirinal*, aujourd'hui Sainte-Blandine, l'eau nécessaire à la garnison.

Vers ce lieu était une de ces *Naumachies* où l'on donnait au peuple le spectacle simulé des combats maritimes. Les chevaliers de l'arbalète succédèrent aux gladiateurs romains : le Carthaginois ou le Breton n'était plus l'ennemi qu'il fallait abattre, c'était le *papegai*. Long-temps le vainqueur porta le nom de *roi*, et pendant sa royauté de douze mois il était exempt de toute taille delphinale et royale.

Le palais des rois de Bourgogne renfermé encore de temps en temps, vers le soir, d'illustres reines et de grands monarques : *Sémiramis*, *Clytemnestre*, *Jocaste*, *Laïus*, *Agamemnon*, *OEdipe*, viennent y renouveler leurs crimes et leurs fureurs.

On est bien surpris de trouver une porte triomphale d'ordre corinthien à l'entrée de la cour de la comédie. Cet échantillon de l'architecture grecque au milieu d'un monument à moitié romain, à moitié gothique, présente un rapprochement bizarre, une alliance monstrueuse entre la civilisation et la barbarie. Les travaux pour la construction de la salle ont été dirigés par le même M. Schneyder, fondateur et conservateur du musée des antiquités de la ville de Vienne.

Non loin du théâtre se trouve l'église de *Notre-Dame-de-la-Vie*. Les colonnes corinthiennes de cet ancien monument sont à demi ruinées. Au temps des Romains on y rendait la justice.

Je n'ai point voulu quitter Vienne sans visiter le fort *Pipet*, bâti moins pour défendre la ville que pour la dominer. Ce fort, situé sur un rocher élevé, fut, dit-on, construit par *Manlius*, gouverneur de Vienne, au temps de la guerre entre Sertorius et Pompée, qui lui donna le nom de *Forum Pompeianum*, parceque ce fut Pompée qui donna l'ordre de le bâtir. Les Romains, pour lui donner une forme régulière, l'entourèrent de terrasses et de murs : à l'ouest ces murs touchaient à l'amphithéâtre; ceux du nord et du midi sont parallèles : au levant le fort présente un front demi-circulaire de trente-huit toises de diamètre. Ce fort a eu pour garnison d'abord des Romains, puis des Francs, puis des Bourguignons : des soldats de l'Église, des dauphins, des rois de France, de la république, et de l'empire, l'ont occupé et cédé tour-à-tour; il est revenu aux soldats du roi de France, espérons qu'on n'y verra plus les archers du chapitre, et les hallebardiers de l'archevêque de Vienne.

Du fort Pipet nous sommes descendus, par une pente assez rapide, jusqu'au faubourg d'Arbot, où m'attendait la voiture qui va me conduire à Lyon.

N° LXXXVII. [5 décembre 1819.]

HISTOIRE DE LYON.

*Non affermi l'incerto,
Non muti il certo.*
            Balth., *Varienti*

Ne pas affirmer ce qui est douteux,
ne pas taire ce qui est vrai.

J'ai été distrait de l'histoire contemporaine et porté brusquement vers les temps anciens par une dispute très animée entre un jeune homme nouvellement sorti des bancs de l'école et un vieux pédagogue.

Il s'agissait de savoir quelle était l'époque de la fondation de Lyon, et à qui cette fondation était due; l'homme de l'ancienne barbe citait les auteurs, et le docteur imberbe en appelait à la raison, qui, selon lui, tire son autorité de sa force et non pas du nombre des années. « Comment, disait le pédagogue, pouvez-vous refuser à Plancus Lucius Munatius l'honneur d'avoir été le fondateur de Lyon, quand l'histoire nous dit à quelle époque et à quelle occasion il bâtit cette ville? Ce fut, vous devriez le savoir, pour donner asile aux Viennois, chassés de leur ville par les Allobroges. A l'aide de ces Viennois, réfugiés au confluent du Rhône et de la Saône, et des soldats des légions que le sénat romain fit désarmer après la guerre de Modène, Plancus éleva les murs de Lyon : il y a maintenant, tout juste, mille huit cent soixante années, car ce fut quarante et un ans avant la naissance du divin fils de Marie. — Je ne doute point, a repris l'écolier, que la ville n'ait été agrandie d'abord par Plancus, pour loger les Viennois, ensuite par le triumvir *Marc-Antoine*, pour s'y loger lui-même, car il n'était pas homme à habiter une chaumière; et quoiqu'il eût deux fleuves à sa disposition il fit encore conduire à Lyon, par des aqueducs immenses, les eaux nécessaires à sa table et à ses bains. Je veux que cette ville ait dû au gendre d'Octave les quatre grands chemins qui conduisaient, l'un aux Pyrénées, par les Cévennes et l'Auvergne; l'autre au Rhin, par la Bresse et la Franche-Comté; le troisième à l'Océan, par le Beauvoisis et la Picardie; et le quatrième à Marseille, en traversant la province narbonnaise. Je suis prêt à convenir que Lyon dut à l'empereur Auguste, qui y résida trois ans, des palais, des bains, et de nouveaux aqueducs; mais je soutiens que si les Romains improvisaient des flottes, ils n'improvisaient pas des villes. Lyon ne se serait pas élevée dans le court espace d'un demi-siècle au rang de métropole des Gaules, si, bien avant Lucius Plancus, elle n'avait déja existé.

« Comment croire en effet que la pensée de bâtir une ville dans un lieu aussi favorable à la défense et au commerce ne fût pas encore venue aux Gaulois? — Mais, jeune homme, savez-vous quels gens furent les Romains, quelles étaient la puissance et les vertus des Plancus, des Marc-Antoine, des Agrippa, des Licinius, des Auguste, des Tibère, des Caligula, des Claude, des Domitien, et de tant d'autres généraux, consuls, et empereurs, qui protégèrent Lyon après y avoir séjourné quelque temps, ou seulement pour l'avoir vue en passant? — Vraiment, reprit l'écolier, quiconque a lu Tacite et Suétone ne connaît que trop vos Césars! Par exemple, votre Licinius, receveur des impôts, surnommé *Encelade* à cause de ses exactions, ayant trouvé que les taxes annuelles se payaient chaque mois par douzième, dans les Gaules, s'avisa de faire l'année de quatorze mois, afin d'en avoir deux pour lui. — Voilà comme l'on calomnie les plus honnêtes gens! s'est écrié le vieux professeur; cet or, il le remit à l'empereur : c'était pour ôter aux Gaulois les moyens de se révolter qu'il le leur enlevait. — Il le dit du moins, mais un peu tard, après avoir été découvert : la ruse vint alors au secours de l'avarice. Quant à Plancus... — Allez-vous aussi calomnier la mémoire d'un personnage consulaire, d'un orateur habile, disciple de Cicéron, qui combattit sous César l'Africain Juba?—Et même le Romain Scipion.—Qui se mit en devoir de faire la guerre à Marc-Antoine, auquel il donnait bravement le nom de *brigand abject et corrompu, perditus abjectus que latro.* — Peu de temps après il se rangea sous les bannières de ce voleur. — Qui fut consul l'an de Rome 712. — Et obtint des décemvirs la faveur de faire inscrire sur les listes de proscription Plotius Plancus, son frère, afin de mieux ressembler à Lépide; ce qui fit dire aux Romains indignés : *De Germanis, non de Gallis, triumphant consules.* — Qui, fidèle à l'amitié, suivit Antoine en Égypte. — Où il l'abandonna, après avoir été son courtisan et son bouffon, pour passer dans le parti d'Octave, auquel il proposa d'accorder le titre d'auguste, digne récompense de tant de meurtres et de proscriptions. — César le nomma censeur. — En fut-il moins méprisé? Lucius Domitius, simple édile, l'ayant rencontré, ne le força-t-il pas à lui céder le haut du pavé? Nous avons lu notre Suétone. — Dans ce cas, vous savez qu'il fut appelé sage, *sapiens*, par Horace. — Parole de poète : Sénèque cite ses maximes sur l'adulation et l'art de flatter la puissance. J'ai même appris que cet honnête Lucius Plancus Munatius fit proscrire son frère Plotius Plancus; que celui-ci, caché dans une maison sur le territoire de Salerne, fut trahi par l'odeur des parfums dont il se servait ; que ses esclaves furent mis à la torture, et refusèrent de le trahir. Plotius, admirant leur constance, mit fin aux tourments qu'on leur faisait endurer en se nommant, et tendit généreusement la gorge à ses assassins. — Fort bien. Je vois que vous vous souvenez de ce que vous avez appris hier ; mais vous ne nous direz pas aussi couramment, je le parie, ce qui s'est passé à Lyon pendant les règnes des rois bourguignons, ni lorsque cette ville fut soustraite à l'autorité de la couronne du successeur de Clovis, pendant les guerres des Vaudois; ni sous le gouvernement de ses archevêques; ni après que cette ville fut rentrée de nouveau sous la domination des rois de France; car ces choses-là ne s'enseignent pas dans les écoles: Suétone et Tacite n'en ont rien dit. — D'autres en ont parlé, a répondu l'écolier en souriant; vous voulez, je le vois, me faire subir, devant ces messieurs, un petit examen sur l'histoire de mon pays. Je suis prêt à m'y soumettre, si ce passe-temps, que vous voulez leur donner, peut être de leur goût. » Le jeune homme, ayant recueilli et obtenu tous les suffrages, a continué en ces termes:

« Il est dans l'histoire des empires, et plus encore dans celle de villes, une foule d'événements dont la connaissance n'est propre qu'à satisfaire une vaine curiosité. Je ne m'y arrêterai pas. Ceux qui se lient à des questions d'intérêt général, et peuvent servir à résoudre ces questions, me paraissent seuls mériter d'être conservés. Qu'importe de savoir que l'on battait monnaie à Lyon au temps des Romains, et que les légions destinées à tenir en bride les Gaulois y avaient leurs quartiers? d'apprendre qu'Octave est venu dans cette ville à l'occasion d'une irruption des Sicambres et de la défaite de Lollius? que Drusus, fils de Livie et de Tibère, y fit la dédicace du temple d'Auguste le jour même où naquit son fils, *Tiberius Claudius Drusus*, qui devint empereur et mari de Messaline? que malgré les plaintes du sénat romain, où siégeaient déja tant d'étrangers, ce Claude, à-la-fois stupide et féroce, en augmenta le nombre en élevant Lyon au rang des colonies romaines? qu'en haine des Viennois, qui tenaient le parti de Galba, Lyon resta fidèle à Néron? qu'elle sollicita Valens pour l'engager à détruire la ville de Vienne? que Lyon se déclara contre Sévère et pour Albin, qui, défait à Trévoux, s'y réfugia et s'y coupa la gorge? que Magnence, après avoir assassiné Constance, son bienfaiteur, et s'être fait proclamer empereur, vint résider à Lyon? Ces faits, et mille autres semblables, sont peu dignes de fixer l'attention, parcequ'ils ont été sans influence sur les destinées des hommes; d'ailleurs, leur souvenir n'est pas assez présent à la mémoire des peuples pour servir d'avertissement, si, dans le cercle d'événements où roule le monde, des circonstances pareilles et des hommes tels que ceux-là venaient à se présenter de nouveau. Mais signaler les tyrans, montrer par quels traits ils se décèlent, de quel point ils partent, et dans quelles routes ils s'engagent pour arriver au comble de la folie et des forfaits; mais opposer à ces spectres cruels l'image consolante et les actions de quelques bons princes; ces hautes leçons de l'histoire ne sauraient trop se répéter pour l'instruction des peuples. Ainsi quand les nations gauloises, impatientes d'un joug que l'avarice romaine rendait chaque jour plus pesant, cherchèrent à se lier aux Sicambres, un Tibère, un Borgia, aurait attiré leurs chefs dans un piège pour les égorger; Drusus les invita à une fête: par des explications, par des promesses sincères et qu'il remplit avec bonne foi, il calma les esprits, dissipa l'orage, et devint l'amour et l'espoir de la Gaule. Voilà le prince dont il faut se souvenir.

« Caius, après avoir épuisé par ses folles profusions les trésors amassés sous les deux règnes précédents, arrive à Lyon : combattre les Germains est le prétexte de son voyage; obtenir de l'argent en est le but: il met à l'encan les meubles de son palais, en fixe la valeur selon qu'ils ont plus ou moins long-temps servi à Germanicus son père, à sa mère Agrippine, à l'ivrogne Marc-Antoine, à l'impudique Cléopâtre; il force les plus riches de Lyon et de la Gaule à les acheter au prix réglé par son extravagante avarice! A l'occasion de son troisième consulat, il taxe lui-même les principaux de la ville, ainsi que ceux de la province, et reçoit publiquement et de ses propres mains, à la porte de son palais, ces contributions forcées qu'il appelle des présents: voilà le tyran qu'il ne faut pas oublier. Dès-lors il fut facile de prévoir que l'auteur de si honteuses rapines insulterait un jour à la mémoire de sa mère et de ses aïeux; qu'il ferait tuer son frère, empoisonner sa tante, et forcerait Silanus, son beau-père, à se couper la gorge; qu'à la mort de Drusilla, sa sœur et sa concubine, il punirait comme un crime capital le bain, la nourriture, le sourire; forcerait le Romain, sous peine de lui manquer de respect, à rester pendant quelque temps sans se couper les cheveux, sans se raser la barbe; et que, passant de l'extravagance à la cruauté, il ferait dévorer par des tigres, scier en deux, couper en morceaux, les hommes qui ne vanteraient pas assez hautement son bon goût dans l'ordonnance des fêtes, ou qui ne jureraient pas par son génie. *Qu'on les tue de manière qu'ils sentent la mort* devait être le refrain de celui qui disait: *Ce qu'il y a de plus louable en moi, c'est l'impudence; c'est de ne rougir de rien.* Il ne fallait pas être grand prophète pour prédire qu'un jour cet homme, après s'être rassasié de toutes les débauches, souillé de tous les crimes, se jugerait digne d'être adoré; qu'il se ferait ériger un temple, dresser des autels; qu'il aurait des prêtres et des dévots, lesquels dénonceraient comme impies, et feraient punir comme sacriléges les hommes assez incrédules et séditieux pour mettre en doute la divinité de CALIGULA.

« Quand, dominé par le besoin de céder à des passions perverses, mais craignant de se découvrir aux regards d'Auguste, Tibère alla cacher sa vie à Rhodes, ses jours semblaient consacrés à l'étude des lettres et de la philosophie; mais, dans le secret des nuits, il se livrait à ses penchants pour les voluptés et à la cruauté, leur compagne ordinaire. *Ne iis quidem annis quibus Rhodi specie secessus exulem egerat, aliquid quam simulationem et secretis libidines meditatus.*

« Lorsque Domitien eut échoué dans le projet de s'emparer du commandement des légions de *Cercalis*, pour faire la guerre à son père et se faire déclarer empereur, il se retira à Lyon, feignit de se tenir éloigné des affaires, parut se livrer entièrement aux belles-lettres, affectant une grande modération et beaucoup de retenue dans ses mœurs, afin de dissiper entièrement les soupçons que sa conduite précédente avait dû faire naître. L'hypocrisie est le trait le plus profond et le plus ordinaire du caractère des tyrans: si la maxime *qui ne sait pas dissimuler, ne sait pas régner* était vraie...; mais c'est un blasphème contre la royauté, sorti de la bouche d'un tyran, et à l'usage de la tyrannie. Titus et les Antonnins furent francs et sincères; Louis XI et Louis XIII surent dissimuler; qui osera dire qu'ils surent mieux gouverner que Louis XII et Henri IV? Les bons princes ont aussi des maximes de gouvernement. Trajan disait qu'*un empereur, semblable au soleil, doit tout échauffer, tout vivifier par ses bienfaits;* il joignait l'exemple au précepte, diminuait les impôts, et comblait de biens ceux qui avaient le mieux mérité de la patrie. Mais de telles maximes ne sont à l'usage que des rois philosophes; les seuls dont les pensées soient vastes et les sentiments généreux. La dissimulation est une des conditions du pouvoir, lorsque le cœur du monarque est corrompu, et quand son esprit est sans élévation.

« Il est des choses que les changements opérés par le temps dans les idées, et la longue distance des siècles, ne permettent pas d'expliquer : Marc-Aurèle, prince tolérant et philosophe, fut contraire aux chrétiens; son fils, le sanguinaire, l'infame Commode, les traita d'une manière favorable.

« La plus cruelle folie des tyrans, c'est de faire porter aux hommes la peine des caprices du sort. Après la mort de Pertinax, Albin et Sévère se disputent l'empire : celui-ci est proclamé empereur par les légions d'Illyrie; celles de la Bretagne nomment Albin : la fortune le seconde dans les Gaules; Lyon se déclare en sa faveur; mais aux plaines de Trévoux il est vaincu par son compétiteur. Après sa défaite, Lyon a le courage de lui ouvrir ses portes :

aussitôt la perte de cette grande citée est jurée par l'impitoyable vainqueur; les habitants passés au fil de l'épée, et la ville, renversée de fond en comble, ne présente plus qu'une montagne d'ossements, de cendres et de ruines. Dix-neuf mille hommes, sans compter les femmes et les enfants, périrent dans cet horrible massacre. Cependant l'auteur d'un si détestable forfait a trouvé de son temps des flatteurs, et des apologistes dans la postérité!!! L'état de Lyon devint si déplorable, que Caracalla ne voulut point s'y arrêter, et que les gouverneurs romains l'abandonnèrent pour le séjour de *Trèves* et de *Cologne*. Il fallut un siècle et demi pour que Lyon pût sortir de ses décombres. Alors cette ville devint, pour la seconde fois, la métropole d'une des quatre divisions de l'empire; cette division comprenait la Grande-Bretagne, les Gaules et l'Espagne.

« Sous les empereurs, Lyon fut encore prise d'assaut et pillée; cette fois ce fut par les Allemands, qu'avait appelés *Arbetio*, général romain. Selon la loi des brigands victorieux, les Allemands allaient mettre le feu à la ville: elle fut sauvée par le grand Julien, qui leur coupa la retraite en s'emparant des défilés des montagnes, où il les extermina presque tous.

« *Sidonius Apollinaris* fut évêque, et mourut saint; mais il avait commencé par être parjure et traître. que fils d'un préfet du prétoire et natif de Lyon, te ville à Théodore II, roi des Visigoths.

« Odoacre détruisit jusqu'au nom romain. Lyon, Arles, et plusieurs autres villes des Gaules, avaient été jusqu'à lui gouvernées par des préfets du prétoire. Ce gouvernement cessa vers l'an 476, pour faire place à celui des Bourguignons, qui exista pendant cinq cent cinquante six ans : la durée du gouvernement des Romains n'avait été que de cinq cent dix-sept ans.

« Le premier roi de Bourgogne auquel Lyon fut soumis, Gunderic, n'y régna que deux ans. Les règnes de ses successeurs ne présentent qu'une longue liste de fils, de frères, d'oncles et de neveux, qui s'entr'égorgent : Gondebaud fait massacrer Chilperic, et ensuite son frère Gondegisille, dans une église de la ville où il s'était réfugié ; Sigismond et toute sa famille, renfermés dans un château auprès d'Orléans, y périssent par ordre de Clodomir ; à son tour Clodomir, roi d'Orléans, est tué, dans un combat, par Godemar, frère de Sigismond. La reine Brunehaud fonde des monastères, et à l'instigation d'Arrigius, archevêque de Lyon, elle fait massacrer saint Didier, archevêque de Vienne.

« Un de ces rois bourreaux s'avise d'être législateur : au lieu de mêler, de fondre ensemble les d[eux] peuples pour n'en faire qu'une seule nation, Go[nde]baud semble vouloir perpétuer leurs divisio[ns] faisant juger les Gaulois d'après les lois rom[aines] et les Bourguignons selon leurs anciennes co[utumes]. Ces lois *gombettes*, où la justice fut quelq[ue] pectée, renfermaient cependant des dispositions dignes de la barbarie de ces jours de ténèbres et de confusion : celui qui volait un chien était obligé de lui lécher publiquement le derrière ; quiconque dérobait un épervier était tenu de payer six écus d'or au propriétaire et deux au fisc, si mieux n'aimait se laisser manger par l'oiseau féodal cinq onces de chair sur l'estomac ; car alors la chair palpitante, prise sur un homme vivant, était estimée un peu plus de seize écus d'or la livre, poids de marc. Les personnes libres, pour se distinguer des serfs, ne sortaient jamais sans avoir un épervier sur le poing. Depuis elles ont préféré l'épée : un homme comme il faut doit toujours être menaçant ; soit qu'il porte avec lui un animal en état d'arracher les yeux aux passants, ou une arme propre à percer le sein de ces *vilains*, de ces *communs*, qui savent faire croître des blés, tisser des étoffes, convertir le bois, la pierre, et les métaux en meubles et en ustensiles, mais qui ne savent pas se ranger assez vite pour laisser passer un homme qui vit noblement sans rien faire.

« Aux premiers rois de Bourgogne succédèrent, dans la souveraineté de Lyon, les rois de France de la première race : Childebert, roi de Paris, Thierry, petit-fils et pupille de Brunehaud, Charles Martel, Charlemagne, Louis-le-Débonnaire, Pépin et Charles-le-Chauve. Cette souveraineté fut ensuite usurpée par Boson, qui se fit couronner roi de Provence, et transmise à son fils, roi d'Arles, surnommé Louis-l'Aveugle. Elle resta un moment entre les mains des empereurs allemands, et tomba dans celles des archevêques de Lyon, qui la retinrent pendant plus de trois siècles.

« Sous les rois de la première race, Lyon fut prise par une armée de Sarrasins venus d'Espagne, qui renversèrent les églises, les murailles de la ville, une partie des maisons, et passèrent au fil de l'épée un très grand nombre d'habitants. Le reproche que le clergé a toujours mérité le moins, c'est celui d'être trop soumis à la puissance temporelle. Agobard, archevêque de Lyon, prit parti contre Louis-le-Débonnaire, et fut un des principaux moteurs de sa déposition : il se déclara pour les fils de cet empereur révoltés contre lui, et fit de leur conduite une apologie, commençant par ces mots : *Écoutez, nations de la terre! que toute l'étendue de l'univers, du levant au couchant, du septentrion au midi, sache que les enfants de l'empereur ont eu raison de se soulever contre leur père!*

« Louis ayant été rétabli sur son trône, Agobard s'enfuit en Italie; il fut déposé canoniquement au concile de Thionville, et cité au parlement de Tramoyé, où il ne comparut point; ce qui ne l'empêcha pas de remonter sur son siége quelques années avant sa mort, et d'être reconnu saint : en ce temps là on en faisait beaucoup. Agobard était le quarante-troisième archevêque de Lyon, et le vingt-sixième saint fourni par le siège épiscopal de cette ville.

« Les saints sont devenus beaucoup plus rares par la suite; on n'en compte que deux après Agobard. Aujourd'hui l'église catholique toute entière n'en renferme pas un seul bien reconnu pour tel par les experts en canonisation.

« Agobard s'était plaint de la protection accordée aux juifs; mais Charlemagne, prince éclairé, n'en tint compte, et laissa les enfants d'Israël continuer à chanter, d'un ton nazal, les psaumes de David, et faire leur sabbat dans la synagogue de Fourvière.

« Lyon devint, en 856, sous Charles, fils de l'empereur Lothaire, la capitale du royaume de Provence, situé entre les Alpes, le Rhône et la mer.

« Lyon cessa de faire partie des villes soumises aux descendants de Charlemagne, en 879, pour passer sous la domination de Boson. Vingt-trois prêtres dépouillèrent, au nom de Jésus-Christ, le prince légitime en faveur d'un usurpateur: ils le choisirent d'une voix unanime, après avoir consulté Dieu et invoqué les saints; du moins telle fut leur déclaration. Aurélien, qui le premier prit le titre d'archevêque de Lyon, eut grande part à cette élection, et ce fut lui qui couronna le nouveau roi dans l'église de Saint-Étienne. Le royaume que lui firent les vingt-trois prélats comprenait la Franche-

Comté, la Suisse, la Savoie, le Dauphiné, la Provence, une partie du Languedoc, le Vivarais, le Lyonnais, le Mâconnais, et la Bresse.

« Depuis l'abaissement de la majesté royale dans la personne de Louis-le-Débonnaire, l'autorité des prélats s'accrut chaque jour. Aurélien, qui survécut à Boson, assembla les évêques à Valence, et Louis, fils de ce prince, fut choisi pour lui succéder par ceux qui avaient élevé son père sur le trône.

« Enfin, à la mort de Rodolphe, roi de Bourgogne, Buchard, son frère, archevêque de Lyon, retint pour lui cette ville et une partie du Lyonnais, comme étant l'héritage de sa mère Mathilde. De cette époque date la souveraineté que les archevêques de Lyon ont exercée, d'abord comme feudataires de l'empire, ensuite comme ayant, à prix d'argent, succédé aux droits des comtes de Forez.

« Le premier soin de ces monarques à tonsure fut de se fortifier. Ils bâtirent le château de Pierre-Scise, et s'y retirèrent. L'archevêque *Halinard*, dont les historiens vantent l'humilité, refusa de prêter serment à l'empereur Henri III, qui l'avait fait nommer, donnant de son refus cette raison théologique: *Qu'il est défendu, par les commandements, de prendre en vain le saint nom de Dieu*. Les jésuites auraient bien dû canoniser l'archevêque Halinard : je le recommande à leurs prières.

« *Humbert*, qui lui succéda, se montra moins

scrupuleux sur l'article du serment, le prêta, et fit construire un pont sur la Saône. Quoiqu'il ne soit pas saint, pour cette bonne action je lui garde une place dans mon calendrier. Pendant qu'il gouvernait Lyon et son église, le légat du pape Victor assembla un concile dans cette ville. Quarante-cinq évêques et vingt-cinq abbés s'y déclarèrent coupables de simonie : Baronius le dit, il faut l'en croire. Peu de temps après, Humbert lui-même fut accusé et déposé comme simoniaque; autant en arriva à Manussés, archevêque de Reims. Dans le onzième siècle les gens d'église aimaient beaucoup l'argent.

« Sous l'archevêque *Falce*, la fête de la Conception immaculée fut introduite à Lyon par saint Anselme : c'était une nouveauté. Saint Bernard et d'autres saints écrivent contre cette fête : selon eux, Jésus-Christ seul, étant conçu du Saint-Esprit, avait le droit d'instituer cette fête. Je serais assez de l'avis de saint Bernard, si l'église latine n'en eût pas décidé autrement; mais, fils soumis et respectueux, j'adopte cette fête consacrée depuis sept siècles par la dévotion des fidèles.

« Les archevêques de Lyon exerçaient depuis cent vingt-six ans leurs droits de souveraineté, lorsqu'il prit fantaisie à Guy, comte de Forez, de les leur disputer : il entre à main armée dans la ville, force l'archevêque Héraclius d'en sortir, et fait hommage de ses terres à Louis-le-Jeune, roi de France, non par amour pour ce prince, car Guy n'aimait personne, mais pour mettre son usurpation à couvert sous une protection si puissante. Les princes légitimes n'ont pas toujours détrôné les usurpateurs. Les choses s'arrangèrent à l'amiable : Guy rendit une partie de ses usurpations, et garda l'autre; ils partagèrent les leydes, les péages, les ponts, les gens à pendre, ou à envoyer aux galères.

« Ce partage se fit, selon l'ancien usage, aux dépens du peuple : il murmura et paya. L'archevêque regrettant ce qu'il n'avait pas repris, et le comte ce qu'il avait rendu, la guerre recommença : elle finit quand de part et d'autre on fut bien fatigué, bien épuisé; une trêve, un accommodement, furent faits, afin de pouvoir reprendre haleine et se mettre en état de recommencer. Les chanoines de Lyon y gagnèrent la qualité de *comtes*, dont il n'est point parlé dans l'Évangile; mais l'Évangile est trop ennemi des grandeurs et des richesses : l'humilité qu'il recommande, la pauvreté dont il fait état, n'étaient déjà plus en honneur au douzième siècle. Valdo, riche marchand de Lyon, dut se repentir d'avoir été effrayé de cette menace : *Il est plus difficile à un riche d'entrer dans le royaume des cieux qu'à un chameau* (c'est-à-dire à un cable) *de passer par le trou d'une aiguille.* Il vendit ses biens, persuada à plusieurs de ses amis d'en faire autant, et, devenus pauvres comme les apôtres, ils se mirent à prêcher comme eux. Jean de Bellesme voulut leur imposer silence : ils en prirent occasion de se déclarer contre les mœurs, l'ignorance, et la richesse du clergé, qui en effet était alors très riche, assez ignorant, et passablement débauché. Cette petite querelle finit par une horrible guerre : elle dura vingt ans, et donna le jour au monstre de l'inquisition. Vingt ans après cette souveraineté des archevêques fut l'origine de longs troubles entre les habitants et l'église de Lyon, qui finit par rentrer sous la domination des rois de France.

« La cause universelle des révolutions et des révoltes, l'énormité des taxes, et les violences exercées pour les recouvrer, soulevèrent les Lyonnais contre les officiers de l'archevêque chargés de la perception des droits sur les denrées qui se débitaient au marché. Une transaction entre l'archevêque et les habitants pouvait d'abord tout apaiser ; mais cet accord dura peu. Les officiers du clergé cherchaient et trouvaient chaque jour de nouveaux prétextes pour inquiéter et tyranniser le peuple : il perdit patience, courut aux armes, et nomma les plus notables pour veiller à la sûreté de tous. Ce fut le premier pas vers le gouvernement municipal. Louis-le-Gros l'avait déjà introduit dans plusieurs villes de son royaume.

« Les troubles recommencèrent à propos d'un impôt que *Godemar*, sénéchal de l'archevêque de

Lyon, voulut lever sur le vin qui se débitait dans la ville. Les habitants se saisirent des clés et s'emparèrent des tours du pont du Rhône; les corps de métiers furent organisés en compagnies, auxquelles on nomma des officiers : cinquante des citoyens les plus accrédités furent choisis pour composer le conseil de la communauté. Les archevêques et les chapitres ont l'esprit très militaire, mais ils n'aiment point à férailler, parceque dans ces sortes de jeux il y a toujours quelqu'un de balafré, ce qui n'est pas séant à un homme d'église. On eut encore recours à la voie des transactions. Cette fois l'archevêque et le chapitre promirent avec serment *de ne point confisquer les biens des citoyens, de ne les point mettre à mort, de ne les point mutiler en leurs membres, si ce n'est pour délits publics, et en suivant le cours ordinaire de la justice,* ce qui semblerait prouver que jusque-là les choses s'étaient passées ainsi. Les habitants auraient la permission de changer d'habitation et de s'absenter, sans perdre leurs biens. Eudes de Bourgogne, le comte de Nevers, signèrent, comme cautions et garants de ce traité, et les chevaliers du Temple et de Saint-Jean-de-Jérusalem, comme témoins.

« Les citoyens, satisfaits, restèrent tranquilles; mais les officiers de l'église, le clergé, et l'archevêque, avisèrent aussitôt au moyen de ressaisir ces bons droits de confiscation, de mutilation, et de mort, sans suivre le cours ordinaire de la justice. Ils y passèrent trente-quatre ans; enfin ils crurent l'avoir trouvé, en 1252, par la division de la justice séculaire et de celle du tribunal, composé de juges nommés par l'archevêque et de ceux élus par les chapitres. La guerre se ralluma entre l'église et les habitants : les chanoines ordonnèrent aux citoyens de mettre bas les armes, sous peine d'être traités comme rebelles; les citoyens n'en firent rien, et se prirent à rire de la menace : les Lyonnais ne sont pas toujours sérieux. Les chanoines assemblèrent une armée qu'on dit n'avoir pas été au-dessous de vingt mille hommes : ils soutinrent plusieurs chocs, et repoussèrent d'abord les habitants; mais ceux-ci ne se laissaient pas facilement abattre. L'archevêque se déclara pour le chapitre, et excommunia les habitants, qui n'en tinrent compte.

« Le roi de France fut pris pour arbitre : ce roi était Louis IX. Il mit d'abord la justice temporelle entre ses mains; mais, après son départ, les chanoines recommencèrent la guerre avec une fureur nouvelle : ils firent passer au fil de l'épée la garnison du fort de la Madeleine, dont ils s'emparèrent par surprise, et donnèrent à leurs soldats une affreuse licence : on les vit se répandre dans les campagnes, ravager les moissons, arracher les vignes, détruire les maisons des paysans, tuer les animaux, massacrer les hommes, les femmes, et les enfants. Ces fureurs furent punies par des fureurs pareilles; les gens du parti des chanoines, surpris dans la nuit, furent inhumainement massacrés et leurs maisons livrées aux flammes. Des individus de tout âge et de tout sexe furent faits prisonniers; les massacres succédèrent aux massacres: chaque parti semblait se disputer le prix de la fureur. Trois fois les habitants de Lyon montèrent à l'assaut du couvent de Saint-Just, où les chanoines s'étaient retranchés, et ils en furent repoussés trois fois. Enfin saint Louis envoya de Nîmes des commissaires; les hostilités cessèrent, et, au bout de quelques années, les rois de France, en faisant rentrer la ville de Lyon sous leur autorité, firent cesser pour toujours cette lutte impie et cruelle.

« On doit compter parmi les événements les plus remarquables arrivés à Lyon, depuis que cette ville a été de nouveau soumise à l'autorité des rois de France jusqu'à l'époque de la révolution française, l'accord fait entre l'archevêque Pierre III de Savoie et les citoyens de Lyon. En vertu de cette espèce de capitulation, les citoyens avaient le droit de s'assembler et d'élire les conseillers, syndics, et procureurs, pour la conservation de leurs titres et veiller à leurs affaires; ils avaient aussi le droit de s'imposer eux-mêmes pour les besoins de la ville, de prendre les armes et de faire le guet la nuit pour leur sûreté. Ils retinrent la garde des clés et des l'année même où la guerre cessa, et qui, pour cette raison furent désignés sous le nom de *tard venus,* se voyant sans ressources et sans emplois, se mirent à faire la guerre pour leur compte, pillant sans distinction les sujets de l'un et l'autre princes; car ces hommes étaient pour la plupart assassins par profession, ou voleurs par inclination.

« Campés dans une petite plaine entre *Saint-Genis-Laval* et *Brignais,* à deux lieues de Lyon, ils mettaient de là à contribution les voyageurs et le pays. Les Lyonnais sortirent pour aller les débusquer de ce poste; c'est à cette affaire qu'on a donné le nom de *bataille de Brignais:* le comte de Forez y fut tué. Jacques de Bourbon et son fils moururent à Lyon des blessures qu'ils y avaient reçues.

« Bertrand Duguesclin délivra la France des *tard venus;* il s'en servit pour renverser Pierre-le-Cruel; et pour placer sur le trône de Castille le bâtard Henri de Transtamare, père légitime de tous les rois qui ont régné en Espagne jusqu'à Charles-Quint.

« Durant les guerres suscitées par la longue et sanglante inimitié entre les maisons d'Orléans et de Bourgogne, les Lyonnais, fidèles à la France, marchèrent contre le prince d'Orange et les partisans du duc de Bourgogne : ils les surprirent, le 11 juin 1430, à Autun, au moment où ils défilaient le long d'un bois, en firent un grand carnage, et, par cette action vigoureuse, conservèrent le Dauphiné, près portes de la ville, droit dont ils jouissaient depuis sa fondation ; il purent faire décharger, où, et quand bon leur semblait, les marchandises qu'ils faisaient conduire à Lyon, par terre ou par eau. Nul citoyen ne pouvait être arrêté et mis en jugement, à moins que ce ne fût pour larcin, homicide, ou trahison ; pour tout autre délit, il avait la faculté de se faire élargir en donnant caution : les poursuites par voie d'accusation, de délation, et d'inquisition, furent jugées tyranniques et vexatoires ; il fut interdit au procureur de l'archevêque d'en exercer aucune : les simples querelles entre les habitants ne furent plus du ressort de la justice des archevêques ; les citoyens eurent le droit de les terminer par forme de conciliation. Les Lyonnais ne purent être cités en jugement hors de leur ville. Les amendes furent taxées à trois sous six deniers pour le *sang poluge*, à soixante sous s'il était fait effusion de sang avec pierre, bâton, ou couteau ; lorsque la mutilation d'un membre ou la mort s'ensuivait, la peine était remise à la discrétion du juge. Tel était l'état des mœurs et de la législation au commencement du quatorzième siècle : on voit qu'il y existait encore quelques traces de la vieille liberté gauloise.

« Vers le milieu du même siècle, les rois de France et d'Angleterre ayant licencié leurs troupes, après la paix de Bretigny, des Allemands, des Flamands, des Brabançons, qui s'étaient mis au service dans d'être conquis. Ils arrêtèrent également, en 1557, les Espagnols descendus, au nombre de seize mille, dans la Bresse, au moment où la France, consternée par la perte de Saint-Quentin, semblait s'abandonner à sa mauvaise fortune. La bravoure et le dévouement des Lyonnais lui rendirent sa valeur et rompirent l'effort de ses ennemis.

« Lorsque la politique, appelant à son secours la puissance des opinions religieuses, divisa la France en deux camps ennemis, et que l'ambition, jetant les grands et les prêtres, tantôt dans le parti des protestants, tantôt dans celui des catholiques, faisait pencher la balance de chaque côté alternativement, Lyon, par son étendue, par sa force, par sa proximité de Genève et de la Suisse, parut, à l'un et à l'autre parti, un point important à conserver ou à acquérir. Le commerce y attirait beaucoup d'étrangers; le temps des foires parut favorable pour y en introduire un plus grand nombre, et pour les y loger sans que l'autorité dût en prendre de l'ombrage.

« Dans la nuit du 4 août 1560, Maligny, gentilhomme mâconnais, partit de l'hôtellerie de Saint-Martin, à la tête de ces étrangers et de quelques troupes répandues dans les différents quartiers, pour s'emparer du pont de la Saône, couper les communications entre les deux parties de la ville et les empêcher de s'entre-secourir. Mais un prêtre, l'abbé Savigni, rassembla les catholiques armés, chargea vigoureusement Maligny et les siens, qui commençaient à s'établir au pont de Pierre, le débusqua de ce poste, et bientôt le chassa de la ville. Deux ans après, les calvinistes s'emparèrent de Lyon par un coup de main hardi. Ils y établirent la liberté de conscience, tout en ne permettant plus de dire la messe. Cet article de la capitulation fut cause que les ecclésiastiques et les religieux quittèrent la ville, abandonnèrent leurs églises, qui furent converties en autant de temples à l'usage des calvinistes.

« Ceux-ci ne rendirent les clés de la ville au maréchal de la Vieuville qu'après avoir obtenu, par l'édit de pacification du 19 mars 1563, la liberté de conscience et le libre exercice de leur culte. Cinq ans après, le temple qu'ils avaient élevé dans les fossés des Terreaux fut détruit dans une émeute populaire; et, à l'annonce du gain de la bataille de Saint-Denis, les catholiques désarmèrent les calvinistes, et firent brûler tous leurs livres de piété. C'est ainsi que le fanatisme exécute les traités qu'il souscrit lorsqu'il ne se sent pas le plus fort.

« Les intrigues de l'archevêque d'Épinai, les prédications de quelques religieux fanatiques, jetèrent la ville de Lyon dans le parti de la ligue, qui n'était que le parti des Guises et de l'étranger. Les meilleurs citoyens, et les hommes les plus distingués de la ville, la quittèrent quand le duc de Nemours vint en prendre le gouvernement au nom des ligueurs. Le cardinal Coùctun, légat du pape, en passant à Lyon, y fit renouveler le serment de fidélité à la sainte ligue. Le duc de Nemours voulut profiter du désordre général pour s'emparer de la souveraineté de Lyon, et former des provinces de son gouvernement un état particulier. Il se saisit du château de *Pierre-Scise*, et introduisit des troupes dans la ville; mais les habitants coururent aux armes, poussèrent des barricades de rue en rue, et, ayant acculé le duc contre la montagne de *Fourvière*, le réduisirent à un tel état, qu'il se vit dans l'impossibilité de résister davantage. Il voulut recourir aux négociations : cette voie lui fut fermée; il fut pris, et conduit au château de Pierre-Scise, non plus comme gouverneur, mais comme captif. Cependant il parvint à s'en échapper par un stratagème, se vengea de sa prison par des pillages et des dévastations sur les terres des Lyonnais, se fit chasser de Lyon, et alla mourir de chagrin d'être resté duc, après avoir espéré se faire roi. Tels sont, jusqu'à la fin du règne de Louis XIV, les principaux événements arrivés dans la ville de Lyon. — Est-ce là tout ce que vous savez? a dit d'un ton moqueur, et presque triomphant, le vieux pédagogue. »

En ce moment la conversation fut interrompue : plusieurs voyageurs ont voulu descendre à pied le coteau au bas duquel se trouve *Saint-Simphorien d'Ozon;* le jeune écolier n'a pas été le dernier à mettre pied à terre : mais tout en sautant et en chantant, il cherchait à lire dans nos yeux si nous étions satisfaits de son petit savoir. Je ne lui ai point refusé cette innocente récompense : mes éloges ont paru le flatter; il m'a offert l'appui de son bras, et m'a dit, d'un air à-la-fois plein de confiance et de modestie : « Vous pensez bien, monsieur, que moi qui suis de Lyon, l'histoire de la ville où j'ai reçu le jour m'est bien connue; si je n'en ai pas dit davatage, c'était seulement pour ne pas alonger mon récit : mais si mon vieil examinateur me pousse, il verra que quand je m'arrête en chemin, ce n'est pas faute de pouvoir poursuivre ma route. Pourtant s'il m'interroge encore, je ne sais si je ne ferais pas mieux de me taire; qu'en pensez-vous, monsieur? — A votre âge, mon ami, il faut éviter d'interroger, et ne pas refuser de répondre : car ce silence peut être pris pour de l'orgueil; et il y a plus de honte à passer pour orgueilleux que pour ignorant. »

Nous arrivions à l'auberge; en voyage les dîners sont courts : pressé de repartir, on met le temps à profit; on agit plus qu'on ne parle : la causerie est réservée pour la route ou pour la couchée.

Nous sommes restés si peu de temps à Saint-Simphorien, et nous en sommes repartis si vite, qu'à peine ai-je eu le temps d'apercevoir l'*Ozon*, très petite rivière qui prend sa source vers Heyrieux, et va se jeter dans le Rhône, au-dessous de Saint-Simphorien, après s'être répandue dans le vallon qu'elle parcourt, et en avoir formé une espèce de marais. Nous n'étions pas encore remontés en voiture, que déjà l'écolier et le pédagogue étaient aux prises. « Je suis vraiment émerveillé de votre savoir, disait celui-ci au jeune homme: des rois, des papes, sont venus à Lyon; deux grands conciles généraux y ont été tenus, et vos maîtres vous ont laissé ignorer ces choses, ou vous en faites si peu de cas, que vous les passez sous silence : elles valaient pourtant bien la peine d'être citées. Quant à moi, je suis moins dédaigneux ou moins ignorant, et je vais le prouver.

« Le premier concile général de Lyon fut le treizième concile œcuménique. Le pape Innocent IV l'y assembla pour donner à cette ville une marque toute particulière de son affection. Depuis longtemps les empereurs, jaloux de la splendeur des souverains pontifes et des richesses de l'Église, suivaient le projet impie de réduire le sacerdoce à la pauvreté des temps apostoliques, et les papes à la simple qualité d'évêques de Rome. Baudouin, empereur de Constantinople, les comtes de Toulouse et de Provence, les patriarches latins de Constantinople, d'Antioche et d'Aquilée, l'évêque de Beryte en terre sainte, cent quarante archevêques et évêques, une infinité de procureurs des prélats absents, et les députés des chapitres, se rendirent à ce concile, et consacrèrent la doctrine de Grégoire IX et de l'Anglais *Halles*, cordelier, sur la puissance spirituelle et temporelle des papes. Il fut reconnu que seuls ils avaient reçu la puissance des clés dans la personne de saint Pierre, dont ils étaient les successeurs immédiats; qu'ils avaient le droit de faire et de défaire les rois, et d'en donner d'autres aux peuples gouvernés par des monarques contre lesquels le pape avait lancé l'anathème.

Dans son discours d'ouverture Innocent IV prit pour sujet les cinq douleurs dont il était affligé : la plus grande était la persécution que lui faisait souffrir l'empereur Frédéric III, prince hérétique, sacrilége, et parjure, qui avait des liaisons avec le sultan d'Égypte; ce qui fut bien prouvé par la harangue de l'évêque de Calvi, et par celle d'un archevêque espagnol. Alors le très saint père se levant, au milieu de l'assemblée, prononça ces paroles à jamais mémorables : « Je suis le vicaire de Jésus-Christ; tout ce que je lierai sur la terre sera lié dans le ciel, suivant la promesse du Fils de Dieu à saint Pierre. C'est pourquoi, après en avoir délibéré avec nos frères et le concile, je déclare Frédéric atteint et convaincu de parjure, pour avoir violé la paix faite avec l'Église, sous le pontificat de notre prédécesseur, en 1230; de sacrilége, pour avoir retenu prisonniers les légats et les autres prélats qui allaient au concile sur les galères de Gênes; d'hérésie, pour avoir fait célébrer l'office divin, au mépris de nos interdits et de nos censures; par ses liaisons avec les Sarrasins, et par son alliance avec l'empereur schismatique des Grecs, à qui il a donné sa fille en mariage; enfin, de félonie, pour avoir vexé ses sujets du royaume de Sicile, qui est un fief de l'Église romaine, et principalement pour avoir cessé, depuis neuf ans, de nous payer le tribut qu'il nous devait. En considération de tous ces excès, nous déclarons Frédéric privé de tout honneur et dignité, et l'en privons par cette sentence. Nous absolvons tous ses sujets du serment de fidélité qu'ils lui ont prêté, et leur défendons de lui obéir à l'avenir, ni comme roi ni comme empereur : nous voulons que ceux qui lui donneront aide ou conseil, en cette qualité, soient excommuniés par ce seul fait. Nous ordonnons, à ceux qui en ont le droit, d'élire un autre empereur.

« Quant au royaume de Sicile, nous y pourvoirons, avec le conseil de nos frères, ainsi que nous le jugerons à propos. »

« Pendant qu'Innocent IV fulminait ce terrible anathème, tous les pères tenaient un cierge à la main; ils l'éteignirent aussitôt qu'il eut fini. Le pape entonna le *Te Deum* en signe de victoire, et mille cris de joie furent poussés par les prélats triomphants : c'est ainsi que l'Église doit régner. On s'est depuis long-temps et beaucoup écarté de cette grande voie du salut éternel; mais il faut espérer qu'avant peu *nous* y ramènerons les peuples et les rois. — Vous y travaillez, mon père, a repris l'écolier d'un air malin : et vraiment je me doutais un peu que vous étiez un des zélés cultivateurs de la vigne ultramontaine ; mais nous aussi nous travaillons à rafraîchir, dans la mémoire un peu oublieuse des princes et des peuples, le souvenir de votre ambition et de leur abaissement. Vous ne dites pas que la première des cinq douleurs du pape Innocent IV était le dérèglement et les mauvaises mœurs des prélats; que lui, qui reprochait à l'empereur Frédéric ses liaisons avec le sultan d'Égypte, avait écrit au fils de *Malec-Saleh* pour l'engager à rompre le traité signé par son père et Frédéric, et à faire la guerre à l'empereur, c'est-à-dire aux chrétiens de la Palestine. Par bonheur pour eux, le prince mahométan se montra plus honnête homme que celui qui le provoquait à la guerre ; il lui répondit ces paroles, plus dignes d'être conservées que la sentence contre Frédéric III : *Vos envoyés nous ont parlé de Jésus-Christ, que nous connaissons mieux que vous, et que nous honorons plus que vous ne faites, car nous observons l'alliance contractée entre l'empereur Frédéric et le sultan notre père, que Dieu met en sa gloire.*

« Frédéric avait rassemblé les Sarrasins de Sicile, leur avait donné pour demeure la ville de *Lucera*, en Pouille. Ils y jouissaient du libre exercice de leur religion ; mais ce fut plutôt un acte de politique que de tolérance. Frédéric était imbu de cette vieille maxime du pouvoir, qu'un prince doit tenir à sa solde, ou du moins à sa dévotion, des étrangers qu'il puisse, au besoin, opposer à ses sujets. Le concile, auquel les prélats qu'il fit arrêter allaient se rendre, avait pour objet de le déposer juridiquement ; ils se trouvaient sur une flotte génoise, que la flotte sicilienne avait dû combattre ; la plupart étaient ses sujets ; le sort de la guerre les avait fait tomber entre ses mains ; ils étaient retenus en vertu d'un droit reconnu légal par toutes les nations : L'évêque de Calvi n'exhorta le pape à déposer Frédéric que pour venger son frère, mis à mort pour ses crimes par ordre de l'empereur.

« Ce fut dans ce concile de Lyon que le pape donna la pourpre aux cardinaux, non pas, comme on l'a prétendu pour excuser cette vérité toute mondaine, pour les faire ressouvenir qu'ils devaient être toujours prêts à verser leur sang pour la défense de la foi ; mais comme étant les ministres d'une cour qui, pour mieux s'arroger le pouvoir des césars, affectait d'en porter l'habillement et la couleur.

« Ce ne fut pas par amour pour les Lyonnais que le pape choisit leur ville pour y tenir le treizième concile général, mais parceque forcé à fuir de Rome et ne se trouvant pas en sûreté à Gênes, il avait vainement demandé un asile à tous les potentats de l'Europe. Le sage Louis IX, appréhendant que la présence du pape ne nuisît à l'autorité royale, ne permit pas qu'il vînt s'établir dans son royaume : il essuya le même refus en Espagne et en Angleterre. Lyon étant une ville épiscopale et soumise, pour le temporel comme pour le spirituel, à l'autorité ecclésiastique, l'archevêque Aymeri Guerry ne put refuser de l'y recevoir; mais la splendeur de son étole se trouvant éclipsée par l'éclat de la tiare, il se retira dans son château de *Pierre-Scise*, abandonnant, dit l'historien *Poullin-Lumina*, le soin de son troupeau et les biens de son église à la rapacité des harpies italiennes qui dévorèrent tout. Les moines, contre le vœu de leur institution et l'usage constant des premiers siècles, furent soustraits à l'autorité des évêques, qui ne furent plus regardés que comme des ministres subalternes de la puissance des papes, dont long-temps ils avaient été les égaux. On vit des prélats de France, d'Espagne, et d'Angleterre, s'immiscer dans les affaires du gouvernement de l'Allemagne et de l'Italie. Les persécutions contre Frédéric furent suivies d'horribles vengeances et de terribles malheurs : le dernier fut le supplice du jeune et infortuné Conradin, dernier prince de la maison de Souabe, éteinte sur l'échafaud.

« Vous voyez, a dit le jeune homme, que moi aussi je sais ce qui se passa à ce concile de Lyon, où les mœurs des prélats furent si peu corrigées qu'ils commencèrent par renverser et briser les siéges, en disputant au patriarche d'Aquila la place d'honneur que le pape lui avait assignée, et qui pour la plupart s'en allèrent ruinés, les uns par le faste et le luxe mondain qu'ils étalèrent pendant leur séjour à Lyon, et les autres par les présents qu'ils firent à l'envi au pape, dans l'espoir d'en obtenir de grosses abbayes et des siéges plus riches que ceux dont ils étaient pourvus. C'est ainsi que l'abbé de Saint-Denys, Odon Clément, obtint l'archevêché de Rouen; mais saint Louis le força de restituer à son abbaye tout ce qu'il avait pillé pour faire sa cour au très saint père Innocent IV. Je pourrais vous parler du second concile général de Lyon, assemblé en 1274 par le pape Grégoire X, pour la réunion de l'Église grecque à la communion romaine, et pour envoyer des secours aux chrétiens de la Palestine. On y vit arriver les ambassadeurs d'Abaga, grand kan des Tartares, pour prier les chrétiens de l'aider contre les mahométans de la Perse.

« Grégoire X, voulant mettre un terme aux abus qui avaient trop souvent lieu pour l'élection des papes, y décréta les régles des conclaves futurs, à-peu-près telles qu'elles sont observées aujourd'hui. On dirait que pour rendre les cardinaux expéditifs il voulut les prendre par famine. D'après sa constitution, si trois jours après l'entrée des cardinaux dans le conclave ils ne sont pas d'accord sur l'élection, on ne leur sert qu'un plat à dîner et à souper : ils sont soumis pendant cinq jours à ce régime ; après ces cinq jours il ne doit plus leur être donné que du pain, du vin, et de l'eau.

« Mais je ne suis pas l'historien des conciles, et j'ai d'ailleurs à vous parler d'un sujet qui doit vous intéresser davantage. Vous devinez sans doute, a-t-il dit à son antagoniste, que je veux parler de ces gens qui travaillent à relever la tiare au-dessus des couronnes, et qu'il s'agit des jésuites : ils ne se sont pas fait connaître d'une manière bien honorable à Lyon. De tous les ordres religieux qui existaient dans cette ville au moment où elle se soumit à Henri IV, ils furent les seuls qui refusèrent d'abjurer la ligue et de prêter serment au roi. »

Ce petit trait d'histoire a excité la gaieté des voyageurs : j'en excepte pourtant le vieux pédagogue. Chacun a dit son mot sur ces soldats de la milice papale, et ce mot m'a prouvé qu'il leur restait peu de partisans en France.

La nuit, et les approches de Lyon, ont donné un autre tour aux idées ; on a parlé de la ville, des auberges, des agréments et des désagréments d'un long séjour à Lyon. On s'est fait réciproquement beaucoup de questions et d'offres de services sans conséquence et sans suite; puis on s'est séparé, probablement pour ne plus se revoir. Les plus petits voyages ressemblent un peu aux grands : la fin rompt toutes les amitiés, et fait heureusement perdre le souvenir des peines et des fatigues de la course.

N° LXXXVIII. [10 décembre 1819.]

LA VILLE.

> *Inter urbem maximam et nullam, una nox fuit.*
> SÉNÈQUE.
>
> Entre une grande ville et un espace vide, il n'y eut que l'espace d'une nuit.

Dans les œuvres de l'homme, comme dans les ouvrages de la nature, l'extérieur est ce qui frappe et ce qui occupe d'abord les yeux et l'esprit. De même que l'on commence par examiner la taille, les traits, et les habits d'un homme, avant de pénétrer dans les replis de son cœur et dans les profondeurs de sa pensée, de même, avant d'entrer dans les habitations et dans les ateliers de Lyon, je vais parcourir les rues, les places publiques, les quais, les promenades de cette grande ville; jeter sur ses maisons, sur ses édifices, un coup d'œil rapide, et tâcher de les faire connaître à ceux de mes lecteurs que la curiosité ou l'intérêt n'ont point amenés dans ses murs.

Entré à Lyon par le faubourg et le pont de la

Guillotière, j'ai été me loger près de la place de Bellecour, rue Saint-Dominique. L'hôtel du Commerce, où je suis descendu, est un des meilleurs et des plus agréables de la ville, et dès le lendemain, sans conducteur, sans *cicéroné*, seul, mais le *Guide des Voyageurs* en poche, j'ai commencé le cours de mes promenades.

Ce que Lyon renferme de plus remarquable, la *place de Bellecour*, l'*Hôtel-Dieu*, et l'*hospice de la Charité*, se trouvent à ma porte.

La *place de Bellecour* est la plus ancienne, la plus belle, et la plus vaste de Lyon ; c'est là qu'au temps des Romains le préteur rendait ses arrêts. La situation de cette place, entre le Rhône et la Saône, est très agréable, et lui avait fait donner le nom de *Bella curia*, qui fut changé en celui de *Belle cour*. Telle est l'opinion des antiquaires : je ne suis pas venu ici pour les contredire.

Soit que la religion ou la politique égare sa raison et arme sa main, tout fanatique est avide de sang, et se plaît au milieu des ruines. Lorsque l'empire romain s'écroulait sous les coups des barbares, le fanatisme renversait les autels des divinités du paganisme, brisait leurs images, incendiait leurs temples, et se baignait dans le sang des adorateurs de Jupiter Olympien et d'Apollon Musagètes. Quand la politique eut vaincu la résistance des Lyonnais, elle signala son triomphe par des massacres et des ravages.

Douze siècles plus tard, le 17 brumaire an II, *Collot d'Herbois*, autre fanatique, écrivait: « La « mine va accélérer les démolitions; sous deux jours « les bâtiments de Bellecour sauteront. J'irai de « suite, par-tout où ce moyen sera praticable, ren- « verser les bâtiments des proscrits. » En effet, deux jours après il ne restait de ces beaux édifices que des amas de décombres. Une main réparatrice a rassemblé ces débris, relevé ces monuments abattus, rendu à cette place et ses honneurs et son nom; mais cette main, séchée sur un rocher au milieu des mers, n'est plus à son tour qu'une grande ruine de la politique, qu'aucune puissance ne saurait ranimer.

Deux fontaines, et la statue du pupille de Mazarin, décoraient autrefois la place de Bellecour. Les hommes qui brisèrent l'orgueil du bronze royal n'épargnèrent pas, dans leur aveugle fureur, l'humilité des deux jolies fontaines : à l'heure où je parle, elles n'ont pas encore été rétablies.

Cette place forme un long parallélogramme aux deux grands côtés desquels se trouvent plusieurs bancs de pierre: à chacune des extrémités on voit un grand bâtiment, divisé en cinq maisons, de trois étages chacune; huit pilastres et un fronton de forme carrée ornent l'avant-corps de ces cinq maisons, et une balustrade couronne tout l'édifice.

C'est du balcon de la maison *Henri* que Pie VII,

venant en France pour consacrer par l'huile sainte le despote de la victoire, répandit sur le peuple lyonnais, qui couvrait la place de Bellecour, la promenade, et les rues adjacentes, ses longues et abondantes bénédictions. L'inscription mise sur la maison Henri rappelle cette dernière circonstance, et omet le reste : l'histoire ne s'écrit point en style lapidaire; elle dira tout, et fera bien.

De grands tilleuls ajoutent à la place de Bellecour l'agrément d'une belle promenade; leur feuillage épais y protége les promeneurs contre les feux du soleil, et quelquefois aussi contre les averses soudaines. C'est sous leur ombre que la brillante société de Lyon vient, de midi à trois heures; sur-tout en été, étaler ses parures et ses prétentions, montrer, quand elle le peut, des objets d'envie, et trop souvent des choses dignes de pitié. Je m'expliquerai, je motiverai plus tard cette opinion. Les plus modérés la trouveront sévère; ceux qui la justifient davantage crieront à la calomnie; mais je m'engage à prouver qu'il y a tout au plus médisance.

La place de Bellecour date du deuxième siècle de l'ère chrétienne. L'Hôtel-Dieu de Lyon fut construit quatre cents ans après. C'est cependant un des plus anciens établissements de ce genre. Au commencement du sixième siècle, le roi Childebert et la reine Ultrogothe sa femme en furent, dit-on, les charitables fondateurs. On voit leurs statues sur deux côtés de la croisée principale du portail de l'Hôtel-Dieu. Il est situé sur le quai de l'Hôpital, près du Rhône. La façade nouvelle, bâtiment principal, est du célèbre Soufflot; au centre s'élève un dôme majestueux, avec sa lanterne et sa croix. Deux autres corps avancés, soutenus par des colonnes, et surmontés de lions, ornent cette belle façade, au haut de laquelle règne une élégante galerie. Malheureusement une des ailes n'est point achevée.

Une personne qui me paraissait attachée à la maison, me voyant attentif à en examiner les dehors, est venue, d'une manière obligeante me proposer de m'y introduire et de m'en montrer les détails; je me suis empressé de la suivre.

Sous le dôme, j'ai remarqué un autel octogone. « De ce lieu, m'a dit mon guide, la prière monte deux fois par jour vers le Dieu des affligés : l'officiant est vu de tous les malades couchés dans leur lit; ils peuvent l'entendre, et ajouter au mérite de son intercession toute la ferveur de leurs vœux. » J'ai admiré l'ordre et la propreté de ces appartements, qui ont trente pieds de longueur et vingt-quatre d'élévation. On a ménagé des ouvertures entre les solives du plancher supérieur, afin de pouvoir au besoin augmenter le mouvement de l'air, en faciliter le renouvellement, et y faire entrer plus de lumière. Les furieux, les blessés, les enfants trouvés, les femmes en couche, sont réunis dans des appartements séparés; chaque chambre à deux rangs de lits en fer, bien espacés, et tenus avec une propreté extrême.

Deux chambres sont destinées aux convalescents, ou à des malades guéris, mais trop faibles encore pour sortir. Ces chambres sont plus élevées, plus agréables, que les autres : le réfectoire des convalescents est situé au-dessus; la nourriture qu'ils y prennent est à-la-fois légère et fortifiante.

Cinq chambres sont employées à la conservation et à la préparation des drogues; elles y sont rangées dans le meilleur ordre possible. Neuf officiers de santé, et au moins cent cinquante *sœurs*, prodiguent aux infirmes les soins les plus touchants. L'Hôtel-Dieu de Lyon peut contenir onze mille malades : c'est, je crois, le plus vaste de l'Europe.

J'ai reconnu parmi les médecins de l'Hôtel-Dieu de Lyon le docteur D. V., que j'avais vu souvent à Paris chez un de nos amis communs : il m'a parlé de ce bel établissement en homme dont la vue des infirmités humaines n'a point émoussé la sensibilité, et qui tient en plus haute estime les fondateurs d'hôpitaux que les *bâtisseurs* de palais. Ces asiles du malheur sont sur-tout nécessaires dans les cités populeuses, où le travail et la vie sédentaire engendrent tant de maladies parmi les classes qui sont le moins en état de payer des remèdes, des médecins et d'attendre leur guérison de l'abstinence qui les affaiblit, ou du repos qui les ruine. Le mercredi, le samedi, de chaque semaine, les malades extérieurs sont entendus, examinés, visités, gratuitement, avec la plus scrupuleuse attention, par les médecins et les chirurgiens de l'Hôtel-Dieu. On ne dit pas seulement aux indigents, voilà le remède que vous devez prendre, on le leur administre.

La ville de Lyon, resserrée entre le Rhône et la Saône, respire un air tout chargé de vapeurs humides. Les rhumatismes, les catarrhes, y sont très communs; les personnes qui habitent les rives de l'un et l'autre fleuve sont sujettes à des péripneumonies, rares pendant les trois mois de l'été, mais très fréquentes pendant le reste de l'année. Il y a entre la fin de l'automne, le commencement du printemps, et l'hiver, si peu de différence, qu'on pourrait à Lyon séparer l'année météorologique en deux parties égales; l'une d'hiver, commençant au 1er novembre, finissant au 1er mai; l'autre d'été, comprenant les six autres mois. Les vents soufflent rarement de l'est et de l'ouest; ceux du nord et du midi se partagent à-peu-près également l'empire de l'atmosphère. L'influence des vents méridionaux est funeste aux personnes d'une santé délicate, et il s'en trouve beaucoup à Lyon.

L'hospice de la Charité, situé, comme l'*Hôtel-Dieu*, sur le quai de l'Hôpital, est d'une architecture plus modeste : trois portes, d'une extrême simplicité, s'ouvrent à toute heure aux vieillards septuagénaires, aux filles pauvres qui vont devenir mères, aux enfants que l'erreur, la honte, ou le besoin, couverts des ombres de la nuit, confient en silence aux soins de la charité qui veille pour les recevoir. Le nombre des enfants qu'on dépose chaque année à l'hospice de la Charité est d'environ quatorze cents. Comme on y admet aussi les orphelins et les enfants délaissés, au-dessous de sept ans, cet hospice pourvoit à la subsistance et à l'éducation de plus de quatre mille enfants; ils y restent toute leur vie s'ils sont infirmes : les individus valides doivent en sortir à l'âge de vingt-un ans; mais la charité, qui jusque-là pourvoyait à leurs besoins, ne leur retire ses secours qu'après les avoir mis à même de s'en passer : tous ont appris un métier et sont en état de l'exercer utilement pour eux et pour la société.

Des personnes investies de la confiance du conseil général des hôpitaux, et attachées à l'hospice de la Charité, parcourent chaque année les départements pour surveiller les femmes et les maîtres chez lesquels une partie des enfants de l'hospice sont mis en nourrice ou en apprentissage. Il y en avait plus de trois mille au moment où j'ai visité cet établissement : il a servi de modèle en France à tous ceux qu'on y a établis depuis le seizième siècle. Il fut fondé à une de ces époques funestes qui se sont trop souvent renouvelées pendant *nos quatorze siècles de gloire et de bonheur.*

Les ressources de la France avaient été épuisées, autant par le faste, les prodigalités de la cour, les débauches et les maîtresses du roi-chevalier, que par les fautes de l'administration et les malheurs de la guerre. Une horrible famine venait d'ajouter son fléau aux désastres, non encore réparés, de la bataille de Pavie et du traité de Madrid. Des paysans, chassés par la faim de leurs misérables chaumières, parcouraient d'un pied défaillant les rues de Lyon, tendant à la pitié une main suppliante. Cinquante habitants des plus riches se réunirent, firent des quêtes, et organisèrent des secours. A la première distribution qui fut faite à ces malheureux, il s'en trouva huit mille. Bientôt leur nombre s'éleva jusqu'à douze mille; ils furent répartis dans les cinq principaux quartiers de la ville, nourris et logés à ses frais pendant cinquante-deux jours. Le temps de la moisson étant arrivé, ces pauvres paysans quittèrent Lyon en bénissant les mains charitables qui les avaient secourus.

L'histoire enregistre avec soin les noms des plus obscurs destructeurs de villes, mais elle néglige ceux des bienfaiteurs des hommes: je ne sais si les noms des cinquante citoyens généreux qui, les premiers, vinrent au secours des paysans de la Bresse se trouvent consignés dans quelque recueil, mais j'ai vainement interrogé sur ce point les personnes auprès desquelles j'espérais trouver quelques renseignements; aucune n'a pu me répondre : mais comme il est à-peu-près certain que les échevins de Lyon prirent part à cette bonne œuvre, je vais consigner ici leurs noms, afin que l'académie de Lyon, quand elle n'aura rien de mieux à faire, puisse mettre au concours l'éloge de *Claude* et de *Geoffroy Baronnet*, de *Jean d'Anthon*, de *Jacques Fénoil*, de *Pierre Camet*, d'*Étienne Bertholon*, de *Théodore Levin*, de *Jean Peunier*, de *Jérôme Guerrier*, de *Simon Court*, de *Jean Rochefort*, et de *Clément Amiot*, tous échevins pendant les années de grace et de famine 1530 et 1531.

De l'argent reçu pour venir au secours des paysans affamés, il restait à leur départ une somme d'environ seize cents francs; c'est à l'aide de cette modique somme que furent jetés les fondements de l'*hospice de la Charité*: le zèle des administrateurs, les libéralités des citoyens ont fait le reste.

Il n'y a pas plus de cinquante ans que la Saône se réunissait au Rhône, non loin du lieu où se trouve maintenant le *pont d'Ainai*. Un sculpteur, M. Perrache, conçut le projet de forcer ce fleuve impétueux de changer de lit, et d'aller plus loin se marier à la Saône. Si ce projet eût échoué, on en eût blâmé l'audace : il a réussi, et chacun vante l'heureuse témérité à laquelle les Lyonnais doivent la promenade charmante, plantée de peupliers, qui suit la ligne du Rhône et aboutit au pont de la *Mulatière*. On aperçoit, à la droite, les riants coteaux que baigne la Saône; à la gauche, les vastes et riches plaines du Dauphiné, dont la pente adoucie s'arrête au bord du fleuve: on se propose d'embellir encore ce côté de la ville, et d'y planter un nouvel Élysée. Sur la rive gauche du Rhône, la moitié moins de travaux et de dépenses suffirait pour étendre la ville de Lyon du côté des Brotteaux, et cette ville cesserait d'être resserrée et comme étranglée entre les deux fleuves qui l'arrosent; mais la réflexion et l'intérêt public président rarement à la discussion et à l'adoption de ces sortes de projets: les vanités et les convenances personnelles y ont plus de part.

L'ancien lit du Rhône et l'île *Mognat* sont occupés aujourd'hui par des jardins et des vergers, d'où Lyon tire des fruits et des légumes; on y a bâti des guinguettes, très fréquentées dans la belle saison par les hommes qui travaillent toute la semaine, et amassent pendant six jours l'argent dont l'oisiveté dominicale enrichit les cabaretiers dans tous les pays catholiques.

J'ai passé la Saône sur le *pont de la Mulatière;* je suivais lentement la rive de ce fleuve, en remontant vers la *colline de Fourvière.* A l'entrée du faubourg Saint-George, mes yeux ont été frappés par l'aspect d'une femme en longs habits de deuil, le front appuyé sur sa main droite, et dans l'attitude de ces figures de la Douleur que les statuaires représentaient penchées et pleurant sur des tombeaux. Le lieu où elle était assise n'offrait cependant ni pierre tumulaire ni tertre élevé par la pelle du fossoyeur. J'avançais d'un pied timide : je craignais de distraire, par le bruit de mes pas, ces pensées mélancoliques où l'ame s'abyme et se plait. Malgré mes précautions, mon approche lui fit lever sur moi des yeux noyés de larmes. « Vous êtes étranger, m'a-t-elle dit; je le vois à votre air et à vos habits : vous ne savez pas où ils l'ont tué? » En me montrant un enclos, aux murs duquel elle était adossée : « C'est là! Voilà le champ où le plomb a brisé sa tête et déchiré son cœur. Il avait affronté cette mort en Prusse, en Pologne, en Espagne; les balles de l'étranger avaient respecté son courage : ici, à cinq heures du matin, d'autres balles l'ont atteint. J'ai crié : *Clémence! miséricorde!* une voix m'a répondu : *Exemple, politique!* Ils avouaient cependant qu'il fut prudent et modéré!!! » A ces mots, elle est retombée dans son attitude première, et moi je me suis éloigné, sans demander qui elle était, qui elle pleurait : il est des temps, des noms, des infortunes, dont nul cœur français ne peut perdre le souvenir.

Un vaste bâtiment, flanqué de deux tours, d'un bon effet, était autrefois la commanderie de *Saint-George*. L'église de ce saint est petite et d'assez pauvre apparence.

Le pont d'*Ainai* m'a rappelé d'autres temps et un autre culte; là se trouvait un temple d'Auguste: soixante nations gauloises l'avaient élevé en commun au destructeur de la liberté, à ce vieux bourreau des Romains, devenu clément par politique.

Les quatre piliers de granit qui soutiennent le dôme de l'église d'Ainai sont tout ce qui reste debout de ce temple du divin Octave; mais ce n'est pas le seul ornement païen dont cette église soit décorée: on voit au-dessus de la porte un petit bas-relief, dédié par le médecin Phélixius Égnaticus aux *mères augustes*: elles y sont représentées portant à la main des graines et des fruits. Là le second successeur d'un si digne prince, le divin Caligula, avait établi des combats d'éloquence et introduit dans la discipline de ces jeux d'esprit l'extravagance de sa tête et la méchanceté de son cœur: le poète ou l'orateur vaincu devait faire l'éloge du vainqueur, et lui donner une récompense; l'auteur d'un ouvrage reconnu mauvais était obligé de l'effacer avec sa langue, sous peine d'être battu de verges ou jeté dans la rivière.

Le palais de l'archevêché, dont la façade regarde la Saône, renferme, dit-on, des salles vastes et ornées avec goût; je n'ai point eu la tentation de les visiter: les somptueuses demeures des successeurs des apôtres ont quelque chose de trop mondain pour un modeste ermite. Cette répugnance chrétienne est encore fortifiée en moi par des souvenirs historiques. Le palais nouveau des archevêques de Lyon, bâti sous Louis XIII, est l'ouvrage d'Alphonse de Richelieu, frère du fameux cardinal: celui-ci avait donné l'argent, au nom du roi, c'est-à-dire qu'il l'avait pris dans les caisses de l'état; car il disposait à-la-fois des volontés de son maître, du sang et des trésors de ses sujets.

L'archevêché est la noble hôtellerie des personnes royales; toutes celles qui passent à Lyon vont y descendre. Pie VII y logea lorsqu'il vint en France sacrer Napoléon, alors surnommé *le Grand*.

Au commencement, les Lyonnais habitaient sur la rive droite de la Saône. La ville ne présentait qu'un amas informe de cahuttes basses, construites en terre, couvertes de chaume, séparées et non alignées. Il y avait entre elles des espaces, et point de rues. Les Romains, accoutumés à vivre dans des palais, firent construire, pour eux, des édifices dignes de loger les maîtres du monde. Le coteau de Fourvière leur parut le plus agréable; ils s'y établirent. Bientôt les maisons, en se multipliant, s'étendirent vers la rivière; enfin, les habitants, se sentant à l'étroit, passèrent la Saône, et se répandirent entre les deux fleuves, depuis leur confluent jusqu'à la montagne de la *Croix Rousse*.

Je ne sais de quel appétit d'antiquités je me suis senti saisi pendant que j'étais sur la rive droite de la

Saône, mais je n'ai pu résister à l'envie de voir un lieu qu'avait habité Marcus Agrippa, homme de naissance obscure, dit Tacite, mais bon capitaine, compagnon d'Auguste dans la guerre, et qui avait été nommé consul deux fois de suite. *Marcum Agrippam, ignobilem loco, bonum militiâ et victoriâ, socium Augusti, geminatis consulatibus extulit.*

J'ai suivi la rue de l'*Archevêché*, celle des *Deux Cousins*, et la montée du *Gourguillon*. Au bas de cette montée, dans une vigne qui fait aujourd'hui partie du jardin de la maison de *Vendôme*, on découvrit, en 1676, une grande mosaïque à compartiments, de vingt pieds de long sur dix de large. Le tableau du milieu, de forme carrée, représente un *Hermathène* ou figure de Mercure et de Minerve, sans pieds, sans mains, unis ensemble : l'Amour, Pan, et un gymnasiarque tenant la palme destinée aux vainqueurs, et montrant l'*Hermathène*. M. Arthaud, directeur du musée, a fait graver ce monument.

A l'autre extrémité de la montée du Gourguillon, on trouve le marché au bétail, et la *place des Minimes*. C'est dans l'enclos du couvent de ces moines qu'on voit les restes de ces amphithéâtres où la férocité romaine se plaisait au spectacle du meurtre et du sang, où l'homme combattait l'homme avec la hache, la massue, et le glaive; c'est là qu'il était livré à la dent et à la griffe des animaux féroces pour amuser les oisifs des grandes villes. Maintenant on l'étrangle, on lui brise les os, un fer pointu lui traverse les entrailles; on l'attache sur un bûcher, et on le brûle, en commençant par les pieds, pour divertir les sultans, les inquisiteurs, et la populace, lesquels trouvent à ces passe-temps un charme toujours nouveau.

Non loin de ce champ d'exécration se trouve un asile ouvert par la charité aux misères humaines. Le couvent de la Visitation, fondé en 1630, a reçu depuis une destination moins pieuse, mais plus charitable. Là le vice même trouve pitié et secours: des mains habiles allégent ses douleurs et guérissent ses maux; des sœurs hospitalières ajoutent les remèdes de l'ame à ceux du corps; de douces remontrances, de salutaires avis, et l'exemple de la sainteté de leurs mœurs, spécifique plus rare et plus puissant que celui des paroles.

Cet hospice, qui renferme environ quatre cents fous, mendiants, et filles de mauvaise vie, devait, avant la révolution, aux soins infatigables et à la piété généreuse de l'abbé de Vitry, sa bonne administration; mais il avait été abandonné jusqu'à ce que M. de Najac, préfet, en eût confié le soin à quelques administrateurs. Au moment où ils entrèrent en fonction, en 1803, ils ne trouvèrent dans la caisse de l'hospice qu'un écu de cinq francs. Bientôt l'ordre y fut rétabli: cependant aucun revenu fixe n'est affecté aux dépenses de cet établissement; une partie est payée sur les centimes additionnels du département. Des dons en argent, en linge, en vêtements; les produits du travail des femmes qu'on y a reçues, et qui n'en sortent qu'après avoir appris un métier, pourvoient à tout le reste; et lorsque ces produits sont insuffisants, les administrateurs ajoutent au tribut de leurs soins de pieuses et secrètes contributions.

Cent cinquante vieillards dont le travail était l'unique ressource, et que le temps en a privés, achèvent dans l'hospice de l'*Antiquaille* une vie que la faiblesse de l'âge condamne à s'éteindre dans les langueurs de l'oisiveté. Tous les malades atteints d'infirmités, dont on n'entreprend pas la cure dans les autres hôpitaux, sont admis dans celui de l'Antiquaille, devenu pour Lyon une espèce d'hospice d'incurables. Enfin, c'est encore là que les familles renferment les jeunes gens qui ont besoin, pour réprimer des penchants funestes, d'une correction plus forte que celle qui pourrait leur être infligée par leurs parents dans la maison paternelle.

A l'endroit où se trouve l'hôpital de l'Antiquaille s'élevait jadis l'ancien palais des préfets du prétoire; deux fous sanguinaires y reçurent le jour: le *divin Claude* et le *divin Caracalla*. Des massifs de vieux murs sont tout ce qui reste de ces constructions impériales: le belier des barbares n'a pu les abattre entièrement. Quant aux deux monstres couronnés, il ne reste que l'horreur de leur mémoire et l'infamie de leur apothéose.

Une colonne soutient la voûte de la petite église de l'Antiquaille, élevée sur un cachot où fut enfermé saint Pothin. S'il faut s'en rapporter à la tradition populaire, cet apôtre vint prêcher le christianisme dans les Gaules, et y souffrit le martyre, l'an 177. On le considère comme le premier archevêque de Lyon, quoique alors il n'y eût point d'archevêque; mais combien de gens prechent l'humilité apostolique et se dispensent d'en donner l'exemple?

La succession des dignités ecclésiastiques forme une espèce d'accumulation de quartiers nobiliaires qu'on étale avec orgueil. Plus d'un archevêque s'est montré glorieux de monter sur un siége élevé l'an de grace 177, et d'orner son front d'une mitre plus ancienne que la couronne de France.

La qualité de *comte* donnée aux chanoines de Lyon n'est pas d'une aussi vénérable antiquité; elle compte dix siècles de moins. L'archevêque Guichard et le comte de Forez, las de se battre sans s'exterminer, ce à quoi ils visaient depuis quinze ou vingt ans, s'en rapportèrent au chapitre. Le comte obtint certaines terres dépendantes de l'église de Lyon, lesquelles étaient à *sa bienséance*, comme dit le bon M. Poullin de Lumina; de plus, l'archevêque et le chapitre lui donnèrent onze cents marcs de très bon argent. De son côté le comte abandonna à l'église toutes ses *prétentions* sur la ville de Lyon, et céda quelques terres sur les deux rives du Rhône et de la Saône. Quoique ces biens fussent régis en commun par l'archevêque et le chapitre, les chanoines s'attribuèrent seuls le titre de *comte* qui y était attaché : cette communauté de biens ne dura que vingt ans ; chacun des copropriétaires accusait l'autre de tricherie dans le partage des récoltes : l'archevêque Renaud de Forez proposa, en 1193, de séparer en deux cette propriété jusque-là indivise ; le chapitre y consentit, prit son lot, et en outre garda pour chacun de ses membres le titre, nouveau dans l'église, de *comte de Lyon*. Dès-lors il fallut pour entrer au chapitre, non plus faire preuve de savoir, de doctrine, et de piété, mais de noblesse. Les apôtres seraient revenus sur la terre que les chanoines comtes n'en auraient point voulu pour confrères : ils le prouvèrent bien fièrement au pape Innocent IV.

Ce pape assez puissant pour excommunier en plein concile l'empereur Frédéric II ne le fut pas assez pour introduire trois de ses parents, d'une noblesse équivoque, dans le chapitre de Lyon. Les chanoines résistèrent en face à sa sainteté, et protestèrent avec serment que si ces étrangers se présentaient à eux ils seraient irrévocablement, et le plus charitablement du monde, jetés dans le Rhône.

Innocent IV était un pape qui aimait ses parents: il écrivit aux siens de rester en Italie; lui-même en fut pour sa courte honte, et apprit à ses dépens qu'on vient plus facilement à bout des empereurs que des chanoines.

« Le bon Trajan, des princes le modèle, »

avait fait construire un *forum* où se trouve maintenant la petite chapelle de *Notre-Dame-de-Fourvières*: cette chapelle fut bâtie long-temps après le *forum*, que déjà l'on nommait *Forum Vetus*, à cause de son ancienneté. De ces deux mots latins le peuple a probablement composé, par corruption, le mot de *Fourvières*, que porte maintenant ce quartier de la ville de Lyon, situé sur la rive droite de la Saône. Au surplus, je m'en rapporte aux savants sur cette étymologie, qui en vaut bien une autre. J'ajoute de même la foi la plus sincère aux traditions qui attribuent un grand nombre de miracles à *Notre-Dame-de-Fourvières*.

Pie VII, lors de son passage à Lyon, rétablit le culte catholique dans cette chapelle, aliénée pendant la révolution, et rachetée par le cardinal Fesch. Le pape y célébra les saints mystères le 19 avril 1805; et de la terrasse de Notre-Dame-de-Fourvières, au son des cloches, au bruit des canons, il bénit la ville et le diocèse. Il était impossible de choisir un lieu plus convenable aux bénédictions.

De cette terrasse, où je suis resté long-temps assis, on découvre Lyon, les vastes plaines que la Saône et le Rhône fertilisent, des paysages charmants, des collines riantes qui s'élèvent en amphithéâtre, et dans un vague lointain l'immense chaîne des Hautes-Alpes. Sa sainteté accorda en outre à Notre-Dame-de-Fourvières le privilége singulier d'une indulgence plénière, quotidienne, perpétuelle, et plusieurs autres prérogatives spirituelles de la plus haute importance pour la ville de Lyon en particulier, et, en général, pour le royaume, lequel alors, sous le nom d'*empire français*, avait, comme on le sait, un peu plus d'étendue.

Ce monument rappelle de plus douces idées que la place où fut le château de *Pierre-Scise*. Sur ce rocher, qu'Agrippa fit couper lorsqu'il construisit les quatre grandes voies militaires dont j'ai déja parlé, les archevêques de Lyon firent bâtir le château de *Pierre-Scise :* on en attribue la construction à Buchard de Bourgogne, qui vivait au onzième siècle. L'archevêque Aimery Guerry s'y retira pendant le premier concile général de Lyon. Ce château servit ensuite de prison d'état : *Antoine Groslier*, sieur de Servières, y fut enfermé, et réussit à s'en échapper au moyen d'une échelle de soie que sa femme lui fit parvenir.

Le duc de Nemours, favorisé par l'archevêque d'Épinac, ligueur ardent, après avoir pris possession de Lyon au nom de la ligue, tenta de se rendre indépendant, et de former des provinces de son gouvernement un état particulier : il chassa de la ville les bourgeois qu'il supposait les plus difficiles à séduire, fit fortifier plusieurs places de la Bresse et du Dauphiné, ne négligea rien pour assurer le libre cours du Rhône au-dessus de la ville, et se saisit de *Pierre-Scise*; mais bientôt la garnison qu'il y avait mise fut chassée par les habitants, et lui-même, acculé à la montagne de Fourvières, et réduit à se rendre, fut conduit prisonnier dans ce même château. Le valet qu'on lui laissa pour le servir avait des cheveux longs, épais, qui lui couvraient le visage ; le duc se fit faire secrètement une perruque semblable, et un beau matin se mit en devoir de remplir un office pour lequel on fait toujours place aux gens : il passa la porte sans être reconnu, et se retira à Vienne.

Cinq-Mars et de *Thou* furent moins heureux. De Thou, que le vindicatif cardinal Richelieu traînait à la remorque dans un bateau depuis Tarascon, arriva à Lyon le 3 septembre 1642, et fut jeté dans le château de Pierre-Scise ; Cinq-Mars, prisonnier à la citadelle de Montpellier, ne tarda pas à le suivre : il y arriva le lendemain.

Le cardinal, pour lequel on avait construit une chambre portative assez grande pour contenir un lit, une table, et une chaise, acheva son voyage dans cette cabane couverte d'un damas cramoisi, et fut porté de Valence à Lyon par dix-huit de ses gardes, qui se relayaient de distance en distance. En ce temps-là les gentilshommes avaient peu de répugnance : leurs filles étaient au service des rois et des princes; leurs bras étaient armés pour toutes les vengeances, et les cardinaux malades se faisaient porter sur leurs épaules : ils sont un peu plus fiers aujourd'hui, et de tant de services qu'on en obtenait autrefois, il n'en est plus qu'un très petit nombre qu'ils rendent sans scrupule, encore se font-ils bien payer pour cela.

Il ne fallut que six jours au fameux Laubardemont pour instruire l'affaire. Le cardinal, sûr de la conscience des juges, fit faire avant le jugement tous les préparatifs nécessaires pour l'exécution; et satisfait de voir sa vengeance si promptement servie, si bien assurée, il se souvint que, comme homme, comme chrétien, comme prêtre, il devait avoir horreur du sang : pour ne pas le voir couler il quitta Lyon le 11 septembre, et le lendemain 12 le sieur Laubardemont et les commissaires juges déclarèrent atteints et convaincus du crime de lèse-majesté, c'est-à-dire de lèse-éminence, Cinq-Mars, pour entreprises, proditions, ligues, et traités contre l'état, c'est-à-dire contre le cardinal; et de Thou, pour avoir eu connaissance et participation desdites conspirations, entreprises, proditions, ligues, et traités.

En lisant depuis les réquisitoires de M. Fouquier de Tainville on a pu voir qu'il avait étudié les formules de son devancier, M. de Laubardemont. Le chancelier s'empressa d'envoyer un exempt, nommé Picault, porter cette bonne nouvelle au cardinal; il l'atteignit sur la route de Rouanne, à deux lieues de Lyon. Richelieu n'avait compté que sur la condamnation de Cinq-Mars; la non révélation n'était pas un motif suffisant pour se débarrasser d'un homme : « *Quoi! s'écria-t-il rayonnant d'aise, M. de Thou aussi? en vérité M. le chancelier me délivre d'un grand fardeau!* » Et après s'être assuré que l'exécution ne serait pas retardée, que les mesures étaient bien prises, il continua gaiement son chemin, en louant le Seigneur, qui protège les cardinaux contre les grands-écuyers.

Je détourne mes yeux de ce brigand empourpré pour les reporter sur d'autres brigands en toge. Laubardemont et Palerme entrèrent dans la prison de Cinq-Mars. Avant de présenter sa tête au glaive, ses membres devaient être disloqués par la torture; l'affreux cardinal l'avait désiré ainsi, et des juges commissaires ne refusaient jamais ces petites satisfactions à un ministre, sur-tout quand il était cardinal. Ils avaient donc jugé et ordonné que Cinq-Mars serait appliqué à la question *pour lui faire révéler ses complices*. « Dieux ! où me menez-vous ? et qu'il sent mauvais ici ! » s'écrie le grand-écuyer, parvenu dans un réduit obscur, éclairé seulement par trois chandelles à moitié éteintes par le méphitisme de l'air où elles brûlent : sans lui répondre on l'attache au banc de la question. « *N'avez-vous pas conçu le dessein d'assassiner le cardinal à Lyon?* demande d'une voix sombre et terrible le farouche interrogateur. — *J'ai déclaré tout ce que je savais ; tous les tourments du monde ne m'en feront pas dire davantage.* » Laubardemont s'arrête.... le cardinal est malade...; le roi aimait ce Cinq-Mars qu'il abandonne...; le prix du sang reçu... l'heure de la vengeance peut sonner... Laubardemont ordonne de détacher le patient, et de le reconduire dans sa prison ; Cinq-Mars y rentre, l'esprit troublé par la crainte des tortures auxquelles il vient d'échapper. Un fantôme noir se présente à lui; c'est le jésuite *Malevalette*, choisi pour l'assister. Laissons-les ensemble : passons dans la salle d'audience, où *de Thou* est resté.

Un jésuite est encore là; c'est *Mambrun :* ils règlent ensemble les affaires de la conscience du condamné, dont la contenance est calme et le front serein : un autre homme à soutane se tient debout à l'autre extrémité de la salle ; c'est le gardien des cordeliers de Tarascon. De Thou avait fait vœu de fonder dans ce couvent une chapelle de trois cents livres de rente, s'il échappait à la vengeance du cardinal. Les cordeliers ont prié pour lui. Si Dieu n'a pas écouté leurs prières, ce n'est pas leur faute; ils y ont mis tout le zèle, toute la ferveur que des cordeliers peuvent avoir quand ils ne prient pas pour leur couvent. De Thou a deviné la pensée du père gardien: il demande de l'encre, du papier, souscrit un legs suffisant pour l'accomplissement de ce vœu si mal exaucé, compose sur-le-champ l'inscription qui doit être mise dans la chapelle, remet le tout au moine, que le jésuite regardait de travers, et va retrouver son confesseur.

Mais déjà l'heure du supplice a sonné; douze cents hommes sous les armes couvrent la place des Terreaux; un carrosse est à la porte de la prison; Cinq-Mars se présente: l'heure suprême a tout-à-coup changé le caractère de ces deux hommes. Le grand-écuyer, dont la crainte des tortures avait troublé l'esprit et rempli l'ame d'émotion et de terreur, qui sentait ses membres trembler et ses genoux se dérober sous lui au moment où on le conduisait dans le noir cachot de la gêne, raffermi maintenant, et résigné à son sort, regarde la mort d'un œil ferme et tranquille, tandis que de Thou, si calme jusqu'alors; lui qui, en apprenant sa condamnation, avait dit à Cinq-Mars en lui tendant généreusement la main: « *Je meurs parceque vous m'avez accusé: mais je vous le pardonne : nous avons été si bons amis, que ne pas vous laisser mourir seul et périr avec vous est une consolation pour moi;* » De Thou sent défaillir son courage; on le soutient, on l'aide à monter dans l'élégant tombereau qui l'attend : c'est une voiture à quatre places que du Gay, trésorier de France, attaché à la famille de Cinq-Mars, a obtenue *par faveur*. Sans lui, les condamnés auraient dû marcher à pied depuis le château de Pierre-Scise jusqu'aux Terreaux. Arrivés au pied de l'échafaud, Cinq-Mars sort de voiture, enveloppé d'un riche manteau d'écarlate; un soldat veut l'en dépouiller, il le retient avec force; et, le remettant au compagnon du père *Malevalette* : « *Qu'on le vende, et que l'argent soit donné aux pauvres.* » Un autre soldat saute sur son chapeau, et ajoutant à la plus odieuse des violences la plus lâche des insultes : « *Monsieur*, dit le misérable, *il faut avoir de la modestie.* » Le loup n'insulte pas au loup pris dans un piège; le tigre ne mord pas le tigre qui se débat contre la mort : l'homme pervers est plus lâche que le loup, plus cruel que le tigre; c'est le monstre de la création. Cette seconde attaque ébranle la constance de Cinq-Mars; il pousse rudement le sicaire, lui arrache son chapeau, le remet avec fierté sur cette tête qui va tomber, monte rapidement les marches de l'échafaud, examine les apprêts, les instruments, la place du supplice, et regarde l'exécuteur; c'était un homme de la lie du peuple, qui pour cent écus venait ôter la vie à deux hommes dont il n'avait jamais eu à se plaindre ! le bourreau s'était cassé la jambe, et, pour cent écus, un infame faisait en ce jour son abominable office! Cinq-Mars pâlit, non en contemplant cet animal féroce, mais en tirant de son sein une boîte enrichie de diamants; le portrait qu'on voyait dessus était celui d'une femme, jeune, belle, sensible, aimée : toute la vie du malheureux Cinq-Mars se reporte par la pensée et s'arrête sur cette douce image... au-delà l'éternité!....; il se hâte, remet la boîte à son confesseur, ordonne en balbutiant de brûler le portrait, se fait couper les cheveux, et se place dans l'attitude la plus commode à l'exécuteur, qui d'un seul coup lui tranche la tête. Le bruit avertit de Thou : il sort lentement de la voiture; il monte avec effort; il regarde, éperdu, le corps de son ami. « *Je frissonne quand je pense à la mort*, dit-il à son confesseur: *il faut de la résolution; je n'en ai point : qu'on me bande les yeux.* » De toutes les personnes qui se trouvent sur l'échafaud pas une n'a de mouchoir : les assistants lui en jettent trois; il en choisit un, l'exécuteur lui bande les yeux, et lui, troublé, embrasse le monstre! Il place son cou sur le billot : tous ses membres palpitent d'effroi. L'exécuteur frappa trop près de la tête : de Thou élève ses mains au ciel, s'agite, et tombe sur le côté gauche; son assassin essaie de le relever : l'humanité parle enfin dans le cœur des barbares accourus pour voir tuer des hommes; des cris affreux partent de tous les côtés : l'exécuteur, effrayé porte de nouveau la hache sur la victime, et parvient, au troisième coup, à séparer entièrement a tête du corps.

C'est ainsi que les hommes se déchirent les uns les autres! celui-ci égorge pour cent écus, celui-là pour une place, et un autre pour un cordon, pour un hausse-col, pour une mitre. Plus l'objet qu'ils poursuivent est élevé, plus ils se montrent prodigues de sang et de meurtres; et, pour que rien ne manque à ces fureurs, ils marquent tous leurs crimes du sceau de l'hypocrisie : c'est au nom des lois, de la religion, de la morale, qu'ils égorgent; c'est un chapelet, une balance, un laurier, un sceptre à la main qu'ils versent le sang de leurs semblables! Richelieu ne survécut pas trois mois à ses deux dernières victimes.

L'esprit obsédé de ces pensées de supplices et de mort, je suis arrivé, sans mesurer le chemin, sans faire aucune attention aux objets dont j'étais environné, jusqu'à la maison des deux Amants, derrière laquelle fut autrefois un couvent de religieuses du tiers ordre, dont, par la suite, cette maison avait fait partie.

Là se trouve une école vétérinaire célèbre; Bourgelat, non moins recommandable par ses vertus que par ses talents, en fut le fondateur, en 1761; elle était placée alors au faubourg de la Guillotière : depuis la révolution, le gouvernement l'a fait transférer au lieu dit de l'*Observance*, où elle se trouve aujourd'hui. Ce bâtiment, qui m'a paru neuf parcequ'il vient d'être reconstruit presque en entier, a frappé mes regards: le style simple et sévère de l'architecture convient à la destination qu'il a reçue. La façade principale est au fond de la cour; elle forme, avec les deux façades latérales qui s'y rattachent sur une ligne parallèle, une enceinte carrée régulière, consacrée aux récréations des élèves et à quelques uns de leurs exercices.

J'ai visité la pharmacie, le cabinet d'histoire naturelle, et le jardin botanique, parties essentielles de cet établissement vaste et bien disposé. J'ai admiré l'ordre qui y règne, le soin avec lequel il est tenu, et les richesses qu'il renferme. L'école vétérinaire de Lyon a rendu les services les plus importants aux campagnes de la Bresse et du Dauphiné, en arrêtant les progrès de toutes les épizooties qui s'y sont manifestées depuis sa fondation.

J'ai repassé la Saône sur le pont du *Serin*, aux deux extrémités duquel sont situés, sur la rive droite, l'école vétérinaire, dont je viens de parler, sur la rive gauche, les greniers d'abondance.

Ce bel édifice fut construit en 1728. La libre circulation des grains, contre laquelle les éternels ennemis de ce qui est bon et raisonnable se sont si long-temps et si violemment élevés, ayant rendu ces greniers de précaution inutiles, ils ont été convertis en casernes pour la cavalerie : la proximité de l'école vétérinaire et la Saône, la facilité des abords et des arrivages, ont dû faire donner cette destination à un bâtiment qui n'en avait plus. Le corps avancé, percé de cinq ouvertures à plein cintre pratiquées aux trois étages, et dix croisées de chaque côté, donnent à ce vaste édifice l'air et la lumière nécessaires dans tous les lieux habités par un grand nombre d'hommes.

La construction du pont du Serin est élégante : on le croit solide ; à la vérité les piles sont en pierre, mais le reste est en bois, et non pas en fer, comme le dit à tort le *Guide de l'étranger* à Lyon. M. Étienne, habile mécanicien, a fait le modèle de ce pont.

Les quais du Serin, de Sainte-Marie, des Chaînes, de Saint-Benoît, de Saint-Vincent et des Augustins, bordent la rive gauche de la Saône, et contribuent à l'embellissement de la ville ; mais ils n'ont de remarquable que leur utilité : ils facilitent les communications et la navigation ; c'est là que se trouvent les diligences qu'on prend pour aller à Châlons, les magasins de fourrages et d'équipement militaires, et la poudrière, qu'on y a fort imprudemment placée, ainsi que les ports *Neuville* et de la *Feuillée*.

Le pont *Saint-Vincent* traverse la Saône, vis-à-vis Saint-Laurent; il fut construit, en 1715, par Aubert, architecte. Les trois arches dont se compose ce pont en bois sont remarquables par leurs belles proportions : il ne sert qu'aux gens de pied. Plus bas se trouve le pont du *Change,* dont la construction remonte au onzième siècle, et dépose en faveur de la barbarie du bon vieux temps où il fut élevé : étroit, mal pavé, obstrué par de vilaines maisons bâties sur la dernière arche de la rive gauche, ce pont n'a pour trottoir qu'une banquette de douze à quinze pouces. Ses inscriptions antiques, et presque effacées, qui se trouvent encore sur quelques pierres des piles, indiquent assez que cette espèce de ruine a été bâtie avec des matériaux provenant de quelques monuments romains. Une chapelle renfermant une statue de la Vierge, du sculpteur Mimerel, située au milieu du pont, est tombée de vétusté; on voit aujourd'hui sur l'emplacement de cette chapelle un petit bâtiment, de forme élégante, destiné à servir de corps-de-garde aux pompiers de la ville. Tout change, tout passe, tout est renversé, les temples, les palais, les cabanes; il n'y a d'immortel et d'immuable parmi les hommes que la vérité, la raison, et la vertu.

Le pont du Change est jeté sur la Saône à l'endroit le plus large. Un grand nombre de pierres et de rochers y divisent les eaux, et rendent ce passage difficile aux barques qui remontent ou qui descendent la rivière. Ces rochers ont fait donner au pont le nom de *pont de Pierre:* je l'ai traversé pour aller voir de plus près la loge du Change, qu'on aperçoit de l'autre côté de la Saône.

Cet édifice, bâti en 1749, d'après les dessins de Soufflot, est élevé sur un beau perron ; sa façade, à deux étages, est surmontée d'une attique, d'une galerie et de trophées. Des cornes d'abondance annoncent sa destination première : c'est là que les négociants s'assemblaient pour régler les affaires de commerce. La loge du Change, ainsi nommée à cause des opérations qui s'y faisaient, sert aujourd'hui de temple aux protestants; mais, par une bizarrerie remarquable, on y a laissé l'inscription VIRTUTE DUCE, COMITE FORTUNA : *accompagné par la fortune, guidé par la vertu.* Ce qu'il y a de singulier encore, c'est que ces paroles sont tirées d'une épître de Cicéron à ce misérable *Plancus.* Cicéron a-t-il été trompé sur le compte de Plancus, ou a-t-il voulu tromper la postérité? Dans tous les cas, il est difficile d'avoir beaucoup d'estime pour ce louangeur perpétuel des gens en place, et de reconnaître en lui le vigoureux adversaire de l'audacieux Catilina.

J'ai pris, pour me rendre à mon auberge, les petites rues qui se trouvent dans les environs de la place Saint-Niziers. Les mouvements du télégraphe, que j'ai aperçus, m'ont péniblement affecté; je suis rancunneux depuis les événements de Rennes et de Grenoble : cet instrument a pour moi quelque chose de sinistre; il me semble toujours qu'au lieu des nouvelles qu'il doit transmettre, c'est un ordre de mort que ses ailes noires dessinent dans les airs.

Dans une rue étroite, dont je n'ai pas demandé le nom, un homme, portant une planche sur ses épaules, m'a heurté si violemment, qu'il m'a renversé sur la place. La femme d'un honnête artisan, en m'aidant à me relever, m'a invité à monter chez elle pour m'y remettre un peu de l'étourdissement causé par une chute si brusque : ses soins empressés et ceux de sa famille ont bientôt réparé le désordre de mes sens.

Je n'étais ni blessé ni meurtri; et ce petit événement m'a prouvé la vérité du proverbe : *à quelque chose malheur est bon*. C'est à cet accident que je dois la connaissance des mœurs et des habitudes de cette classe d'ouvriers en soie, connue sous le nom de *canuts*, race laborieuse, sédentaire, chez laquelle le travail et la vie casanière semblent arrêter le développement du corps et de l'esprit. Dans un pays où la stature des hommes est en général assez élevée, celle des *canuts* est petite. Leurs mouvements sont lents, leurs syllabes traînantes, leurs regards ternes et languissants; ce sont des plantes étiolées, sans vigueur, comme toutes celles qui croissent à l'ombre : leur activité est dans leurs doigts. Ils habitent de préférence les faubourgs de la *Croix-Rousse*, de *Saint-Georges*, et le cœur de la ville, parceque les logements y sont moins chers; c'est pour ce motif qu'ils se logent aux étages les plus élevés : un grand nombre n'a pour asile que des greniers mal clos et malsains. Le salaire qu'ils reçoivent n'est pas toujours calculé sur celui des denrées : le prix de la main d'œuvre baisse quand la matière première renchérit, et par conséquent lorsqu'un moins grand nombre d'ouvriers sont occupés; aussi leur misère est-elle souvent affreuse : c'est cette misère qui peuple les vastes et nombreux hôpitaux de Lyon.

Les personnes qui n'ont point habité cette ville s'imaginent peut-être, en voyant les riches et nombreux produits de ses manufactures, qu'elle renferme un grand nombre de vastes édifices, construits et administrés comme les belles manufactures de Mulhouse et de Vesserling; mon *canut*, homme d'un âge mur, de bon sens, et que sa femme m'a dit être l'ouvrier le plus adroit et le plus instruit de la ville, prétend qu'il n'existe à Lyon que deux établissements de ce genre, l'un dans l'ancienne église d'un couvent, dit *des Bleus*, l'autre situé sur les bords de la Saône, vis-à-vis l'*île Barbe*, à une demi-lieue de la ville. Une maison de campagne, appartenant à M. Coudère, en est le principal bâtiment; mais pour la convertir en fabrique il a fallu y faire beaucoup de constructions nouvelles : l'éloignement de la ville et des villages a même forcé d'y établir un réfectoire pour les ouvriers.

Cette maison appartient maintenant à M. Berne, commissionnaire de soieries de Francfort-sur-le-Mein; c'est avec les commissionnaires de cette ville et ceux de Leipsick que Lyon fait la plus grande partie de son riche commerce.

On donne aux fabricants de soie le nom de *marchands fabricants,* pour les distinguer des *marchands détaillants.* Chaque fabricant fait travailler un nombre d'ouvriers proportionné à celui des affaires qu'il fait avec les marchands de Paris, des départements, et de l'étranger. La soie est pesée aux ouvriers, qui sont tenus de rapporter le même poids en étoffes, dont la forme et les dimensions ont été fixées.

Les *canuts* les plus opulents ont deux métiers, quelquefois trois, dans une grande chambre, échauffée en hiver par un poêle en fonte : ce poêle sert de cheminée et de fourneau.

Dans la chambre où j'ai été reçu régnait, à environ huit pieds de hauteur, une espèce de balcon en bois le long d'un petit entresol; cet entresol est le lieu de repos de toute la famille, qui, la nuit, s'y trouve entassée : les lits se touchent. Souvent la misère de ces pauvres gens est telle, qu'elle les force à faire de la même pièce la chambre à coucher, l'atelier, et la cuisine. Rarement le balai imprime ses traces sur le plancher couvert de poussière : c'est là pourtant que se fabriquent ces étoffes brillantes, délicates, si faciles à altérer, à salir, et qui doivent être remises au fabricant dans tout leur éclat et toute leur pureté. L'habitude des soins qu'elles exigent, le peu de vivacité de ces familles automates, rendent les accidents rares. D'ailleurs ces hommes si simples, instruits par le plus habile des précepteurs, le besoin, parviennent à cacher les petits malheurs qui leur arrivent, et à tromper jusqu'à l'œil du maître.

La ville de Lyon, presque aussi peuplée que celle de Paris, à proportion de son étendue, ne présente point cependant à l'étranger le même mouvement, la même affluence d'habitants, parceque sa population, presque toute manufacturière, ne sort guère de ses ateliers que le dimanche. Les *canuts* éprouvent à s'énoncer un certain embarras qui ne vient pas seulement de leur timidité et de la pesanteur de leur esprit; il est produit sur-tout par l'habitude du silence : pendant les six jours de la semaine, ces gens-là ne font guère plus d'usage de leur langue que de leurs jambes; aussi attendent-ils le dimanche avec impatience pour sortir de leur prison, voir le soleil, respirer l'air de la campagne, et changer d'attitude.

Le langage du peuple est, à Lyon, à-peu-près le même qu'à Grenoble, ce qui donne de la vraisemblance à l'opinion de ceux qui veulent que les habitants de ces deux villes aient une origine commune.

M. Molard a fait imprimer le vocabulaire des expressions populaires, et les a rangées par ordre alphabétique. Je veux me procurer son ouvrage et m'en servir, car j'entends souvent des expressions dont le sens m'est inconnu, et je suis forcé de recourir à des interprètes ; avec l'ouvrage de M. Molard, un étranger peut aisément s'en passer.

La femme de l'honnête artisan, plus causeuse que son mari, et dont la langue était moins embarrassée, m'a nommé tous les marchands fabricants de Lyon. La liste de ceux qui se livrent au commerce des tissus unis est considérable ; celle des fabricants d'étoffes façonnées est moins nombreuse : j'ai retenu les noms de MM. Bissardon, Cousins, Grand frères, Pavy, Saint-Olive, Tralleire, Dutilleul, Maillé; MM. Grand frères ont fourni en bonne partie les étoffes employées pour meubles des demeures royales.

Celles des tentures du château de Saint-Cloud sortent de la fabrique de M. Bissardon, ancien administrateur des hôpitaux de Lyon. Il fut nommé, en 1815, député du département du Rhône à la chambre des représentants : une ville manufacturière devait envoyer là un de ses principaux fabricants ; mais ce témoignage de confiance d'une population loyale fut pour lui la source de chagrins profonds. Propriétaire foncier et commerçant, il occupait à-la-fois un grand nombre d'ouvriers en soie, de maçons, de charpentiers, de terrassiers : ami des lois et de l'ordre, son caractère ne donnait pas moins de garanties à l'état que tous les liens qui l'attachaient à son pays ; cependant les révolutionnaires de 1815, les hypocrites vengeurs de l'ordre qu'ils troublent incessamment sous prétexte de vouloir le rétablir, feignirent de voir un conspirateur dans le respectable Bissardon : son asile fut violé par de fréquentes visites domiciliaires, qui révélaient moins les craintes que les projets de ceux par qui ces visites étaient ordonnées, et de ceux par qui elles étaient faites. M. Bissardon pénétra des desseins dont les événements seuls ont empêché l'exécution : né sensible, ils jetèrent dans son esprit des inquiétudes ; une noire mélancolie le conduisit promptement au tombeau. Il y descendit, jeune encore, regretté de tous les gens de bien, et plus particulièrement de la classe ouvrière, dont il avait été le bienfaiteur. La foule de ceux qui assistèrent à ses funérailles fit du malheureux Bissardon le plus touchant des éloges funèbres : *C'était un des bons !* disaient-ils en pleurant.

MM. Maillé et Dutilleul ont été long-temps membres du conseil des manufactures près le ministre de l'intérieur. Depuis 1820 ils ne font plus partie de ce conseil ; cependant M. Maillé vient encore tout récemment de mériter et d'obtenir une médaille d'or.

LA VILLE.   373

Au moment où je rentrais chez madame Boudonneau, mon hôtesse, le jeune baron de M** descendait de voiture : il revenait des eaux de Plombières. Je l'avais connu à Paris souffrant depuis plusieurs années d'un embarras gastrique qui l'avait beaucoup affaibli. Les eaux de la fontaine de Stanislas lui ont rendu la force, la santé, et cette fleur de jeunesse qui en est la marque la plus brillante. M. le baron de M** avait été forcé, par une blessure très grave, de quitter de bonne heure la carrière des armes; il était entré dans celle de l'administration, et déjà il s'y faisait remarquer, lorsque les évènements de 1814 l'ont encore jeté hors de cette carrière nouvelle.

Le baron a toujours pris son parti en homme de tête et de cœur : au lieu de faire entendre de justes, mais inutiles plaintes, de faire des démarches et des réclamations, plus inutiles encore, il s'est créé des fonctions dont ni les caprices de l'autorité ni les intrigues des marquises ne peuvent interrompre le cours. L'agriculture et les beaux-arts, les mérinos d'Espagne, le dessin, et le jardinage, partagent sa vie et ses soins; une femme aimable et spirituelle, des enfants pleins de graces et d'espérance, sont la première et la plus douce base d'un bonheur que rien ne menace depuis que M. de M** vit loin des affaires publiques et des hommes de l'autorité.

Allié à une des plus respectables familles de Lyon,

des intérêts privés l'appelaient dans cette ville : peu de jours suffisaient pour les régler; un homme aussi intelligent, aussi vif que le baron, fait beaucoup de choses en quelques heures : il m'a offert son bras pour appui, sa mémoire et ses connaissances pour guides dans l'étude que je me propose de faire des mœurs et des usages des habitants de la seconde ville du royaume.

Il avait quelques courses à faire, moi quelques heures de repos à prendre, car ma première promenade avait été longue, et je me ressentais un peu de ma chute; nous nous sommes donné rendez-vous pour le lendemain, ou plutôt l'aimable baron a promis de me venir prendre à l'hôtel du Commerce, où j'ai passé le reste de la journée seul, me livrant à des réflexions sur lesquelles la vieillesse étendait malgré moi son crêpe mélancolique.

N° LXXXIX. [15 décembre 1819.]

SECONDE COURSE DANS LYON.

> Ce que les parcs et les enclos sont pour les bêtes fauves, les grandes villes le sont pour les hommes.
> J.

M. de M** a pris en vivant à la campagne l'habitude de se lever matin; le soleil me surprend rarement au lit : les portes d'une auberge sont ouvertes à toute heure; nous sommes sortis sans déranger personne.

« Hier, m'a dit le baron, vous avez suivi les quais de la Saône; descendons vers ceux du Rhône. » Nous avons de nouveau admiré ensemble la belle place de Bellecourt; ses hauts tilleuls commençaient à laisser tomber leurs feuilles jaunes: la saison nouvelle leur rendra leur jeune parure. Hélas! la vie de l'homme n'a qu'un printemps; sa tête ne sera point de nouveau parée des dépouilles que lui enlève l'automne! « Cette verdure, ces beaux ombrages que vous regrettez, m'a dit M. de M**, nos Lyonnais y mettent moins de prix que vous : on ne les voit point dans la belle saison venir en respirer les parfums et le frais; ce n'est point pour eux qu'ils offrent, pendant les ardeurs de la canicule, d'impénétrables abris contre les rayons du soleil : si quelques personnes paraissent assises, ou se promènent sous ces voûtes d'une riante verdure, ce sont des voyageurs. Nous, car je me considère comme un enfant de la ville, nous parcourons gravement, pendant les heures qui précèdent le dîner, et vers le soir, les quais de Retz et de Saint-Clair, tenant nos femmes sous le bras, nos enfants à la main, causant peu, regardant mal, l'esprit préoccupé de nos affaires, attendant, avec quelque impatience, les heures consacrées à des distractions auxquelles nos familles n'auront point de part, que nos femmes ignorent, ou que fort sagement elles feignent d'ignorer. Demain, si la journée est belle, et celle d'aujourd'hui nous le promet, nous irons nous mêler aux promeneurs; je suis fort connu ici; vous ne l'êtes guère que de moi ; notre intimité éveillera la curiosité des promeneurs, fera naître force questions, et donnera probablement lieu à quelque médisance innocente : c'est la seule distraction qu'on se permette durant ce grave exercice; l'apparition d'un équipage brillant, d'une parure nouvelle, y donnent souvent lieu : c'est un tribut que *Bellecourt* paie aux *Terreaux*. »

Le baron m'a fait remarquer les travaux commencés pour terminer la belle façade de l'Hôtel-Dieu, dont le côté qui forme l'angle de la rue de *Labarre* n'est point encore achevé. On regrette que le portail n'ait pas été placé sur le quai, au lieu de s'élever sur la rue de l'Hôpital, où l'espace nécessaire pour en bien juger l'effet n'a point été convenablement ménagé.

La forme demi-ovale du port de l'Hôpital, ses deux rampes en fer à cheval, sont d'un effet agréable. Ces rampes conduisent à un abreuvoir dont, sans cette précaution, l'abord eût été périlleux.

Le quai de *Retz* est fort beau : il paraît neuf encore, quoique construit depuis soixante et quinze ans. Les arbres qu'on y a plantés, il y a quelques années, donnent déjà de l'ombrage.

Les édifices qui décorent le quai de Saint-Clair sont remarquables par leur élégance : les arbres plantés sur ce quai, les coteaux boisés qui se développent de l'autre côté du Rhône, la plaine des *Brotteaux*, semée de jolies guinguettes, les prairies verdoyantes sur lesquelles la vue se repose, justifient bien le goût des Lyonnais pour cette charmante promenade, rendez-vous du beau monde, qui s'y rend vers le soir, durant l'été, et en hiver de midi à trois heures, mais seulement le dimanche. Ce qui n'est pas aussi facile à expliquer, c'est que les promeneurs ne semblent jamais tentés de passer le pont *Morand*, et de se répandre dans l'agréable plaine des Brotteaux : ils vont du pont de la *Guillotière* au pont *Morand*, et du pont *Morand* à celui de la *Guillotière*, à-peu-près comme les promeneurs parisiens vont et viennent sur le boulevart de Gand, sans jamais franchir, d'un côté, la rue Lepelletier, et de l'autre, celle du Mont-Blanc.

Il est dans la nature de l'homme d'aimer à revenir sur ses pas, à pivoter sur lui-même; les ritournelles ne plaisent pas seulement à son oreille, elles ont aussi du charme pour ses jambes : il s'impose des bornes ; il se resserre entre d'étroites limites, sans doute pour se distinguer des brutes, qui tantôt poussent tout droit devant elles, et tantôt se jettent de côté.

Le quartier *Saint-Clair* est habité par le haut commerce; son opulence est attestée par la magnificence de ses demeures : la plupart des petits souverains de l'Allemagne ont des palais moins somptueux, et moins de richesses réelles, que n'en possèdent plusieurs négociants de Lyon.

J'admirais l'étendue, la solidité, le goût, et l'élégance, d'une grande et belle maison qui s'élève en face du pont Morand. J'ai demandé au baron s'il savait à qui elle appartient. « Oui, m'a-t-il répondu en souriant; c'est la maison *Auriol*. L'ancienne salle de spectacle s'élevait autrefois sur le terrain que cette maison occupe. » Puis, prenant tout-à-coup un ton grave, M. de M** a ajouté : « La famille Auriol, dispersée comme tant d'autres par la grande tempête politique, a perdu son chef dans les jours de deuil où le sang des plus illustres citoyens de Lyon ruisselait sur les échafauds, dans les rues, sur les places de cette ville, livrée à la sape et au glaive. Sa jeune épouse, non moins courageuse que belle, voulut partager son sort ; elle dut la vie à la férocité des bourreaux de son mari : ils la repoussèrent, ils la rejetèrent hors de la prison, non par pitié, mais par brutalité ; parceque refuser la mort à qui la demandait à genoux, c'était encore insulter et proscrire. On la vit errer, avec ses enfants, sur la terre étrangère, où la pitié pour les malheureux se calculait sur la valeur des débris qu'ils avaient sauvés du naufrage. Rentrée en France, madame Auriol est parvenue, à force de constance et de soins, à recueillir pour ses enfants une partie des riches débris de leur patrimoine. Elle vit à Paris au sein d'une famille aimable qui l'environne de son amour et de ses respects. »

Dans ce quartier, et presque à la suite les uns des autres, se trouvent les plus beaux édifices de Lyon, le Grand-Théâtre, l'hôtel-de-ville, le palais des arts.

Construit et décoré d'après les dessins de Soufflot, le Grand-Théâtre de Lyon fut commencé en 1754, et achevé au bout de deux ans : des bas-reliefs allégoriques placés sur la façade, à-la-fois simple et élégante, de cet édifice, indiquent sa destination. trois groupes de génies ornent de chaque côté la galerie qui régne au haut de cette façade: un septième groupe, où Apollon est représenté assis, domine les six autres, et occupe le milieu de la galerie. Ces ornements m'ont paru de bon goût : ma vue affaiblie ne m'a pas permis d'en apprécier les perfections et les défauts; je n'ai pu juger que l'effet général : il est très agréable.

Entre le Grand-Théâtre et la place des Terreaux, fut achevé, en 1655, sur les plans de Simon Maupin, architecte-voyer, le magnifique hôtel-de-ville de Lyon, dont la première pierre avait été posée le 5 septembre 1647. Cet édifice forme un carré long; il occupe l'espace qui se trouve entre les rues *Lafont* et *Puits-Guillot* : les deux ailes en retour ont chacune soixante-dix toises de longueur. Une galerie, soutenue par trois arceaux, lie ces deux ailes du côté de la Comédie. La façade du côté de la place présente deux pavillons aux extrémités formant avant-corps, et au milieu une tour carrée, surmontée d'une coupole. Au-dessus du portail, une galerie en saillie va de l'un à l'autre pavillon. *Blanchet,* peintre français, qui alors se trouvait à Rome, fut appelé pour peindre les plafonds; il surpassa dans ce travail les espérances qu'on avait conçues de son talent. Presque toutes ces peintures furent détruites par l'incendie qui consuma la façade de l'hôtel-de-ville, le 23 septembre 1774 : il n'a été réparé qu'en 1802. La touche de Blanchet est hardie ; son coloris a de la vérité, son dessin est correct : le plus grand et l'un des meilleurs morceaux qui nous restent de ce peintre est le tableau où il a représenté l'embrasement de Lyon, décrit par Sénèque. Ce tableau, déja dégradé et couvert de poussière, fut nettoyé et réparé en 1762 par le peintre *Nonotte*, nom que Voltaire a couvert de ridicule dans la personne d'un abbé jésuite, et que le talent du peintre n'était pas propre à réhabiliter.

Les deux groupes dont le vestibule est orné du côté de la place des Terreaux étaient autrefois sur la place de Bellecourt, au bas du piédestal de la statue équestre de Louis XIV : ils représentent le Rhône et la Saône ; images plus convenables, et qui honorent plus la mémoire d'un monarque dont elles annoncent le génie protecteur, que les trophées d'armes et les esclaves enchaînés, symboles de guerre et d'asservissement.

On aperçoit du vestibule l'entrée de deux longues cours séparées par de belles arcades, et un second portail presque aussi beau que le premier.

Les plafonds de la chambre du conseil et de la salle du tribunal de commerce ont été peints par Blanchet : celle des archives mérite l'attention des voyageurs par son étendue et l'ordre qui y règne.

Les appartements d'apparat, décorés avec beaucoup de goût, occupent le premier étage de l'aile droite. Au rez-de-chaussée sont les salles d'assemblée du conseil de la municipalité.

Ceux de la voirie, des contributions, des passeports, et de la police, sont au rez-de-chaussée de l'aile gauche. Depuis que ce mot *police* ne signifie plus seulement éclairage des villes, propreté des rues et des places publiques, il fait naître par-tout des idées tristes et des sensations pénibles. Je n'ai point visité l'aile gauche de l'hôtel-de-ville, mais j'ai examiné long-temps et avec plaisir la vaste et magnifique salle qui donne sur la place des Terreaux. Ravagée par un incendie en 1803, cette salle a été entièrement rétablie et décorée à neuf.

J'ai vu l'hôpital d'Amsterdam : c'est le seul en Europe qui puisse le disputer à celui de Lyon en beauté et en magnificence.

M. Artaud, directeur du musée, a mis un soin infatigable à rassembler dans l'ancienne abbaye noble des dames de Saint-Benoît les débris de la grandeur romaine épars dans les champs, ou que le soc a découverts en les heurtant sous la terre où ils dormaient enfouis depuis plusieurs siècles. M. Artaud a fait ranger autour des portiques ces fragments de colonnes et de statues, ces masques et ces sarcophages, ces amphores et ces urnes cinéraires, ces tauroboles et ces inscriptions; fragiles ouvrages de l'homme, ils ont survécu à leurs auteurs, ouvrages de la nature mille fois plus fragiles encore : plusieurs sont demeurés entiers quand depuis long-temps la main qui les forma n'est plus qu'une poussière dispersée et perdue dans l'espace.

Grace à la révolution, qui, semblable à Alexandre-le-Grand, a encore plus édifié que détruit, les arts et le commerce ont fait la conquête de ce palais. Dans la grande salle, dont les statues et les ornements en stuc ont été faits sur les dessins de Blanchet, les religieuses tenaient autrefois leur chapitre. Aux futiles objets des délibérations de ces sénateurs en guimpes ont succédé les graves et importantes spéculations du commerce; c'est dans cette salle que la bourse de Lyon est ouverte à deux heures chaque jour : elle se tient dans la cour lorsque le temps et la saison le permettent.

La rampe de l'escalier qui conduit au premier étage est remarquable par le bon goût des ornements et sa riche balustrade.

Une salle vaste, pavée en marbre, sert de musée; c'est là que sont déposés les meilleurs tableaux de la peinture moderne, et des morceaux choisis parmi ceux de la statuaire antique que possède la ville de Lyon. Les peintures des plafonds sont d'un très bel effet. M. de M**, amateur éclairé et très bon dessinateur, en fait un cas particulier. Il m'a fait admirer un très beau *vase de fleurs;* une *Ascension,* par le Pérugin : c'est un des meilleurs tableaux du maître de Raphaël ; le pape Pie VII en a fait don à la ville de Lyon en reconnaissance de l'accueil qu'il reçut dans cette ville lorsqu'il vint en France *affermir,* par la cérémonie du sacre, la couronne impériale sur la tête de Napoléon ; l'*Adoration des Mages,* riche et magnifique composition due au fécond et brillant pinceau de Rubens ; le très beau *portrait d'un chanoine de Cologne,* peint par Carrache ; une *Cène,* par Philippe de Champagne, où les traits et l'expression des apôtres sont d'une extrême simplicité. Outre ces peintures capitales, le musée de Lyon possède de bons tableaux de l'Espagnolet, de Jordaens, du Guerchin, du Tintoret, de l'Albane, de Stella, de Véronèse, de Jouvenet, de Lebrun, de Blanchet, et des peintres modernes, parmi lesquels on distingue *le Tournois de Duguesclin,* par Revoil ; un *Clair de Lune,* par Bidault, mort en 1813, et d'autres tableaux de cette école lyonnaise qui s'est fait remarquer d'une manière si honorable aux dernières expositions, et à laquelle MM. Laurent, Revoil, et Richard, ont acquis une si brillante réputation.

Le salon des antiques renferme peu de morceaux précieux. Le monument le plus remarquable, sous le rapport historique, non sous celui de l'art, est la fameuse table de bronze découverte sur la colline de Saint-Sébastien en 1529 : elle contient une partie de la harangue prononcée dans le sénat romain par l'empereur Claude pour faire accorder le titre de colonie à la ville de Lyon. Ce Claude montra quelquefois une grande sagacité dans ses jugements : il ne fut ni orateur trop diffus ni écrivain trop méprisable; et cependant, comme empereur, comme époux, comme citoyen, il fut à-la-fois le plus féroce et le plus stupide des hommes.

Des médailles en bronze et en argent, des vases de verre antique, des lampes, des instruments, des ustensiles destinés aux usages ordinaires, et quelques uns au service des autels, de petites figures romaines, égyptiennes, et grecques, d'un fini précieux, sont renfermés dans quatre grandes armoires d'un beau travail. On voit encore dans ce salon le vase de *la Mère folle*, des armes, des émaux, un plat, une aiguière de faïence, et plusieurs autres pièces du moyen âge.

La plus jolie statue du musée de Lyon est la figure en marbre de *Pandore*. Cette figure, si souple, si gracieuse, a été exécutée, à Rome, par Cartot. Si nous la devions à un ciseau italien, si cette *Pandore* était sortie des ateliers de Canova, elle n'aurait guère moins de célébrité que l'*Hébé* du statuaire de Passagno; mais elle est due à un Français, et, de tout temps, admirateurs glacés de nos compatriotes, nous jetons sur leurs chefs-d'œuvre un coup d'œil indifférent : les Italiens diraient avec orgueil: *Notre Chaudet, notre Dupaty, notre Bra, notre Cartot, notre*

Cartelier; les Français disent: Cartelier, Cartot, Bra, Dupaty, Chaudet, et passent en jetant un regard de dédain. En entrant dans la salle du musée, nous nous sommes arrêtés un moment devant les tableaux des peintres de l'école lyonnaise. J'ai revu avec un nouveau plaisir le *Vert-Vert* de M. Richard, presque aussi connu que celui de Gresset, auquel

>Sœur Rosalie, au retour des matines,
>Plus d'une fois apporta des pralines.

Deux jolis tableaux de M. Grobon, représentent, l'un les anciens aqueducs, l'autre l'église Saint-Jean. Ces tableaux, peints à la manière hollandaise, ont le fini des maîtres flamands, genre de mérite dont on a peut-être fait d'abord trop de cas, mais qu'on n'apprécie pas assez aujourd'hui : les traits largement dessinés, les touches promptes et vigoureuses, conviennent sans doute aux grandes compositions qui, comme les fresques, doivent être vues à une certaine distance pour produire leur effet; mais dans les ouvrages de chevalet, le fini, le *léché* même, sont de rigueur, si l'artiste ne veut pas que ses tableaux paraissent n'être que des esquisses. Dans ces deux vues, M. Grobon a porté la magie des couleurs au point de rendre au premier coup d'œil l'illusion complète. Oui, voilà les riants coteaux, les eaux transparentes des fleuves qui baignent la capitale du commerce français. Cette lumière brillante est bien celle du soleil de nos contrées méridionales.

M. de M** m'a conduit au second étage de l'aile du palais, du côté de la rue Clermont; il m'a introduit dans un atelier dont il connaît bien les issues; c'est celui de M. Richard: nous espérions l'y surprendre au milieu de ses travaux et de ses élèves: cet espoir a été trompé. L'atelier de M. Richard, décoré avec tout le goût d'un peintre, renferme plusieurs excellents tableaux de ce maître habile. J'ai vivement regretté de ne pouvoir témoigner à l'auteur tout le plaisir que me faisait éprouver la vue de ses charmants ouvrages. Auprès de cet atelier se trouve la bibliothèque de l'école de dessin, et la salle où se réunit la société du commerce et des arts. Les statuts de cette société, formée en 1805, sont à-peu-près les mêmes que ceux de la société d'encouragement de Paris: le but de son institution est aussi l'encouragement du commerce et des arts, mais seulement dans le département du Rhône.

M. de M** connaît en grande partie les hommes estimables qui la composent: souvent, m'a-t-il dit, ils vont visiter ces *canuts*, si utiles et si peu estimés; des récompenses distribuées à propos dans les ateliers modestes y entretiennent le zèle des uns, excitent, stimulent celui des autres. Une légère rétribution de trente-six francs, que chacun paie avec empressement toutes les années, sert à former une petite caisse consacrée tout entière à féconder l'industrie par des prix, par des secours donnés aux artisans arrêtés dans leurs travaux faute d'un peu d'argent. Le premier président de cette société utile, et par conséquent honorable, fut M. Bureaux de Pusy, préfet. M. Fay de Santonay, maire, lui succéda dans cette présidence, qui depuis a toujours été confiée aux hommes les plus distingués de la ville par le rang qu'ils occupent et la considération personnelle dont ils jouissent.

J'ai examiné, avec beaucoup d'attention, des portraits, des fleurs, des dessins fabriqués en étoffes de soie, et particulièrement le bel échantillon représentant un fragment de la mosaïque des jeux du cirque.

Nous n'avons pu pénétrer dans le cabinet qui se trouve sur la terrasse à droite. Ce cabinet, m'a dit M. de M**, renferme une collection précieuse d'antiquités, de médailles très rares, et quelques statues en marbre. M. Artaud, auquel ce cabinet appartient, n'était pas alors à Lyon. Une des pièces les plus curieuses de cette riche collection est un poignard en bronze de la plus haute antiquité. On dirait que le soc de charrue n'a été inventé qu'après les poignards, et que les hommes ne se sont occupés de l'art qui entretient la vie qu'après avoir cherché et perfectionné l'art qui donne la mort. S'entr'égorger a été leur premier besoin, et si jamais l'espèce humaine finit, ce sera par l'épée. C'est après avoir long-temps étudié cet animal féroce, que Molière s'est écrié :

L'homme est, je vous l'avoue, un méchant animal.

Le deuxième étage, sur la place des Terreaux, est destiné à l'*école de dessin*. La salle principale est belle et d'une grandeur remarquable. Les cabinets particuliers des professeurs communiquent avec la galerie; plusieurs de ces cabinets renferment de fort bons tableaux : la grande salle est décorée des plâtres des plus belles statues antiques, l'*Apollon*, la *Vénus*, le groupe du *Laocoon*. C'est encore dans ce palais que se réunissent :

La *société d'agriculture*, dont les travaux ont pour objet l'amélioration des cultures, particulièrement de celle de la vigne; les choix des grains qui conviennent le mieux aux différentes qualités du sol; les prairies artificielles et les plantes pivotantes, qui peuvent suppléer aux prairies naturelles, et alimenter les animaux dont la force ou les produits sont les plus précieux. La terre se trouve mieux disposée à donner de belles récoltes en blés après avoir nourri certaines plantes propres à engraisser à-la-fois le sol et les bestiaux. La société s'occupe, avec le même zèle, des moyens de propager et de perfectionner les mulets, ainsi que la race des moutons et celle des bœufs. Le choix des cantons les plus favorables au développement et à la multiplication de ces animaux n'est pas négligé par elle. Enfin, un objet non moins important occupe encore cette utile société; c'est la plantation des bois et leur conservation: elle s'attache à faire connaître, à procurer, et à multiplier, les arbres dont la croissance est rapide, la durée longue, et l'utilité générale. Puisqu'il existe des hommes semblables aux sauterelles, dont l'unique emploi est de dévorer, d'appauvrir, et de détruire, il faut bien que d'autres hommes se réunissent, pensent, et travaillent incessamment, pour réparer les ravages de tous les fléaux auxquels l'erreur de la nature et la corruption du principe social livrent incessamment la race humaine.

La société de médecine; cette société ne date que de 1809, et ne fut composée d'abord que d'un petit nombre de médecins unis par l'amitié. Animée par l'amour des hommes et par la charité philosophique, cette société de médecine distribue, à ses frais, des médailles d'encouragement, et dans des séances publiques, décerne des prix aux auteurs des meilleurs mémoires sur des sujets proposés par elle: tous ont pour but d'éclaircir un doute ou d'indiquer un moyen plus sûr et meilleur que ceux employés jusqu'ici dans le traitement des malades.

Le *Cercle littéraire* date aussi de cette époque de trois lustres, qui commence en 1799, et pendant laquelle tant d'édifices, tant de ponts, de canaux, de routes, furent construits; tant d'établissements utiles créés. Ce cercle fut fondé en 1807, et composé de trente-cinq membres titulaires et d'autant de membres associés; le nombre de ses correspondants est indéterminé : les sociétaires sont tenus de composer, chacun à leur tour, des ouvrages à la lecture desquels les séances sont consacrées. Cette disposition, rigoureusement suivie, ôte aux réunions l'ennui de l'uniformité académique, agréablement remplacée par la variété des talents et des travaux. On compte, dans ce cercle, des magistrats, des médecins, des statuaires, des peintres, des architectes, des propriétaires, un vétérinaire, un imprimeur, et même un académicien, qui n'a pas cru déroger à la science en s'associant à des hommes dont les travaux ont pour but les sciences, les lettres, et les arts.

Un édit de Charles VIII roi de France, de Sicile, et de Jérusalem, comme chacun sait, a fondé à Lyon la noblesse dite d'Échevinage; Louis XII confirma, par lettres-patentes du mois de juin 1498, ces choses fermes et stables à toujours, pour en jouir à l'avenir, les échevins, en toute liberté : cet avenir ne voulait dire, selon toute apparence, que la durée des existences royales; car les édits de Charles VIII et ceux de Louis XII furent confirmés de nouveau par François Ier, en 1514; par François II, en 1559; par Charles IX, en 1570; par Henri IV, en 1595, et plus particulièrement par lettres-patentes du mois de novembre 1602; par Louis XIII, au mois de juin 1618, et par Louis XIV, en 1708. Je ne connais pas de titres plus souvent et plus authentiquement renouvelés, et de noblesse moins contestable que celle des brillants habitants du quartier de Bellecourt. Les syndics de Compessières, en Savoie, lui manquèrent de respect, dans la personne du sieur Pornier de la Pyémante, dont ils osèrent comprendre les biens dans le rôle des tailles : mais le sénat de Chambéry lava vertement la tête aux syndics, et maintint le sieur Pornier de la Pyémante dans le privilége de sa noblesse, acquise par l'échevinage de Lyon.

Un édit, du mois de janvier 1634, avait déjà tenté de réduire l'exemption des tailles pour les nobles échevins au temps seulement où ils seraient dans l'exercice de leurs charges: autant cût-il valu n'être pas noble; « car sans argent l'honneur n'est qu'une maladie. »

Les anciens privilèges furent maintenus...; seulement les nobles échevins se virent réduits à déclarer en sortant de charge s'ils entendaient *vivre noblement*, c'est-à-dire faire deux parts de leur temps, afin de passer « l'une à dormir, et l'autre à ne rien faire, » ainsi qu'en usa toujours M. Jean de La Fontaine, de tous les écrivains français celui qui, par sa manière de vivre, sentait le plus son gentilhomme. En cas qu'ils vinssent à déroger, ou autrement à commencer de nouveau et à se rendre utiles, ils n'auraient pu, ainsi que les autres dérogeants à noblesse, *être restitués* qu'après avoir de nouveau déclaré l'intention de couler leurs jours dans le *dolce far niente*, et être demeurés les bras croisés dix années durant, à compter de cette déclaration. Au bout de quatre ans, on trouva qu'il y avait bien encore incompatibilité absolue entre la qualité de *noble* et le commerce en détail ou en boutique; mais « on pouvait être et réputé noble, sans « distinction avec les autres nobles du royaume, en « faisant trafic et négoce, tant d'argent que mar- « chandises, pourvu que ce fût les unes en gros et « celles tenues en magasin, et les autres par forme « de banque. » Mais comme pour ce faire, sans s'exposer à déchéance, il fallait habiter Lyon, presque tous les nobles renoncèrent aussitôt au commerce. Depuis Charles VIII la ville a eu environ douze cents échevins, et plus de soixante prevots des marchands. On conçoit que, si Dieu n'arrêtait en faveur des classes laborieuses la vertu procréatrice des classes oisives, la ville de Lyon devrait renfermer plus de nobles que de canuts; fort heureusement pour les amateurs des étoffes de soie le contraire est arrivé : Lyon voit peu de nobles, et les canuts y abondent.

N° XC [20 DÉCEMBRE 1819.]

L'ÉCHEVINAGE.

Le travail, en ces lieux gagé par la mollesse,
S'ouvrait, à pas comptés, la route à la noblesse.

Je ne dirai pas comme Boileau :

.... Qu'avec le temps le mérite avili
Vit honneur en roture et le vice ennobli;

ni comme Nicole : « *La noblesse est une grandeur d'établissement qui ne consiste ni dans les qualités de l'ame ni dans celles du corps.* » Je ne mesure pas mon estime sur l'opinion commune, qui veut que la noblesse d'épée soit la plus respectable : philosophiquement parlant, je ne tiens pas davantage à la noblesse de robe; il y a du sang sur l'uniforme et sur la toge, et, enfant de l'Église, j'ai comme elle la même répugnance pour ceux qui versent le sang et pour ceux qui le font verser. Cette horreur religieuse et philosophique atteste en moi un défaut d'héroïsme, qui pourrait fort bien me nuire aux yeux de certaines gens; n'importe, à tort ou à raison, je dois avouer que je fais plus de cas de la noblesse d'échevinage que de toutes les autres. Je sais bien qu'elle commençait aussi par la vanité et qu'elle finissait de même par l'orgueil; mais du moins, dans le principe, elle était charitable et bienfaisante.

Lorsqu'un négociant se trouvait assez riche, et que sa réputation d'homme de bien était suffisamment établie, l'aspirant aux écussons sollicitait l'honneur d'exercer les fonctions gratuites de recteur des hôpitaux. La durée de ses fonctions était de quatre années. Le nouveau recteur donnait quatre mille livres aux pauvres, et déposait dans la caisse de l'hôpital une autre somme de dix mille livres: elle lui était rendue au moment où il cessait ses fonctions; et le plus souvent il en abandonnait une partie aux malades; quelques uns la laissaient tout entière.

C'est parmi les recteurs sortants que l'on choisissait le trésorier, lequel n'était en charge que pendant un temps déterminé. En y entrant, il déposait un cautionnement de deux cent mille livres, sur lesquelles on faisait à l'hôpital les avances que les temps et les circonstances rendaient nécessaires. Des fonctions de trésorier on passait à celles de *conservateur;* le conservateur devenait échevin, et l'échevin était anobli après deux ans d'exercice dans cette dernière charge. Dès ce moment le nouveau noble quittait les *Terreaux* pour aller en *Belle-*

court vivre noblement, c'est-à-dire sans rien faire.

Cent familles par siècle subissaient cette métamorphose, et, semblables à l'insecte qui les avait enrichies, de vers obscurs et laborieux devenaient des papillons brillants, mais oisifs. La maison d'Albon est la seule qui ne doive point son illustration aux vers à soie : aucune autre ne remonte au-delà de deux cents ans ; mais dans une dizaine de siècles les descendants actuels de ces marquis, comtes, et vicomtes, auront de fort illustres aïeux, si l'on connaît alors d'autres titres que celui de citoyen, qui pourrait à la rigueur, tenir lieu de tous les autres. Les Américains, bons cultivateurs, bons marchands, excellents marins, s'en contentent, et nous ne voyons pas qu'ils s'en trouvent plus mal.

La noblesse de Lyon est de sa nature sédentaire et pacifique. Avant la révolution à peine fournissait-elle aux troupes du roi une douzaine de lieutenants d'infanterie et de cavalerie : elle a occupé peu de places dans les antichambres de Versailles et des Tuileries; la haute magistrature, la haute administration ne se recrutaient point dans son sein : elle ne va guère à la cour et même à Paris que pour s'y former aux belles manières, et, quoique depuis la restauration elle ait repris ses titres, on remarque dans ses habitudes, dans son luxe, dans son élégance, plus d'imitation de la Chaussée-d'Antin que du faubourg féodal.

Jamais décret ne fut plus religieusement exécuté que celui du 23 germinal an 10, qui a fait de l'ancien couvent de religieuses de Saint-Benoît le palais des sciences, des arts, et du commerce. On ne voit pas sans regret d'ignobles masures adossées à ce beau monument : il serait aisé de l'isoler en ouvrant une rue derrière, et du côté opposé à la façade; mais ce ne sont ni les choses bonnes ni les choses faciles qui se font le plus tôt et le mieux : de petites considérations personnelles l'emportent toujours sur l'intérêt général; la paresse, l'insouciance de l'administration, laissent long-temps en souffrance les besoins que l'intérêt privé satisferait à l'instant même.

A côté du palais des Arts se trouve l'église de Saint-Pierre, qui n'est guère remarquable que par son ancienneté. On en attribue la construction à l'archevêque Leydrade, que les libéralités de Charlemagne mirent en état de réparer les temples et les monastères détruits par les Sarrasins.

L'archevêque Leydrade introduisit dans son église le rit romain, et abolit l'ancien rit gaulois, qui jusque là y avait été observé : c'est un tort. Il ne faut jamais faire entrer l'étranger dans les intérêts du pays : la suite l'a bien prouvé.

Si la petite église de Saint-Pierre atteste la piété de l'archevêque Leydrade, elle prouve mal en faveur de son goût. L'entrée est mesquine; les quatre tableaux qui décorent la nef m'ont paru peu dignes d'attention, quoiqu'un de ces tableaux soit de Blanchet. Le maître-autel est revêtu de marbre précieux. La petite place Saint-Pierre est ornée d'une fontaine, au-dessus de laquelle s'élève une croix en fer doré. L'ensemble de ce petit monument ne manque pas d'harmonie, et est plus agréable à l'œil que la façade gothique de l'église.

En redescendant vers le Rhône par les rues *du Plâtre, du Bât-d'Argent,* et *du Pas-Étroit,* nous nous sommes trouvés près d'un bâtiment vaste, magnifique, dont la façade regarde le Rhône : c'était la bibliothèque. M. Delandine, ancien député, auteur d'un grand nombre d'ouvrages, est maintenant bibliothécaire de la ville de Lyon; il était absent: sa santé, altérée par l'âge et de longues souffrances, ne lui permet pas toujours de remplir les fonctions de sa place; il est remplacé par un de ses fils, auquel on doit aussi quelques œuvres littéraires. Il a publié, en 1817, deux volumes in-8°, assez épais, sous le nom de *Panache de Henri IV,* ou la *Phalange royale.* C'est l'histoire de la campagne du duc d'Angoulême dans le midi de la France, pendant les cent jours. M. Delandine fils y servit, et se trouva à la suite du prince au *Pont-du-Saint-Esprit,* où il se distingua sans doute, puisque c'est pour ce fait qu'il a sollicité la faveur d'ajouter à son nom celui de ce pont célèbre, faveur très gracieusement octroyée à l'impétrant, et dont à juste titre il se montre aussi fier que reconnaissant.

J'ai admiré la vaste étendue de la bibliothèque. L'architecture moderne a produit peu de monuments plus remarquables. Cette salle immense a cinquante mètres de longueur, onze de largeur, et son élévation est de treize mètres. Elle est ornée de globes et de planisphères, de bustes, de bas-reliefs, de tables précieuses; elle est bien pavée, mais le froid du marbre ne la rend pas favorable pendant l'hiver : alors les lecteurs se réunissent dans une salle moins vaste et échauffée qui se trouve à côté.

La bibliothèque de Lyon renferme soixante-dix mille volumes, au nombre desquels on compte quatorze mille in-folio, placés sur six rangs dans des armoires grillées qui régnent tout autour de la salle. Les lourds volumes sont séparés des in-4° et des in-8° par une galerie à balustrade, qui s'élève au-dessus des armoires. Cette bibliothèque renferme des ouvrages précieux sur l'histoire et sur les sciences physiques; des manuscrits grecs, syriaques, hébreux, chaldéens, arméniens, arabes, persans, tartares, chinois, et indiens: plusieurs sont écrits sur des feuilles de palmier, d'autres sur du vélin. La salle des manuscrits renferme presque autant de volumes que la grande salle. C'est là que se trouvent les éditions des livres imprimés avant le seizième siècle. Dans une autre salle on a réuni la collection des ouvrages de tous les auteurs lyonnais. Les volumes de format atlantique, les atlas, et les gravures, sont réunis dans la salle dite *des Estampes*.

Derrière cette salle se trouve un *cabinet d'antiquités*, riche en reliques de ces temps où les arts d'agrément concouraient, peut-être plus encore que de nos jours, à égayer la vie, et dissiper les pensées tristes et mélancoliques.

M. de M*** connaît la bibliothèque de Lyon, plus encore comme homme instruit que comme ancien habitant de la ville; il m'a montré plusieurs livres rares. J'ai remarqué plus particulièrement un herbier, avec figures peintes sur vélin, auquel on donne plus de six siècles d'ancienneté; les *OEuvres de Luther*, où se trouve sa fameuse conférence avec le diable; un *Cicéron*, en quatre volumes, imprimé à Milan vers la fin du quinzième siècle; l'*Histoire naturelle de Pline*, et *Tite-Live*, imprimés en 1470 et 1472 à Venise, par Nicolas Jenson, sur beau papier vélin; et sur-tout une *Histoire générale de la chimie*, imprimée à Pékin, en caractères chinois. Deux grands globes peints par le père Grégoire, et le buste en marbre de Boileau, sculpté par Coysevox, ont aussi attiré notre attention. Louis XIII, ou plutôt Richelieu et Louis XIV ont enrichi la bibliothèque de Lyon des magnifiques éditions du Louvre.

Après avoir long-temps parcouru les salles de la

bibliothèque, admiré les richesses littéraires qu'elle renferme, et l'ordre qui règne dans plusieurs parties, M. de M** m'a conduit sur la belle terrasse qui touche à la grande salle. L'air pur qu'on y respire, les aspects riches et variés qu'on y découvre, invitent l'esprit à la méditation, et lui procurent des rêveries pleines de charmes: un horizon immense où s'élève, vers l'orient, le colosse glacé du Mont-Blanc; d'un côté, les verts coteaux de la Bresse; de l'autre, le Mont-Pila, les cimes bleuâtres de la Grande-Chartreuse, et des montagnes au bas desquelles Grenoble est assise. Entre les Alpes qui s'abaissent en collines vers le Rhône, et ce fleuve, roulant dans un vaste canal ses ondes brillantes et rapides, se développe une plaine immense, coupée par des vignes, des coteaux, des bouquets d'arbres, et des tapis de verdure; à nos pieds, des quais superbes, ombragés par de belles allées d'arbres; deux beaux ponts, des maisons particulières, vastes et somptueuses comme des palais, tel est le spectacle offert par l'opulente ville de Lyon au petit nombre de personnes studieuses qui viennent dans sa riche bibliothèque chercher dans l'instruction les moyens de rendre les hommes plus heureux en les rendant meilleurs.

« Notre ville, m'a dit en sortant M. de M**, est, avant tout, commerçante et manufacturière. Les classes industrieuses s'occupent de leurs affaires, et les classes oisives de leurs plaisirs. Les savants sont ici peu nombreux, et ne sont pas recherchés; on compte beaucoup plus d'artistes, mais ils ne jouissent que d'une bien faible considération. L'estime des nobles est réservée tout entière pour les titres, les parchemins, et les rubans qui ne sont plus en rouleaux.

« Nos magistrats, presque tous anciens avocats et procureurs, ne jouissent point de ces fortunes qui permettent de distraire une partie des fonds destinés aux jouissances du luxe pour encourager, pour récompenser les travaux des artistes; et la plupart de nos riches négociants préfèrent, comme on l'a dit, aux belles-lettres de bonnes lettres de change. » M. Bissardon possédait une belle collection de gravures; on voit quelques tableaux dans la maison de M. Coudère, député, et chez M. Évêque, à-la-fois banquier et marchand de soie; mais ces honorables exemples sont rares et ont peu d'imitateurs.

Les bibliothèques particulières ne sont pas encore considérées comme un besoin des hommes civilisés, dans la seconde ville de France: je ne connais que M. Ruolz et M. Coulon, avocats, qui possèdent des collections un peu nombreuses de livres, et dont les bibliothèques méritent d'être citées pour la bonté et la beauté des ouvrages qu'elles renferment.

L'éducation des enfants des classes industrieuses

se ressent des habitudes ordinaires de ces classes, et ne dépasse guère ce qu'exigent les besoins du commerce : les fils des négociants reçoivent cette éducation dans les pensionnats et dans les colléges ; ceux du peuple sont abandonnés et croupissent dans la plus déplorable ignorance : on cite à peine quelques ouvriers qui sachent écrire passablement. Lyon abonde en gens profonds qui pensent comme le père Nicoméde,

Qu'Archimède autrefois gâta le genre humain.

Ces bons hommes poursuivent de toute l'ardeur de leur zéle hypocrite l'enseignement mutuel, découverte infernale de ces insulaires hérétiques qui veulent avoir des lois qui les protégent, et des magistrats, non pour vivre à leurs dépens, mais pour veiller à leurs intérêts. Cette méthode d'enseignement n'est tolérée à Lyon que dans quelques pensionnats de demoiselles, où les suites en ont paru moins séditieuses.

Il se faisait autrefois à Lyon un assez grand commerce de librairie ; mais ce commerce de livres de dévotion avait peu de rapport avec la littérature et les sciences. L'Espagne était pour les théologiens et les pères de l'Église une vraie terre promise ; tous les ouvrages mystiques y trouvaient un facile débouché : *la Fleur des Saints* y était en grande réputation ; *Marie Alacoque* était vue de très bon œil dans tous les couvents de moines : maintenant on y prise davantage les œuvres de sainte Thérèse et celles de Torquemada.

Par sa position entre deux grands fleuves, placée comme elle l'est entre l'Espagne et l'Italie, et près de la Suisse, d'où elle communique avec l'Allemagne, Lyon doit être une ville d'entrepôt et de commerce; son histoire prouve qu'elle pourrait au besoin devenir aussi une place de guerre, susceptible d'une longue et vigoureuse résistance. De toutes les grandes puissances de l'Europe, la France est la seule qui n'ait qu'une capitale où siège le gouvernement; quand cette capitale est occupée par l'ennemi, le gouvernement n'a plus de lieu de refuge. Paris n'est éloigné de la frontière du nord que de quelques journées; il n'en est séparé que par quelques places assez fortes pour soutenir un siège, trop faibles, de trop petite capacité pour retenir une armée par la crainte de voir une armée française sortir de leurs murs et se former derrière l'armée envahissante.

Pourquoi une ville couverte par la Loire, Tours, par exemple, ne serait-elle pas agrandie et mise en état de recevoir le chef de l'état et le gouvernement tout entier lorsque les erreurs de la victoire l'auraient fait passer sous les drapeaux de l'étranger, et les aurait amenés sur les rives de la Seine? Cette ville est garantie par deux fleuves, la Loire et le Cher; deux autres rivières la protégent encore, l'Indre, à une petite distance, et la Vienne un peu plus loin : Louis XI, si craintif, si précautionneux, s'y trouvait en sûreté.

Lyon est également protégée par de grands fleuves : pour y arriver du dehors, il faut passer par des défilés faciles à défendre, franchir des montagnes qui ne sont pas toujours accessibles. Les chemins de la Suisse ne sont pas incessamment ouverts aux ennemis de la France : la forteresse élevée par Louis XIV peut sortir de ses ruines indignées ; d'autres forteresses peuvent s'élever auprès d'Huningue, où se trouve une porte trop prompte à tourner sur ses gonds : la prudence avertie peut jeter les fondements d'un mur de séparation à jamais *infranchissable*. Une grande leçon peut n'être pas perdue.

Défendue au midi, au levant, et au couchant, par le Rhône et la Saône, la place de Lyon n'a besoin d'être protégée que vers le nord par des remparts et des bastions. Des redoutes et des fortifications construites au-delà de la *Croix-Rousse*, sur le *Mont-Suy*, à l'*Ile-Barbe*, à la Tour de la *belle Allemande*, et sur la montagne de *Fourvières*, en défendraient les approches et retarderaient un siège qui ne pourrait être entrepris que lentement avec des forces considérables, et qui donnerait le temps de préparer de redoutables diversions. « Ce plan, m'a dit en riant M. de M**, n'est peut-être pas le meilleur :

je ne le propose pas au gouvernement, à qui il en a été présenté plusieurs et qui semble décidé à s'en occuper d'une manière sérieuse; mais l'étranger a soin, toutes les fois que nous songeons à nous fortifier contre ses coups, de détourner notre attention par quelque distraction diplomatique, et jamais, chez nous, il n'a manqué de trouver dans une certaine classe des auxiliaires prompts à seconder ses machiavéliques efforts. »

Il est des gens qui avant d'être hommes, Français, citoyens, et même sujets, se croient quelque chose de plus ancien et de plus important. La France peut cesser d'être France, être morcelée en provinces russes, autrichiennes, espagnoles, piémontaises, prussiennes, wurtembourgeoises, et badoises, sans qu'ils cessent d'être ce qu'ils sont aujourd'hui. Il n'y aura de changé que les couleurs de leurs cocardes, de leurs rubans, et la broderie de leurs livrées; ils auront encore des brevets, des charges, des titres, des portefeuilles, et des pensions. Si ces pensions sont moins fortes, ils paieront moins aussi; peut-être même n'auront-ils qu'à recevoir et rien à donner, comme au bon vieux temps : ces gens-là s'entendront toujours avec les étrangers quand l'intérêt du pays ne sera pas le leur; sous ce rapport l'esprit des habitants de Lyon est peu rassurant pour les hommes du privilége. Ils combattirent vaillamment sous les étendards de Charles-Martel contre les Sarrasins, qui avaient pénétré en France et s'étaient rendus maîtres d'une partie du Dauphiné. On sait avec quelle vigueur ils assiégèrent les chanoines dans le couvent de Saint-Just, pour se soustraire aux vexations du chapitre de l'église de Lyon qui prétendait soumettre les citoyens à sa juridiction tonsurée. Cent arquebusiers de Lyon secondèrent si puissamment le comte de Guiche, qu'il parvint à repousser quinze mille Espagnols qui avaient fait une irruption dans la Bresse, sous les ordres du baron Poulleville. Maligny, jeune gentilhomme mâconnais, s'était introduit dans la ville, avec des troupes, en 1560; il était au moment de s'emparer d'un poste important, le *Pont de Pierre* : les habitants surpris, mais non découragés, s'assemblent à la hâte, s'arment au hasard, et se rangent sous les ordres du premier chef qui se présente pour les mener au combat; c'est un abbé, nommé de Savigny: n'importe, ils le suivent, attaquent, repoussent de rue en rue le Mâconnais, et bientôt le chassent de la ville, où il laisse le plus grand nombre des siens.

Amis des lois, et par conséquent ennemis de toutes les tyrannies, les courageux habitants de Lyon attaquèrent le duc de Nemours, qui voulait se faire prince souverain, l'acculèrent à la montagne de Fourvières, et le forcèrent de se rendre prisonnier.

De nos jours nous les avons vus combattre avec

moins de bonheur, mais non moins de courage, les hommes qui voulaient fonder en France, au lieu de la liberté par les lois, la tyrannie populaire par la terreur et l'anarchie. Les fils de ceux qui avaient su se soustraire à l'oppression des chanoines, et au joug que leur préparait le duc de Nemours, n'endurèrent pas long-temps celui d'un fou furieux et sanguinaire tel que Châlier.

Les bataillons de la garde nationale lyonnaise, surpris et dispersés d'abord par des décharges à mitraille dans la journée du 29 mai 1793, ne tardent pas à se réunir : ils ne répondent à l'ordre de quitter les armes sous peine de mort qu'en formant deux colonnes d'attaque, dont l'une remonte le quai du Rhône et soutient vaillamment pendant deux heures le feu de six pièces de canon qui les foudroyaient, tandis que l'autre s'avance sur les quais de la Saône, repousse un détachement de troupes de la municipalité, qui s'était présenté sur la place Saint-Pierre, et, malgré les coups de fusil qui lui sont tirés par des hommes embusqués derrière les murs et dans les maisons, elle parvient à s'établir sur la place des Carmes, en face de l'hôtel-de-ville, où le combat devient général entre les deux armées; car tous les stipendiés, tous les sicaires, tous les hommes accourus du dehors par l'espoir du pillage, se trouvaient là dans les rangs des anarchistes: tous les bons citoyens, tous les hommes qui voulaient l'ordre, la sûreté, l'honneur, les garanties sociales pour la vie et les biens de chacun, étaient venus se placer dans les rangs opposés ; la victoire ne pouvait être douteuse, elle fut remportée par l'armée des sections : à cinq heures du matin elle avait chassé ses ennemis et s'était emparée de la maison commune. Elle trouva les cours jonchées des cadavres des prisonniers égorgés pendant la nuit. Châlier et Riard payèrent ce crime de leur tête. Mis en jugement, ce Riard de Beauvernon, noble de race, qui s'était fait sans-culotte, convaincu d'avoir tué d'un coup de pistolet un citoyen qu'il avait engagé à s'avancer vers lui sous prétexte de faire des propositions de paix, et Châlier, accusé d'être un des auteurs et des provocateurs de la journée du 29 mai, furent condamnés à mort. Ce Châlier, tourmenté par la fièvre morale qui alors portait le trouble dans les cerveaux faibles, était un homme irréprochable dans sa vie privée ; il prêchait le meurtre et le pillage, mais jamais au milieu des plus grands désordres il ne chargea ses mains des dépouilles des vaincus. Froid et calme après sa sentence, assis au milieu de ses amis, il les console, dispose de ses biens et en fait part aux prisonniers. Le jour de l'exécution il ne marche pas, il court vers le lieu du supplice et se plaint d'y arriver trop lentement. Un magistrat, un philosophe, un homme qui avait médité sur la fragilité de l'existence et l'instabilité des choses humaines, de Thou, n'avait pas su placer sa tête sous la hache de l'exécuteur; Châlier livra sans pâlir la sienne au bourreau, en recommandant *son ame à Dieu et sa vengeance à sa patrie.* Par un trait qui tient au temps, et qui fait connaître cet homme tout entier, avant d'aller à l'échafaud il remit à son avocat une note dans laquelle il l'invitait à faire imprimer le plaidoyer prononcé pour sa défense, en y ajoutant *les noms des juges et des jurés qui l'avaient condamné.* Châlier avait commencé par être prêtre, et s'en souvint après avoir entendu sa sentence : *Craignez le retour de matines*, dit-il à ses juges.

Ce retour fut affreux: une armée s'avança contre Lyon; quelques habitants allèrent à sa rencontre l'olivier à la main; ils furent impitoyablement massacrés : il ne restait d'espoir que dans la défense; mais quelle défense pouvait opposer un peuple inaccoutumé aux armes, et qui ne connaissait pas même l'usage de celles avec lesquelles on allait l'attaquer? Cependant rien n'effraya le courage des Lyonnais; rien n'ébranla leur constance : réduits à défendre leur liberté, leur vie, contre d'injustes agresseurs, on les vit, durant un siége de soixante-cinq jours, braver tous les dangers, supporter avec une patience héroïque toutes les privations, se soumettre sans murmures aux travaux, aux fatigues inévitables dans ces circonstances périlleuses, et ne céder enfin qu'à une armée chaque jour plus formidable, et à laquelle il était devenu impossible de résister. Lyon, écrasée par trente mille bombes, par cent mille boulets, résistait encore; mais la famine abattait plus d'hommes que les bombes, les boulets, et cent mille soldats de la convention dont tous les efforts n'avaient abouti qu'à s'emparer de quelques postes avancés.

Les malheurs et les crimes qui suivirent la reddition de cette cité héroïque sont connus du monde entier; les circonstances qui précédèrent ce terrible désastre sont encore enveloppées de quelques mystère : on ne sait pas bien par quelle faveur de la fortune, lorsque tous les détachements formés par ces hommes qui cherchaient leur salut dans la fuite tombèrent au pouvoir de l'armée assiégeante, et furent entièrement exterminés, celui à la tête duquel se trouvait M. de Précy put s'échapper, atteindre la frontière de la France, et parvenir jusque sur une terre étrangère. Environ deux mille hommes, cavaliers et fantassins, composaient cette petite armée, qui traînait avec elle quelques pièces de canon, quelques chariots où étaient déposés les débris de la fortune de ceux qui tentaient de dérober leur tête au glaive des vainqueurs : un plus grand nombre de proscrits aurait grossi ses rangs, s'ils eussent été avertis de ce qui se passait; mais cet avis salutaire ne leur fut point donné. M. de Précy et les siens, sortis par la porte de Vaise, ne furent ni attaqués ni poursuivis d'une manière bien vive. On ne sait s'ils durent cette faveur au hasard, ou à des conventions secrètes : les historiens de la révolution doivent s'attacher à bien éclaircir ce point, plus important qu'on ne le pense peut-être pour se faire une idée juste des hommes et des événements de cette époque.

Ce que les Lyonnais voulaient alors, ils le veulent encore aujourd'hui; c'est le règne des lois, l'indépendance nationale, la liberté, la sûreté de tous les membres de la grande famille française. Eux qui n'ont rien à faire pardonner, qui n'invoquent l'oubli pour aucune de leurs actions publiques, ne cessent de rappeler ce noble vœu d'*union* et d'*oubli*, objet d'insolentes railleries, ou d'imprécations sacriléges, dans les conciliabules des fauteurs du fanatisme et de la féodalité.

Lyon comptait au nombre de ses priviléges celui de se garder elle-même; le prévôt des marchands, élu par les citoyens, était en même temps le commandant de ces gardes urbaines qui, sous le nom de *penonages*, veillaient à la sûreté des citoyens : il serait difficile de dire où finissaient ses pouvoirs, où commençaient ceux des gouverneurs. Lyon était une espèce de république: fille de l'industrie et mère de l'égalité, elle régnait parmi ses habitants; et encore aujourd'hui un certain ridicule y est attaché aux distinctions nobiliaires. Les hôtels brillants du quartier Bellecourt ne sont guère connus que par leurs noms de famille; les titres de *marquis*, de *comtes*, de *vicomtes*, et de *barons*, y sont peu en usage, même parmi ceux qui s'en montrent les plus fiers : ce n'est guère qu'au-dehors que leur vanité se hasarde à en faire parade.

Cette causerie nous avait ramenés vers la rue Saint-Dominique : la journée était avancée; j'avais besoin de repos; il restait au baron quelques affaires à régler : nous nous sommes séparés.

N° XCI. [25 décembre 1819]

LE DIMANCHE A LYON.

> Oui, j'habite en effet un singulier séjour,
> Car on y dort la nuit, on y veille le jour :
> S'amuser n'est pas tout on s'y fait un délice
> Du travail; promener est même un exercice.
> COLLIN-D'HARLEV., *Mœurs du jour*

Le son des cloches, et le mouvement plus animé de l'hôtel de madame Bondonneau, m'ont rappelé de bonne heure que le jour nouveau, dont les rayons pénétraient dans mon alcôve par les fentes nombreuses des volets, était un jour de fête. Bientôt une fille forte et vive, aussi prompte de la langue que du geste, est entrée dans ma chambre en me demandant pardon de m'éveiller si matin. Elle s'est excusée sur la nécessité qui l'obligeait de finir promptement son ouvrage, afin d'aider une de ses parentes *à se remuer*, c'est-à-dire à déménager.

Cette parente allait se marier, et venait de lui envoyer des dragées. A Lyon ce n'est pas au baptême, c'est aux *épousailles* que l'on distribue des bonbons;

il est d'usage dans les diverses classes de la société d'en donner aux membres de la famille et aux amis des époux futurs: ces bonbons sont renfermés dans de petites boîtes de carton peint. La forme de ces boîtes rappelle plutôt un sarcophage qu'un berceau. J'ai accepté avec plaisir un de ces petits coffrets; il tiendra place dans le musée de mon ermitage.

Ma jeune chambrière, tout en changeant les rideaux de mes fenêtres, qui, disait-elle, *faisaient regret,* ce qui signifie, dans le langage lyonnais, qu'ils étaient sales, m'a appris que ce n'était point avec des dragées, mais avec des rôties au vin qu'on régalait les personnes qui venaient visiter les femmes en couche. Elle m'a demandé la permission de quitter *ses grolles,* ses pantoufles, pour monter plus aisément sur une chaise, s'est hâtée d'enlever quelques toiles d'araignée qu'elle a été déposer dans la boîte aux *équevilles* (aux ordures), et s'est retirée en emportant un bout de *chevillard, de la limoge, une goyarde, et des anilles,* ce qui veut dire en français un bout de ruban de fil, du coton rouge, une serpette de jardinage, et des béquilles, qu'elle avait été prendre dans le cabinet voisin: on me pardonnera de signaler ainsi ces expressions locales; les vices du langage ne sont pas étrangers aux mœurs d'un pays.

Fidéle aux mœurs de ma profession, les fruits,

les racines, et le laitage, tiennent la plus grande place dans mes repas : j'avais demandé pour déjeuner des *carottes,* on m'a apporté des *panais;* c'est sous ce nom que les panais sont connus à Lyon. Quand on veut des carottes, il faut demander des betteraves. Pour me dédommager de la méprise, on m'a offert des *ranets,* nom que l'on donne ici au lait caillé, et amandé avec la feuille de laurier. On l'apporte à Lyon de Sainte-Foix, village situé sur la Saône. Ces espèces de fromages, renfermés dans de petits vases de terre rouge, sont délicieux au goût.

« On se promène de bonne heure à Lyon, m'a dit M. de M**; si nous voulons voir et le beau monde et le monde utile, il est temps de partir. » Nous nous sommes acheminés vers le quai Saint-Clair. M. de M** me dit en passant devant Bellecourt: « Les personnes désœuvrées ne sont jamais les premières prêtes à paraître aux lieux où elles doivent se rendre; arriver tard est ici, comme à Paris, un des petits secrets de l'amour-propre. Dans la capitale, le jour des solennités théâtrales, il reste toujours, au lever du rideau, quelques loges vides qui s'ouvrent à grand bruit lorsque les acteurs sont en scène. On y entre avec nonchalance et en causant, afin d'interrompre la pièce et de se faire regarder. Si j'étais journaliste, je ferais justice de cette impertinence; je tracerais, des fous et des folles qui se donnent ainsi en spectacle, des signalements si fidèles qu'ils ne pourraient plus se montrer dans le monde sans faire naître le rire, et au théâtre sans exciter les sifflets et les épigrammes du parterre. Je suis plus indulgent pour les promeneurs en retard; la petite vanité qui les porte à se montrer les derniers ne nuit à personne et fait sourire l'observateur. Les gens qui paient à la malice humaine le léger tribut de leurs ridicules ont droit, sinon aux respects, du moins à la reconnaissance des amis de la gaieté; sans eux on ne rirait plus en France.

La toilette et la médisance sont les deux grandes occupations de Bellecour, ou plutôt on n'y en connaît pas d'autres. Avoir un état, faire partie de la magistrature, exercer quelques fonctions publiques, ce serait déroger. Les nobles du quartier féodal de Lyon vivent dans une oisiveté complète; il est impossible de se montrer plus gentilshommes. On ne cite que deux familles qui fassent exception à cette règle; l'une, issue de Jehan Bellièvre, notaire royal à la place Saint-Jean, vers l'an 1480; et l'autre des princes d'Albon : le maréchal de Saint-André était de cette famille. Camille Jordan, Degérando, Delandine, l'académicien Ampère, les peintres Richard et Revoil, le maréchal Suchet, et tant d'autres Lyonnais qui depuis trente ans se sont distingués à l'armée, dans l'administration, dans les sciences et les arts, par leur bravoure, leur savoir ou leurs talents, sont tous de race plébéienne : les choses et les hommes utiles en sortent presque tous. Ce privilége naturel vaut à lui seul tous les priviléges de convention ou *d'institution*, comme les appelle le moraliste Nicolle.

Les maris de Lyon ne sont pas renommés pour leur fidélité, et à cet égard les bourgeois ne sont pas plus exempts de reproches que les nobles. Pour ceux-ci les parties de campagne offrent bien des circonstances périlleuses; pour ceux-là les soirées au théâtre ne sont pas sans dangers : les loges les plus recherchées sont celles du ceintre; toutes sont louées à l'année et retenues long-temps à l'avance; il n'en vient guère à vaquer que par décès ou faillite.

La ville renferme une foule de jolies grisettes qui aiment le spectacle et la parure, et beaucoup de négociants charitables se plaisent à leur procurer les moyens de satisfaire ces goûts innocents. Cependant l'union règne dans les ménages; les Lyonnaises ont le bon esprit de ne pas s'enquérir de ce qu'elles doivent ignorer: femmes économes, mères tendres, elles tournent toutes leurs pensées vers les soins que demandent leurs maisons et leurs enfants. Le bonheur de la famille est ici le premier devoir des femmes, et celles de Lyon s'y consacrent tout entières. Cependant elles ne se montrent point insensibles aux plaisirs de la société; elles aiment les longues causeries, les réunions nombreuses, les bals pendant l'hiver, les fraîches parures et les modes nouvelles. Ce luxe de bon goût satisfait la vanité des Terreaux, et humilie un peu celle de Bellecourt, où l'on est plus noble que riche, car les fortunes que l'industrie ne renouvelle pas ne tardent pas à s'épuiser. Les habitants de Bellecourt se vengent par des traits impuissants de ceux qui s'opposent en riant à l'opulence, au sot orgueil des titres anciens, et à l'orgueil plus sot encore des blasons de fraîches dates.

La foule commençait à se presser sur le quai de Retz, où nous étions parvenus; je remarquai de tous côtés des femmes brillantes de jeunesse et de beauté. Les Lyonnaises sont en général d'une taille élevée; leur teint est éclatant; la finesse de leur corsage ne nuit pas aux formes heureuses que la nature se plaît à leur donner; mais il y a peu de rapport entre leur pied et celui des Chinoises. On attribue, fort gratuitement selon moi, aux cailloux petits, coniques, et inégaux, dont les rues sont pavées, la rondeur désagréable et l'espèce de tournoiement qui distingue le pied des femmes de Lyon.

Pendant que je faisais cette observation, un homme d'environ cinquante ans, d'une taille haute, portant le nez au vent, est passé tout près de nous. J'ai vu le baron sourire; c'était exciter ma curiosité;

il s'est empressé de la satisfaire. « Cet homme, m'a-t-il dit, est célèbre par ses aventures galantes. Au temps où les chanoinesses de Remiremont recevaient ailleurs que dans leur chapitre les officiers de la garnison de cette place, il était lieutenant de cavalerie, et le bruit courait qu'une de ces dames lui dut l'avantage d'aller passer quelques semaines dans la maison mystérieuse qu'elles possédaient sur la route de Vagnier, et qui s'appelle encore aujourd'hui la retraite des chanoinesses. Deux dames de Lyon ont failli se couper la gorge en son honneur. L'une d'elles lui a joué le tour le plus humiliant pour un homme à bonnes fortunes. Il se présenta chez elle au moment où elle allait sortir pour une de ces affaires qui ne souffrent ni remise ni retard : il offrit son bras à la dame ; elle avait aliéné le droit de le refuser, mais sûre de sa complaisance, madame de*** pria son attentif de l'attendre sur le quai des Célestins: tout près de là logeait une de ses amies partant pour la campagne ; elle avait des adieux à lui faire, des commissions à lui donner. Le docile sigisbé obéit, regarda patiemment couler l'eau de la Saône, examina à loisir le pont de l'Archevêché et le Pont-Volant ; il répéta plus d'une fois que les femmes, comme les amants, ne se quittaient jamais tant qu'il leur restait quelque chose à se dire. Enfin madame de*** reparut ; la conversation qu'elle venait d'avoir avait rehaussé son teint, animé ses traits, rendu sa respiration plus courte, et donné à sa toilette un ordre nouveau auquel M. de*** ne s'était pas attendu sans doute, car il en parut surpris: il se hâta de reconduire chez elle sa belle essoufflée, et revint s'enquérir de la dame voyageuse. De questions en réponses, de réponses en questions, il parvint à savoir que cette dame était un jeune cavalier, beau chanteur, bon comédien, brave s'il en fut, bien fait de sa personne, et capable en fait de conversation de tenir tête à la plus intrépide causeuse. M. de*** revint chez madame de***; il était en colère, elle était encore émue; il lui jeta au nez une très vilaine parole, elle lui lança au visage un fort beau chandelier. Alors perdant tout respect et usant du droit du plus fort, il s'oublia au point d'infliger à son infidèle une de ces corrections que les mamans les plus sévères n'appliquent qu'aux petites filles et aux garçons en jaquettes. Madame de*** s'en plaignit; M. de*** s'en vanta; et, comme vous le jugez bien, cette affaire leur fit à tous deux infiniment d'honneur. »

Il y a dans la médisance je ne sais quel attrait qui captive : tout occupé de l'aventure du quai des Célestins, je n'ai pas vu un gros homme qui s'avançait vers moi en regardant d'un autre côté; nous nous sommes heurtés assez rudement pour me faire perdre l'équilibre : à mon âge un rien écarte du centre de gravité. Le gros homme est poli; tout en m'aidant à me mettre d'à-plomb sur mes jambes, il m'a bien assuré qu'il m'avait *roqué* sans dessein. « Vous pouvez l'en croire, m'a dit le baron; ce promeneur à larges hanches déjeune longuement et ne met point d'eau dans son vin. Il donne le bras à une femme grande, belle, blanche, et leste; c'est la sienne : elle a voulu épouser un baron ; mais en échange de ce titre il semble qu'il ait exigé d'elle le sacrifice de ces charmes extérieurs qui doivent être l'apanage exclusif du beau sexe: cependant, comme vous le voyez, c'est lui qui en porte seul le double poids. Suivons ce couple vaniteux : nous allons bientôt savoir que madame N*** ne va pas toujours à pied. » En effet je n'ai pas tardé à l'entendre demander sa voiture du ton dont Madelon dit à Almanzor: *Laquais, voiturez-nous les commodités de la conversation.* Un vieux coupé délabré, attelé de deux chevaux étiques et mal harnachés, voilà ce que madame la baronne appelle *son équipage*.

Un homme roide et droit a traversé à cheval le Rhône sur le pont de la Guillotière. Cet homme, meilleur avocat que bon écuyer, est savant dans les matières commerciales : il donne audience à ses clients au passage des Célestins, et va lui-même consulter une aimable jurisconsulte qui loge au troisième étage d'une maison de la place Bellecourt.

Voici un vieux troubadour qui n'a point trouvé dans ses *Soirées provençales* le secret des *sirvantes* et des *tensons :* simple correspondant de l'Institut, il prend le titre de membre de cette docte société; c'est une petite vanité très excusable de la part d'un poète octogénaire, qui d'ailleurs est un fort galant homme.

S'il fallait juger des gens sur la mine, il serait difficile d'avoir une idée avantageuse de cet homme grand, mince, au teint olivâtre, au nez à-la-fois long et retroussé, qui parle d'un ton doux, et dont le langage mielleux annonce plutôt un disciple de Loyola qu'un fabricant. Cependant les plus belles étoffes de Lyon sortent de sa manufacture; nul ne porte à l'industrie française un intérêt plus éclairé : le premier il a introduit en France la laine longue d'Angleterre : il a proposé au gouvernement de planter à ses frais une certaine quantité de mûriers, près de Lyon, sur la rive droite de la Saône. La correspondance qu'il entretient avec les îles Ioniennes a pour objet de procurer à nos fabriques des cotons à un prix inférieur de moitié à celui qu'ils coûtent aujourd'hui, et d'obtenir pour les soies étrangères un entrepôt semblable à celui qui existe à Londres. Lyon renferme peu de citoyens plus recommandables.

« Parmi les hommes dont les membres longs et grêles n'ont dans le règne animal que des analogues sinistres, remarquez-vous, m'a dit le baron, celui qui marche seul, et sur lequel chacun jette en passant un regard de mépris et de haine? C'est un de ces misérables qui, dans les temps de colère, se montrèrent disposés à servir toutes les fureurs du pouvoir. Aux jours des réactions et des vengeances il remplissait un ministère redoutable, et loin d'en adoucir les rigueurs il se plut à les aggraver. Habitué du café *Casati*, il a cessé de s'y montrer depuis quelques mois. Un négociant, placé auprès de lui, s'en éloigna en disant: *Cet homme exhale une odeur de sang.*

«Tout près de lui marche en se rengorgeant un gros garçon blanc et rose. Quoiqu'il soit au monde depuis près d'un demi-siècle, à sa mine jouflue ne diriez-vous pas qu'il vient de quitter sa nourrice, et qu'il n'a pas encore éprouvé le besoin de recourir à l'art des barbiers? Cet orateur à voix grêle s'est marié, et n'a point d'enfants : les femmes n'en sont pas surprises.

«A quatre pas de cet époux imberbe marche une femme qui fut mademoiselle de ***, après avoir consenti, en face de l'Église, d'obéir à M. N***. Cette dame ne renferme point ses affections dans le cercle étroit d'une ville, d'une province, et même d'un royaume; son grand cœur embrasse les intérêts de l'Europe tout entière. D'humeur martiale, elle préfère les militaires aux magistrats : les Autrichiens, les Prussiens, les Russes, et les Suisses, se vantent de l'avoir vue marcher sous leurs drapeaux.

Petit, maigre, logeant dans le corps le plus étroit

la vanité la plus expansive; jaloux des prérogatives de la place qu'il occupe autant qu'un roi puisse l'être des prérogatives de sa couronne; mais, par un honorable contraste, plein d'honneur et de ce courage civil mille fois plus rare que le courage militaire, sur-tout chez les Français, M. R*** a quitté les fonctions judiciaires pour les emplois dans l'administration : c'est un véritable malheur pour les tribunaux, où il donnait le bon exemple d'une indépendance trop rare, et d'une volonté qui ne savait céder qu'aux inspirations de sa conscience. Le peuple de Lyon n'a point oublié ses titres au respect de tous les gens de bien. Dans l'émeute qui a eu lieu au sujet des dernières élections, une pierre fut lancée contre les dépositaires du pouvoir. Malgré sa petite taille et son âge avancé, M. R*** demanda hardiment à qui cette pierre était adressée. Plusieurs voix s'empressèrent de répondre : *Ce n'est pas à vous;* et le tumulte cessa.

« Voici encore un Lyonnais dont le mérite est plus grand que la taille : il fait avec un succès égal des traductions et des rubans, et n'est pas moins bon commerçant que bon helléniste. On le trouve souvent à Lyon dans la grande salle de l'académie, et à Paris dans le beau magasin de madame Ban***. Les voyages ne sont pas moins favorables à sa santé que les muses et le commerce. Admirez comme il est fleuri!

«Un peu courte, un peu grasse, mais blanche, appétissante, élégante dans sa parure et dans son maintien, depuis que mademoiselle*** est devenue madame de ***, les bords du lac de Bourget ne lui sont pas moins connus que les rives du Rhône. Nos Lyonnaises ont beaucoup d'estime pour les nobles savoyards.

« La douceur du jour a engagé les plus sédentaires à venir sur le quai Saint-Clair jouir des derniers rayons du soleil d'automne. Madame Ch*** sort peu; cependant ses talents l'ont rendue célèbre: graveur, dessinateur, et musicienne, elle n'est pas moins distinguée par son amour des belles-lettres que par son goût pour les beaux-arts. Au milieu de sa famille on la prendrait pour la sœur aînée de ses filles : jusqu'ici elles n'ont hérité que de la beauté de leur mère. »

Par-tout l'éducation, la fortune, et les conditions sociales, divisent la grande famille humaine en masses séparées qui s'évitent et qui ne jouissent pas même en commun de ce qui appartient à tous, l'air et la lumière. Le pauvre et le riche prient sur des sièges différents; sous la terre ils ne dorment point côte à côte : ce n'est qu'après avoir été broyés et réduits en poussière par le pilon du temps que leurs atomes roulent dispersés et confondus, tantôt dans le sable des mers, tantôt dans ces tourbillons que le vent promène sur la surface de la terre.

Je me livrais à ces réflexions que fait naître surtout la population des grandes villes, en voyant les canuts traverser le quai Saint-Clair sans s'y arrêter, passer le pont Morand, et se répandre dans la plaine des Brotteaux, tandis que le beau monde des Terreaux reste en-deçà de ce pont et ne quitte guère le quai du Rhône; à peine quelques couples, entraînés par la causerie et le desir de se dire de ces choses que tout le monde ne doit pas entendre, poussent-ils jusque sous les ombrages de la grande allée, plantée au-delà du fleuve. Moi qui ne suis pas de la ville, moi qui ne crains pas de compromettre ma dignité d'ermite en me mêlant aux groupes populaires, j'ai entraîné M. de M** vers les Brotteaux.

Arrivés au milieu du pont, il m'a fait remarquer de ce point de vue, vers la gauche, la *villa* Bissardon, dominant les terrasses qui s'élèvent en amphithéâtre jusqu'au point où elle a été bâtie; les kiosques et les jolies fabriques qui font partie de cette charmante *villa*, et d'autres encore qui parent la colline au bas de laquelle passe *le chemin d'Herbouville*. Sur ce chemin se trouve un des plus beaux cafés de l'Europe, appelé la *salle Gayet*, du nom de celui qui l'a fait bâtir : cette entreprise a plus augmenté son renom que sa fortune. On assure que la construction de cette salle immense a coûté quatre cent mille francs. Le bischolf ou punch au vin et la bière qui s'y vendent ne procurent au propriétaire qu'un faible intérêt de tout l'argent qu'il a dépensé pour élever cet estaminet célèbre.

En descendant vers la ville, le Rhône fait le coude, et semble sortir de la masse des rochers qui l'ont forcé de rompre cette ligne droite qu'il affecte de suivre depuis sa source jusqu'à son embouchure. M. de M** m'a tiré de la rêverie où me plongeait la contemplation de ce grand et magnifique tableau, pour me faire prêter l'oreille aux discours d'un groupe de canuts arrêtés tout près de nous. Les femmes étaient proprement vêtues; les unes de robes de percale, les autres de robes de soie : les hommes portaient l'habit olive, la boucle d'argent au soulier, et la canne à pommeau sous le bras; ils se complimentaient les uns les autres sur la beauté de leur habit: *C'est de mes déchets*, était leur réponse à tous. Je ne concevais rien à cette phrase : M. de M** m'en a donné l'explication :

> Pain qu'on dérobe et qu'on mange en cachette
> Vaut mieux que pain qu'on cuit ou qu'on achète,

a dit La Fontaine.

Les fatigues du pauvre n'obtiennent pas toujours une équitable récompense; trop souvent le fabricant fait entrer dans le calcul de ses bénéfices ce qu'il retranche au nécessaire de l'ouvrier, et celui-ci cherche par toutes sortes de moyens à rétablir l'équilibre. Un toit et du pain ne suffisent pas au canut le plus humble, il lui faut encore du linge et des habits. Si le travail le plus opiniâtre ne peut les lui procurer, il les demande à la fraude, à la ruse. Ne mettez pas le besoin aux prises avec l'avarice, car tout active, toute rusée qu'elle est, sa finesse et sa surveillance seront mises en défaut. Vous avez beau peser la soie, calculer avec la dernière exactitude ce qu'il faut d'onces, de gros, et de grains de soie pour fabriquer une pièce d'étoffe de la longueur et de la largeur par vous déterminées, et vous aider, dans ce travail, de l'expérience et des conseils de vos devanciers : l'ouvrier vous la rapporte; le poids, les dimensions, rien n'y manque, et cependant il ne vous rend pas tout ce que vous lui avez donné. A l'aide de substances grasses, il s'est procuré ces *déchets* dont il a besoin pour acheter un habit. Ces substances, qui échappent à votre vue, se manifesteront plus tard, quand l'étoffe, mise en œuvre, aura passé dans les mains du consommateur. La couleur grise est la plus propre à cacher ces larcins : c'est elle aussi qui les découvre le plus tôt et le mieux.

Les déchets ne pourvoient pas seulement à l'entretien de la garde-robe des canuts, ils en tirent encore l'argent nécessaire à leurs plaisirs du dimanche. Dans ce jour consacré au repos et à la joie, les canuts remplissent les nombreuses guinguettes dont la plaine des Brotteaux est semée; ils y boivent de la bière et mangent des *craquelins,* espèce de couronnes épineuses faites avec de la pâte semblable à celle des échaudés.

On a élevé dans cette plaine des montagnes russes ; on y voit des *funambules* et des marionnettes. Une autre partie de ce peuple ouvrier, plus embarrassée de ses loisirs que de ses travaux, va passer les longues heures du dimanche sur le quai Saint-Antoine, où sont exposés les animaux féroces, et sur le quai des Cordeliers, quartier-général des saltimbanques, des nains, des géants et des monstres.

Le lundi et le mardi de Pâques, le lundi et le mardi de la Pentecôte, toute la population de Lyon se rend à l'Ile-Barbe : le beau monde y court en voiture pour voir et être vu ; les ouvriers y vont pour danser, et s'y rendent dans de petits bateaux appelés *buchers,* couverts de toiles, et qui ressemblent assez aux batelets des blanchisseuses de Paris. Ajoutez à ces plaisirs les jeux de boules et de quilles, et vous aurez une idée complète de tous les passe-temps du peuple de Lyon. M. de M** m'a fait remarquer quelques couples qui, à la sortie du pont Morand, prenaient à gauche pour rentrer en ville par le pont de la Guillotière ; les amants prennent toujours le plus long.

Après une courte promenade dans la plaine, nous sommes rentrés en ville ; des promeneurs du meilleur ton marchaient devant nous. La dame, bien prise dans sa taille, brune, à l'œil ardent et spirituel, donnait le bras à un de ses cousins, M. de N***, homme singulier, qui fit annoncer son mariage sans consulter sa future : la demoiselle, quoique depuis long-temps majeure, n'osa pas le dédire ; mais on a des raisons de croire qu'elle lui garde rancune. Grêle et de taille moyenne, peu soigneux dans ses vêtements, et n'attachant ses haut-de-chausses qu'avec des épingles, M. de N*** fut, comme les premiers Romains, forcé de recourir à la ruse pour se procurer une compagne.

Deux heures sonnaient à peine, et déjà la promenade devenait déserte. « C'est, m'a dit M. de M**, le moment où l'on dîne en Bellecourt : le commerce se met à table vers trois heures; la justice et l'administration n'y prennent place qu'à cinq, et tout le monde soupe à dix. Beaucoup de ceux qui louent à l'année les loges du ceintre, au Grand-Théâtre, dînent deux fois, la première avec leur femme. Le dimanche est à Lyon le jour des indigestions; il est certains gourmands qui s'en donnent toute la semaine : presque toute la semaine ils dînent en ville après avoir dîné chez eux.

« Admirez l'économie qui règne parmi nous, m'a dit le baron en nous retirant; vous n'avez pas aperçu une belle voiture, une seule calèche élégante. Sous ce rapport Bellecourt ressemble aux Terreaux, et nos comtes les plus fiers de leurs titres ne diffèrent pas de ce bon M. G*** qui se fait traîner par un seul cheval, conduit par un gros paysan, et dont la voiture ressemble à celle du vieux docteur P***. Cependant M. G*** possède une fortune évaluée à près de deux millions. »

Cette observation est la dernière que je ferai sur les mœurs des Lyonnais; demain nous quittons cette ville, recommandable à tant d'autres titres. Le baron retourne à Paris, moi je vais à Fcrucy.

N° XCII. [30 décembre 1819.]

FERNEY-VOLTAIRE.

> Un grand homme tient le milieu entre la nature et la divinité : inférieur à celle-ci, il est au-dessus de l'autre
>
> Sénèque.

C'est en appliquant à Voltaire cette pensée de Sénèque qu'on en reconnaît la vérité; j'ajoute qu'après avoir défini ce mot de grand homme, les annales du monde nous offriraient difficilement l'occasion d'en faire un aussi juste emploi. Si, pour mériter ce titre, il suffit d'avoir fait preuve de courage, de talent, de génie même; s'il suffit d'avoir ravagé la terre, d'avoir conquis des royaumes ou gouverné des états, Voltaire a beaucoup de rivaux; mais si l'on réserve cette qualification de grand homme pour ces êtres privilégiés qui ont été à-la-fois la gloire de leur pays, l'orgueil de leur siècle, et l'honneur de l'humanité; pour ces génies bienfaisants dont chaque jour a été marqué par un grand service rendu à leur patrie; pour ces esprits de lumière dont la parole sublime a dissipé autour d'eux les ténèbres de l'erreur; pour ces maîtres de la pensée qui ont si prodigieusement agrandi sa sphère et reculé ses limites; pour ces hardis novateurs qui ont vengé la religion des superstitions qui la déshonorent, et de l'intolérance qui la fait haïr; en un mot, si l'on ne doit honorer du titre de *grand* que l'homme qui a su réunir en lui seul, et au plus haut degré, le génie, le talent, la raison, le courage, et la vertu, je ne trouve dans les annales du monde qu'un seul homme auquel la définition de Sénèque soit parfaitement applicable, et cet homme c'est Voltaire.

Cette réflexion suffirait peut-être pour motiver la brusquerie de la résolution qui me détermine à passer des bords du Rhône aux bords du lac Léman; la lettre suivante achèvera de mettre le lecteur dans le secret de cette excursion improvisée.

« Vous parcourez en ce moment les bords du Rhône, monsieur l'Ermite, et votre philosophie y recueille des cris plaintifs que les échos de ses rives ont si douloureusement répétés; c'est à l'ami des hommes, c'est sur-tout à l'ami de la patrie et de la vérité qu'il appartient d'élever la voix et d'imposer silence aux fureurs des partis : n'en doutez pas, vos écrits resteront gravés dans les cœurs français.

« Mais, dans un voyage qui vous rapproche de l'habitation, ou plutôt du temple d'un demi-dieu, ne viendrez-vous pas rendre hommage à l'ombre honorable du défenseur des Calas, des Sirven, des

Labarre, des Lally? Vous que la France aime à compter au nombre de ses meilleurs citoyens, n'irez-vous pas à Ferney, dans ce lieu d'où s'éleva la voix céleste qui affranchit les serfs du Mont-Jura; d'où partit le foudre qui brisa dans les mains des moines de Saint-Claude le sceptre féodal dont le monarque lui-même s'était dessaisi?

«Qui sait mieux que vous que cette gloire du philosophe était associée dans Voltaire aux plus beaux lauriers du poète, et que toutes les muses s'étaient disputé l'honneur de tresser sa couronne? Accourez donc, ermite voyageur, venez retremper votre ame et votre esprit au foyer de Voltaire! venez nous entretenir de ce bienfaiteur de l'humanité qui créa une ville pour les proscrits, qui combattit le fanatisme pendant soixante ans, et qui finit par écraser l'infame.

« Un habitant des bords du lac.
« A. M. »

Les Suisses ne peuvent entendre le ranz des vaches sans brûler du desir de revoir leurs montagnes; le nom de Ferney a sur moi la même influence: je ne puis l'entendre prononcer sans qu'il réveille dans mon ame le souvenir de Voltaire, et toutes les pensées qui s'attachent à ce nom immortel; aussi n'avais-je pas achevé la lettre que je viens de transcrire, que ma pointe sur Ferney était résolue: dès le lendemain j'étais en marche.

De Lyon à Ferney, je n'ai rien vu sur ma route: l'esprit préoccupé d'une pensée unique, pendant deux jours la terre se borna pour moi au pays de Gex, et ses habitants à un seul homme.

J'ai déja dit plusieurs fois que depuis ma plus tendre jeunesse jusqu'à l'âge extrême où me voilà parvenu, j'ai tenu très exactement le journal de ma vie; c'est le seul livre que j'emporte avec moi dans mes courses, et, toute vanité d'auteur à part, celui que je consulte avec le plus de fruit et de plaisir: pouvais-je manquer d'y avoir recours en pareille occasion?

Mon père, qui m'a légué son admiration pour le grand homme par excellence, faisait tous les deux ans le pèlerinage de Ferney: il m'avait promis de m'y conduire quand je saurais par cœur *la Henriade* et *les Discours philosophiques*; il me tint parole en 1776, l'année même où je remportai le premier prix de version à l'université. Au moment de revoir les mêmes lieux après tant d'années, je suis curieux de comparer mes impressions à un demi-siècle de distance; j'ouvre donc mon journal sous la date du 25 septembre, et je lis:

VOYAGE A FERNEY EN 1776. — 22 *septembre.*

Nous arrivons à Ferney; je suis frappé de la propreté, de l'élégance de ce joli village. « Il y a seize ans, me dit mon père, que je l'ai traversé pour la première fois en allant à Genève; il n'y avait alors qu'une douzaine de chaumières où languissaient quelques malheureux: aujourd'hui vous y voyez cent vingt-deux jolies maisons entourées d'arbres, occupées par autant de familles industrieuses, et renfermant une population de douze cents habitants; tout ici respire l'aisance et le bonheur: ce bonheur est l'ouvrage de Voltaire.

« Vous allez le voir, mon fils, ce vieillard dont la renommée remplit aujourd'hui le monde, et dont la mémoire se perpétuera d'âge en âge au milieu des bénédictions de la postérité..... vous allez le voir, et ce moment ne sortira jamais de votre souvenir. »

Nous quittons la route de Genève, et nous suivons une avenue de tilleuls qui nous conduit au château de Ferney : avant d'y entrer, mon père me fait remarquer, en avant du mur d'enceinte, deux petits édifices placés à droite et à gauche de la grille; l'un est l'église, avec cette inscription, *Deo erexit Voltaire,* et l'autre la salle de spectacle. J'avais fait part à mon père d'une réflexion que ce rapprochement me suggérait, il n'a pas eu le temps de me répondre: nous entrons dans la cour, où je remarque avec surprise que nous passons entre deux haies de jeunes gens en uniforme vert et rouge, qui s'intitulent eux-mêmes en riant, *Gardes-du corps de Voltaire.*

Ce n'était pas à nous qu'on rendait ces honneurs, mais à un illustre voyageur dont la voiture précédait la nôtre : j'ai su un moment après que c'était le prince de Hesse-Darmstadt.

Après avoir traversé un vestibule de forme octogone, décoré de quelques statues, un valet de chambre nous introduit au salon, où nous trouvons réunis madame Denis, deux jeunes demoiselles, et quelques étrangers dont j'ignore encore les noms.

Mon père a été reçu par madame Denis comme une vieille connaissance; cette dame m'a comblé de caresses, et pour la première preuve d'affection elle m'a permis d'aller courir dans le jardin et dans le village en attendant l'heure du dîner, où son oncle devait assister ce jour-là par extraordinaire.

Madame Denis, en m'accompagnant dans la cour, m'a confié à un jeune homme appelé Mignolet, qui commandait la compagnie verte des gardes-du-corps[1].

---

[1] M. Mignolet est, de toutes les personnes que j'ai vues à Ferney en 1776, la seule qui vive encore : il est établi, à l'époque où j'écris, dans la rue Helvétius, à laquelle on a rendu depuis deux ans son vieux nom de Sainte-Anne ; il continue à exercer honorablement la profession d'horloger. C'est une particularité bien remarquable dans la vie de cet estimable artiste que ses relations avec Voltaire et Mirabeau : témoin de la mort de ces deux grands hommes, il les assista l'un et l'autre à leurs derniers moments, et le culte d'amour et de reconnaissance qu'il paie encore à leur mémoire honore à-la-fois son cœur et son caractère.

Pendant notre promenade, mon jeune guide m'a appris que c'était aujourd'hui grande fête au château : M. de Trudaine, arrivé à Ferney la veille au soir, en était le principal objet. M. Mignolet m'a d'abord conduit sur la terrasse; le temps était superbe : j'ai pu distinguer la cime du Mont-Blanc, qui s'élevait au-dessus des légers nuages dont l'horizon était parsemé.

Après avoir parcouru le jardin dans tous les sens et fait deux fois le tour d'une longue allée de peupliers qui n'a pas moins d'un grand quart de lieue, nous sommes venus nous reposer sous un berceau de charmille où M. de Voltaire vient se promener quand il se décide à quitter sa chambre; du côté de la campagne on y a pratiqué, de distance en distance, de petites ouvertures dans le feuillage, à travers lesquelles on découvre un paysage enchanteur. Rien de plus joli que le village; nous l'avons visité maison par maison, et il n'en est pas une où je n'aie entendu bénir l'adorable vieillard qui a ressuscité l'âge d'or sur le petit coin de terre où il achève sa vie.

Dans la maison du chef de la fabrique d'horlogerie que M. de Voltaire a fondée à Ferney on lit ces vers, gravés sur le marbre, au-dessus du buste du seigneur de Ferney :

« J'ai fait un peu de bien, c'est mon meilleur ouvrage;
« Mon séjour est charmant, mais il était sauvage.

« Depuis le grand édit, muet, inhabité,
« Ignoré des humains dans sa triste beauté,
« La nature y mourait : je lui portai la vie;
« J'osai ranimer tout. Ma pénible industrie
« Rassembla des colons par la misère épars;
« J'appelai les métiers qui précèdent les arts;
« Et, pour mieux cimenter notre utile entreprise,
« J'unis le protestant avec ma sainte Église. »

Ces dix vers renferment l'histoire entière de Ferney.....

J'allais visiter la manufacture de terre commune, également fondée par M. de Voltaire... La cloche du dîner me rappelle au château.

On se met à table sans attendre le maître de la maison : j'étais placé entre mademoiselle Corneille[1] et mademoiselle Reine de Varicourt[2]. Cette dernière est charmante; elle n'est ici que depuis quelques mois : le lendemain de son arrivée, M. de Voltaire l'appela *belle et bonne;* le nom lui en restera.

Les autres convives étaient M. de Trudaine, le prince de Hesse, M. Vanière, premier secrétaire du grand homme; M. Luçon, musicien et secrétaire en

---

[1] On sait que Voltaire maria depuis et dota de quatre-vingt-dix mille francs cette nièce du grand Corneille.

[2] Depuis, madame la marquise de Villette, surnommée par lui *belle et bonne*, et dotée de cinquante mille écus. Cette dame est morte l'année dernière, et le nom de son illustre bienfaiteur échappa de sa bouche avec son dernier soupir.

second; le père Adam, un ministre protestant de Genève, M. Meister[1] de Zurich, mon père, et moi.

Mademoiselle de Varicourt avait derrière sa chaise un domestique nommé Morand[2]; je ne veux pas oublier le nom de cet homme si recommandable par son attachement à la personne de son maître.

Pendant tout le dîner il n'a été question que du spectacle touchant dont le château de Ferney avait été le théâtre le dimanche précédent.

De temps immémorial, le pays de Gex était écrasé sous le poids énorme de l'impôt du sel; l'impôt sur le tabac n'était pas moins onéreux: M. de Voltaire, après plusieurs années de soins, de démarches, et de réclamations, est parvenu à racheter ce double droit de ses propres deniers. Les habitants de la campagne ont reçu avec des transports de reconnaissance un bienfait qui avait pour résultat de leur procurer à deux sous et demi le sel qu'ils payaient treize sous.

Dimanche dernier une députation de tous les villages du pays de Gex, sous la conduite du doyen d'âge, est arrivée au bruit des tambours et de la

---

[1] Ami de Diderot, et auteur des *Lettres sur l'Imagination*.

[2] Il suivit Voltaire à Paris; et, pour ne pas s'en séparer même après sa mort, il employa le reste de sa vie à sculpter en ivoire des portraits de Voltaire, qu'il vendait chez le portier de l'hôtel de Villette, où il avait une chambre.

musique; toute la population de Ferney lui servait de cortége: trop nombreux pour être introduits dans le château, M. de Voltaire est venu les recevoir sur le perron.

M. Vanière, en racontant les détails de cette touchante solennité, a arraché des larmes de tous les yeux. La harangue de l'ancien du pays avait été terminée au milieu des cris de *vive Voltaire!* En la répétant mot pour mot, M. Vanière excitait les mêmes acclamations de la part des convives..... C'est en ce moment que M. de Voltaire est sorti de sa chambre.

Tout le monde s'est levé.... Le prince de Hesse était le plus près de lui, mais M. de Trudaine a obtenu son premier hommage: « Salut, avant tout, au ministre citoyen, lui a-t-il dit en lui tendant les bras; j'aurais été fâché de mourir sans voir cette merveille. »

Ensuite il s'est approché du prince allemand: «Soyez le bienvenu, monseigneur, tout hérétique que vous êtes; si vous êtes un pécheur endurci, frère Voltaire priera pour vous; si la grace vous touche, père Adam est là pour vous convertir.

« Pour vous, dit-il en embrassant mon père, maudit esprit de la famille d'Helvétius, je ne désespèrerai point de votre salut aussi long-temps que vous aurez foi à mes reliques. »

Mon père m'a présenté au grand homme, qui

m'a regardé avec beaucoup d'attention... J'ai pleuré en lui baisant la main. «Il y a quelque chose dans ce cœur-là, dit-il.—Je le crois bien, a répondu mon père; c'est là qu'est sa mémoire; il vous sait par cœur. »

M. de Voltaire alla prendre place entre M. de Trudaine et mademoiselle de Varicourt: j'épiais toutes les paroles qui sortaient de sa bouche; j'ai retenu souvent, sans les comprendre, plusieurs traits qui lui sont échappés dans une conversation qui changea vingt fois d'objet : je les transcris le soir même dans mon journal.

«— Ce n'est point des Hibernois, c'est de nos Français qu'il faut dire :

Gens ratione furens et mentes pasta chimæris.

—Heureux abbé de Senones! Il me demandait un jour des nouvelles; je lui dis que madame de Pompadour était morte : *Qu'est-ce que madame de Pompadour?* m'a-t-il répondu.

—Turc, tu crois en Dieu par Mahomet; Indien, par Wisnou; Chinois, par Fohi; Japonais, par Xaca : eh! misérable, que ne crois-tu en Dieu par toi-même?

—Nos savants d'Allemagne sont comme les étoiles du pôle; ils marchent toujours et n'avancent jamais.

—Oui, sans doute, Corneille s'affaiblit en vieillissant; le plus beau soleil n'a-t-il pas son crépuscule?

... Je les hais (les fanatiques), je les méprise; il y a soixante ans que je le répète, et je mourrai sur mon opinion.

— La vérité, pour être utile, a besoin d'un grain de mensonge; l'or pur ne saurait être mis en œuvre sans un peu d'alliage.

— Ce fou de Pascal est quelquefois sublime; mais le plus souvent il obscurcit la question : c'est le géant Cacus, qui vomit des torrents de fumée quand Hercule le presse.

— On a admiré ce vers, que le Dante a placé sur la porte de l'enfer :

Lasciate ogni speranza voi ch' intrate.

Mais ne conviendrait-il pas également au paradis?»

Le prince de Hesse lui demandait pourquoi il n'était pas retourné en Prusse pour y reprendre des effets précieux qu'il y avait laissés : « Ulysse, répondit-il, ne retourna pas dans l'antre du cyclope pour y prendre ses habits. »

«— J'ai ouï dire au duc de Brancas qu'après la bataille de Ramillies Louis XIV s'était écrié : « Est-ce que Dieu aurait oublié ce que j'ai fait pour lui? »

— Sublime majesté, hier on vous parlait à genoux; aujourd'hui vous avez une indigestion, votre médecin vous saigne, votre jésuite vous confesse, vous mourez, on jette quelques pelletées de terre sur votre royal cadavre, en voilà pour jamais.

— Je suis comme le *formicaleo*, je m'enterre ici pour prendre des mouches. »

M. de Voltaire s'est mis à table et n'a point mangé : depuis quelques années il suit un régime particulier dont il ne s'écarte jamais. Il prend une tasse de café à onze heures, le matin, mange une panade à deux heures, et une aile de volaille froide à dix heures et demie du soir.

Après dîner on est rentré au salon, où se trouvaient réunies plusieurs personnes de Genève et des environs. M. de Trudaine a été l'objet de tous les hommages, et mademoiselle de Varicourt lui a adressé, avec beaucoup de grace, des vers que M. de Voltaire venait d'improviser. Je regrette de ne les avoir pas retenus.

Mon père avait parlé de ma mémoire, et de mon talent pour la déclamation; M. de Voltaire a voulu m'entendre.

Au grand étonnement et à la grande satisfaction de mon auditoire, j'ai récité *la mort de Coligni*, le premier acte *de Brutus*, et successivement les morceaux les plus remarquables des *œuvres poétiques*, qui m'ont été indiqués par mes auditeurs; j'ai reçu les compliments et les félicitations de toute l'assemblée, et pour comble de bonheur j'ai été embrassé par M. de Voltaire et par mademoiselle de Varicourt.

La nuit venue, nous avons été jouir sur la terrasse

du spectacle de l'illumination du château, et du feu d'artifice, que le jeune Mignolet et M. Vanière avaient préparés.

Après le feu d'artifice on a dansé; les jeunes filles et les jeunes garçons du village étaient invités au bal, dont le capitaine Mignolet était encore l'ordonnateur : M. Luçon, le second secrétaire, et un ménétrier de Genève composaient l'orchestre.

M. de Voltaire a beaucoup ri en me voyant danser le menuet avec madame Denis : il a prétendu que ce tableau lui rappelait celui d'Olben. Fort heureusement madame Denis n'a point entendu.

Il s'est retiré à onze heures, et le bal a duré jusqu'à trois heures du matin.

Nous devions partir pour Genève à sept heures; je me suis couché sur un canapé dans le salon, et à mon réveil j'ai eu le temps d'examiner les peintures dont cette pièce est décorée :

Sur un des panneaux à droite de la porte d'entrée, un tableau représentant *des Amours endormis*.

Sur le panneau à gauche, pour pendant, la *Toilette de Vénus*.

Mon père dit que ces deux tableaux de l'école italienne sont à peine au-dessus du médiocre, et qu'ils peuvent néanmoins passer pour des chefs-d'œuvre à côté de l'*Apothéose* qui se trouve au-dessus de la porte du fond; ce dernier tableau représente *Voltaire reçu par Apollon au temple de la Gloire;* la famille de Calas et l'impératrice de Russie l'accompagnent : des génies couronnent le poète philosophe pendant que les furies flagellent les auteurs des *Trois siècles*, de l'*Apologie de la Saint-Barthélemi*, des *Erreurs de Voltaire*, et de l'*Année littéraire*. Ce tableau est de l'invention de madame Denis, qui l'a fait exécuter l'année dernière pour la fete de son oncle, par un peintre ambulant.

Je suis parti à mon grand regret sans avoir vu la chambre à coucher de M. de Voltaire.

VOYAGE A FERNEY. — 1822.

Après un demi-siècle je revois Ferney, et telle est la fraîcheur de mes souvenirs, que je reconnais et que je nomme à mon jeune compagnon de voyage les moindres objets qui s'offrent à mes yeux.

Le village a conservé quelques traces de son ancienne splendeur, mais la population en est réduite de plus de moitié.

Les possesseurs actuels du château, de la famille de ceux à qui Voltaire avait acheté cette propriété seigneuriale, accueillent les étrangers avec une extrême complaisance : ils ont mis à nos ordres un domestique spécialement chargé de faire voir aux voyageurs la partie du château, c'est-à-dire le salon et la chambre à coucher, à laquelle il n'a pas été fait le moindre changement depuis 1778.

En effet j'ai trouvé le salon tel que je l'avais laissé quarante-cinq ans auparavant; j'ai reconnu la tapisserie rouge, la vieille cheminée chargée de dorures, et jusqu'au canapé sur lequel je m'étais endormi à la suite du bal donné en l'honneur de M. de Trudaine. Si le temps n'a rien ajouté au mérite des tableaux qui décorent cette pièce, du moins a-t-il beaucoup augmenté leur valeur : on m'a assuré que le propriétaire actuel en avait refusé une somme considérable.

La chambre à coucher, que je n'avais pu voir à mon premier voyage, est littéralement dans le même état où elle se trouvait le jour où le monarque du monde littéraire quitta Ferney pour venir à Paris trouver le triomphe et la mort; rien n'a encore été changé ni à l'ameublement ni même à l'arrangement des meubles; en voici la description et l'inventaire :

Cette chambre est un parallélogramme de quinze pieds de long sur douze de large : parquet en bois, lambris à hauteur d'appui, tenture damassée bleue et jaune; lit en bois de hêtre non peint, couverture d'indienne imprimée dans le genre des dessins de cachemires; rideaux de lit comme la tenture, déchiquetés à coups de ciseaux par ceux qui sont venus visiter Ferney et qui ont voulu emporter quelques reliques du patriarche de la philosophie : maintenant on n'y peut plus atteindre : une table de nuit en bois indigène; un fauteuil et six chaises en velours vert, plusieurs cannes dans un coin de la chambre près de la tête du lit. Les portraits qui ornent cette chambre y sont placés dans l'ordre suivant :

1° Portrait de *Le Kain* entre les rideaux, frappant par sa ressemblance en laid avec notre admirable acteur Talma.

2° Sur le même panneau, à droite du portrait de Le Kain, celui du *grand Frédéric*, remarquable par la vivacité du coloris.

3° En pendant au portrait du roi de Prusse, sur le même panneau à gauche, le portrait de *Voltaire* à l'âge de quarante-cinq ans.

4° En face du lit, sur un des grands côtés, le portrait de *madame Du Châtelet*.

5° En pendant du côté opposé, le portrait de *Catherine-la-Grande*, brodé en soie par un nommé Lasalle, et présenté à Voltaire par l'auteur.

Une cheminée de marbre blanc, de forme assez gothique :

Vis-à-vis, une espèce de cénotaphe au-dessus duquel est écrit : *Mes mânes sont consolés, puisque mon cœur est au milieu de vous;* et sur le cénotaphe même : *Son esprit est par-tout, et son cœur est ici.* Ce cœur n'est plus à Ferney; madame de Villette a enlevé ce trésor dont elle connaissait tout le prix.

La table de marbre qui portait cette inscription a été brisée par des Autrichiens! Les barbares! quoi! ils n'ont pas laissé le temps exercer lentement ses ravages! Les Français, en Espagne, ont respecté le village du Toboso en l'honneur de l'historien de *Don Quichotte;* et ces vandales enrégimentés n'ont pas respecté le monument consacré à la gloire de Voltaire!

Entre le cénotaphe et la porte se trouvent trois cadres au-dessus les uns des autres: le plus élevé renferme un joli portrait en pastel, représentant la *blanchisseuse de Voltaire* peinte en vierge.

Au-dessous, le portrait gravé du *pape Clément XIV*, et sous la gravure un autre portrait au pastel et non moins remarquable que le premier, représentant le *petit Ramoneur* du château, enfant d'une figure charmante.

Sur le côté de la chambre qui fait face au lit, plusieurs gravures dans l'ordre suivant:

A droite.	*Au centre.*	*A gauche.*
THOMAS,	LEIBNITZ,	D'ALEMBERT,
HELVÉTIUS,	MAIRAN,	LE DUC DE CHOISEUL,
	LES CALAS,	
DIDEROT,	NEWTON,	FRANCKLIN,
RACINE,	WASHINGTON,	CORNEILLE,
DELILLE,	LAFAYETTE,	MILTON.

Au bas du portrait de Washington, on lit cette inscription de la main de Voltaire:

Ne quid detrimenti capiat respublica.

Au bas du portrait de Delille, ce vers d'Horace inscrit par Voltaire:

Nulli flebilior quam tibi, Virgili.

Au bas du portrait de Leibnitz, Voltaire a inscrit ce quatrain:

Il fut dans l'univers connu par ses ouvrages,
Et dans son pays même il se fit respecter;
Il instruisit les rois, il éclaira les sages:
   Plus sage qu'eux, il sut douter.

Après avoir écrit ces notes au crayon sur une vieille commode en marqueterie, seul meuble de cette chambre dont je n'aie pas parlé, je m'abandonne aux réflexions que ce lieu m'inspire.

C'est ici, dans cette étroite enceinte, qu'a vécu, pendant près de vingt ans, cet homme prodigieux à qui seul il a été donné de soumettre la puissance au génie, de flétrir tous les préjugés de son siècle, et de venger l'humanité et la raison des longs outrages du despotisme et de la superstition. Je ne puis faire un pas dans cette chambre ou plutôt dans ce sanctuaire sans y rencontrer ses traces: j'interroge les annales du monde, et j'évoque ici les ombres illustres dont s'enorgueillissent tous les peuples et tous les siècles; c'est d'elles-mêmes que Voltaire reçoit sa couronne immortelle.

Quel autre écrivain a jamais réuni le goût le plus pur au génie le plus sublime; l'imagination la plus ardente à la pensée la plus juste; la grace la plus touchante à l'érudition la plus profonde?

Quel historien a porté plus de lumière dans ce chaos d'erreurs, de préjugés, et de mensonges, que l'on appelle l'histoire?

Quel poète a su, comme l'Apollon français, faire entendre tour-à-tour sur sa lyre les accords des neufs Muses? Quel autre avant lui avait fait parler à la philosophie le langage des dieux?

Quel philosophe s'est attaché avec plus de constance à la recherche de la vérité; a donné plus de charmes à la sagesse, plus d'empire à la vertu?

Quel moraliste a signalé les travers de son siècle avec une ironie plus sanglante, a stigmatisé ses vices d'un vers plus brûlant?

Qui le croirait cependant, cet homme unique, admirable exception de l'espèce humaine, ce Voltaire sans rival, à qui les anciens eussent élevé un temple, dont le nom est le premier titre de gloire de sa patrie, a vécu dans l'exil; et, quarante-cinq ans après sa mort, la Sottise et l'Envie, debout auprès de l'urne qui renferme sa cendre, s'occupent encore *à remuer sa cendre avec des poignards.*

D'imbéciles énergumènes, possédés du démon

du fanatisme et du pouvoir absolu, ne cessent de répéter que Voltaire est l'auteur de la révolution. Sans doute il eût applaudi de toutes ses forces à une révolution qui consacrait la destruction des abus auxquels il avait déclaré durant sa vie une guerre si active et si courageuse; il aurait béni cette assemblée nationale qui proclama l'abolition des droits féodaux, des dîmes, de la corvée, de la main-morte; qui détruisit les priviléges exclusifs de la noblesse et du clergé, la vénalité des charges, les lettres de cachets, la torture, l'atrocité des supplices, l'entassement des malades dans les hôpitaux, l'établissement des cimetières au milieu des villes, les institutions monacales; il aurait béni l'édit qui décréta la liberté de la presse, la réforme des codes civil et criminel, l'uniformité des poids et mesures, l'égale répartition des impôts décrétée par les députés de la nation; sans doute Voltaire, témoin de tous ces prodiges, se fût écrié : « Courage, roi des Français! courage, mandataires du grand peuple! achevez de détruire tous les maux que j'ai signalés, de faire tout le bien que j'ai provoqué dans mes écrits. »

Mais à quels Français, aussi long-temps qu'ils sauront lire, espère-t-on faire accroire que l'auteur de *la Henriade* et du *Siècle de Louis XIV*, que le panégyriste de Louis IX et le chantre de Fontenoy ait contribué par ses écrits à la chute d'un trône auquel se rattachaient ses plus beaux titres de gloire? que l'écrivain qui accorda de si justes éloges aux édits bienfaisants qui signalèrent les trois premières années du règne de Louis XVI, ait amené les malheurs d'une famille dont il a immortalisé les vertus?

Ne faut-il pas avoir renoncé à sa raison pour oser dire que l'écrivain qui avait pris pour devise *haine aux persécuteurs* a provoqué des crimes qu'il a voués à l'exécration des siècles? l'entendez-vous s'écrier :

Exterminez, grand Dieu, de la terre où nous sommes
Quiconque avec plaisir répand le sang des hommes!

Vous ne pouvez nier que Voltaire, témoin des excès de la révolution, en eût été la première victime; poussez donc la démence jusqu'à l'accuser d'en avoir été par anticipation l'instigateur et le complice.

« S'il est vrai, continuent les ennemis de Voltaire, qu'il eût abjuré les hommes de la terreur, il ne l'est pas moins qu'il en a préparé le règne en semant l'incrédulité dans tous les cœurs, en propageant l'athéisme dans tous les esprits. »

Vous mentez effrontément, répondrai-je en style de Saumaise à ces nouveaux tartufes : Voltaire un athée!... celui qui fit ce vers à jamais gravé dans la mémoire des hommes :

Si Dieu n'existait pas, il faudrait l'inventer.

Celui qui réfuta si violemment *le Système de la nature*, et même le livre de *l'Esprit*, dont il aimait tendrement l'auteur; l'auteur *d'Alzire*, et du poëme *de la Loi naturelle!*... Voltaire, croyait et voulait que l'on crût à l'existence d'un Dieu rémunérateur et vengeur, d'un Dieu de paix et de bonté, devant lequel tous les hommes sont égaux, qui vous tiendra plus de compte d'une bonne action que d'une longue prière; d'un Dieu qui venge l'innocence, qui hait l'hypocrite, et qui punit l'oppresseur; la religion de Voltaire est celle de Fénélon, de Socrate, de Confucius, de Marc-Auréle : sa religion n'est pas la vôtre... Je ne sais combien de temps je serais resté absorbé dans des réflexions que réveillait dans mon esprit chacun des objets dont j'étais entouré, si le banquier de Genève, qui m'avait accompagné au château, n'était venu m'avertir que notre dîner d'auberge était servi. Je ne sortis pas de la maison de Voltaire sans éprouver un serrement de cœur auquel je deviens chaque jour plus sujet en m'éloignant des lieux que j'aime, avec la certitude de les avoir vus pour la dernière fois.

Pendant le dîner, où M. N*** ne manqua pas d'inviter le jardinier de Voltaire, qui vit encore, on peut croire qu'il ne se dit pas un mot dont le grand homme ne fût l'objet. On aurait de la peine à s'imaginer la surprise du vieux jardinier en apprenant que celui qu'il n'entend jamais nommer sans porter

la main à son cœur avait eu beaucoup d'ennemis dans sa vie, et qu'il existait des hommes à qui sa mémoire était en horreur : « Dieu me préserve de les rencontrer jamais ma bêche à la main, s'écria le vieillard; je sens que j'aurais de la peine.... »
M. N*** calma le courroux du bon homme en l'assurant que le patriarche de Ferney n'avait eu et n'avait pour ennemis que les sots, les méchants, les hypocrites, et les ineptes barbouilleurs de papier de son temps et du nôtre. « Cela me fait souvenir, ajouta-t-il, que j'ai fait une vie de Voltaire d'un genre tout-à-fait nouveau. » Je lui témoignai ma surprise de ne point connaître cet intéressant ouvrage.
— C'est un plaisir que je puis vous donner à l'instant même, reprit-il en tirant de sa poche une feuille de papier qu'il déploya devant moi : en ma qualité de banquier, je fais plus de cas des faits que des phrases; j'ai donc imaginé de dresser le bilan de ce grand capitaliste pour savoir à quoi m'en tenir sur sa fortune : je lui ai ouvert un compte en partie double; le voici : nous pouvons le vérifier ensemble. J'ai pris tant de plaisir à cet examen que je veux mettre les lecteurs à portée d'en vérifier eux-mêmes les résultats.

VOLTAIRE A LA POSTÉRITÉ.

COMPTE RENDU.

ACTIONS.

BONNES.

Fondation de Ferney.
Établissement d'une fabrique d'horlogerie.
Établissement d'une manufacture de vases de terre.
Quatre-vingts maisons bâties à ses frais.
Il y installe autant de familles.
Plan de la ville de Versoy.
Le pays de Gex affranchi des droits de douane.
Affranchissement de douze cents serfs du mont Jura.
Mémoire de Calas réhabilitée.
Sirven, Martin, Montbailly, arrachés à l'échafaud.
Défense du général Lally, de La Barre, de Détalonde, de l'amiral Byng, du comte de Morangiès.
Asile donné à Delisle de Sales.
Laboureur de Ferney arraché à la prison par Voltaire, qui paie pour lui une

MAUVAISES.

Voltaire, chambellan du roi de Prusse.
Voltaire, ennemi de J. J. Rousseau.
Voltaire, flatteur du duc de Richelieu.

ACTIONS.

BONNES. **MAUVAISES.**

somme de huit mille francs.

Paysan de Gex sauvé par Voltaire, qui paie pour lui une somme de trois mille cinq cents francs.

Nièce de Corneille dotée de quatre-vingt-dix mille francs.

Mademoiselle de Varicourt dotée de cent cinquante mille francs.

Somme de quinze mille francs payée pour dégager le patrimoine d'orphelins, au moment d'être dépouillés par les jésuites.

Réclamations contre les dîmes, la corvée, les lettres de cachet, la vénalité des charges, le droit de mainmorte, les institutions monacales, la torture; en faveur de la liberté de la presse, de l'égale répartition des impôts, de l'uniformité des poids et mesures, de la réforme des codes.

Gens de lettres sans nombre, protégés, secourus de son argent et de son crédit.

RELATIONS SOCIALES.

AMIS.	ENNEMIS.
D'Alembert.	L'abbé Desfontaines.
Vauvenargues.	L'abbé Fréron.
Diderot.	L'abbé Patouillet.
Frédéric II.	L'abbé Nonotte.
Condorcet.	L'abbé Bordoré.
Stanislas de Pologne.	L'abbé Cogé.
La Condamine.	L'abbé Gauchet.
Le pape Benoît XIV.	L'abbé Dinouart.
Guibert.	L'abbé Pérusseau.
Servan.	L'abbé Joannet.
Lord Hervey.	L'abbé Griffet.
Gaillard.	L'abbé Desbillons.
Fréret.	L'abbé Guyon.
Schouwaloff.	L'abbé Bussier.
Boulanger.	L'abbé Briet.
Necker.	L'abbé Pézenas.
Le président Hénault.	L'abbé Simonet.
Boufflers.	L'abbé Neuville.
Montesquieu.	L'abbé Castel.
Galitzin.	L'abbé Huet.
Bernis.	L'abbé Bergier.
Helvétius.	L'abbé Laborde.
Duclos.	L'abbé Garnier.
Raynal.	L'abbé Berthier.
Chesterfield.	Le récollet Hayer.
Florian.	Le cordelier Viret.
Morellet.	Le convulsionnaire Abraham Chaumeix.
Ducis.	
Élie de Beaumont.	L'abbé Geoffroy.
Chastellux.	Le libraire Gore.
Delille.	M. Hugo.

RELATIONS SOCIALES.

AMIS.	ENNEMIS.
Villette.	M. Mazure.
La margrave de Bareith.	M. Lepau.
Dupaty.	M. le capitaine Paillet de Warcy.
D'Olivet.	Napoléon Bonaparte.
Dargens.	
Saint-Foix.	
Champfort.	
Saurin.	
Lyttleton.	
Chauvelin.	
La Harpe.	
Marmontel.	
Rameau.	
Ximenès.	
Le duc de Villars.	
Tronchin.	
Le prince de Ligne.	
Malesherbes.	
Turgot.	
Trudaine.	
D'Argental.	
Chaulieu.	
Tressan.	
Le père Porée.	
Swift.	
Le Kain.	
Mairan.	
Lebrun.	
Clairaut.	
Shaftbury.	
Algarotti.	
Le comte d'Estaing.	
Madame du Deffant.	

RELATIONS SOCIALES.

AMIS.	ENNEMIS.
Madame de Graffigny.	
Goethe.	
Hume.	
S'Gravesende.	
Capperonier.	
Voyer d'Argenson.	
Choiseul (le duc.)	
Deformont.	
L'évêque Taylor.	
Walpole.	
Bolingbroke.	
Madame Du Bocage.	
Mesdemoiselles Quinault,	
Clairon,	
Dumesnil.	
Le maréchal de Villars.	
La maréchale de Villars.	
Le père Adam.	
Cideville.	
Damilaville.	
Le prince de Beauveau.	
Le comte de Rochefort.	
Le marquis de Villevielle.	
Le prince de Galitzin.	
Madame Necker.	
Grimm.	
Saint-Lambert.	
Mademoiselle Lespinasse.	
Le Régent.	
Madame la marquise DU CHATELET.	
Madame la marquise de VILLETTE.	

OUVRAGES.

BONS.	MAUVAIS.
La Henriade. Seul poème épique qu'ait encore eu la France.	*La guerre civile de Genève,* à l'exception d'une soixantaine de vers qui appartiennent à l'autre colonne.
Direction philosophique imprimée à la tragédie, à l'épitre, à l'histoire.	*Essais malheureux de comédies satiriques.*
Dix tragédies, rivales des chefs-d'œuvre de la scène ancienne et moderne.	Quatre vers de mauvais goût dans le *Pauvre-Diable.*
Fondation d'une nouvelle école poétique.	*Agathocle* et les *lois de Minos,* mauvaises tragédies qui feraient la fortune de la plupart de nos auteurs modernes.
Essai sur les mœurs des nations. Siècle de Louis XIV. Annales de l'Empire. Vie de Charles XII. Histoire du Parlement.	
Création d'un nouveau genre de romans. *Candide, Zadig, Micromégas, le Huron, l'Homme aux quarante écus.*	
Poëmes critiques et philosophiques. *Épitres, satires, contes.*	
Comédies d'un genre nouveau. *Nanine, l'Écossaise, l'Enfant prodigue.*	
Deux opéra, modèles du genre.	
Chefs-d'œuvre de poésies fugitives.	

OUVRAGES.

BONS.	MAUVAIS.
Chefs-d'œuvre de littérature mêlée, et de polémique critique et burlesque.	
L'Arioste égalé ou surpassé dans le poeme héroï-comique de *la Pucelle*.	
Modèles de traductions de tous les idiomes anciens et modernes.	
Questions sur l'Encyclopédie.	
Travaux scientifiques. *Éléments de philosophie de Newton. Essai sur la nature du feu. Doutes sur la nature des forces motrices. Institution physique.*	
La plus vaste et la plus spirituelle correspondance.	
En un mot, cent volumes, dont soixante sont des chefs-d'œuvre.	
Dernières lignes de Voltaire expirant à M. le comte de Lally, en apprenant la rescision de l'arrêt qui avait condamné son père. *Le mourant ressuscite en apprenant cette grande nouvelle: il embrasse tendrement M. de Lally; il voit que le roi sera le défenseur de la justice: il meurt content.*	

SOLDE DE COMPTE.

Défalcation faite des non-valeurs, après avoir balancé l'actif et le passif de François Arouet de Voltaire, reste pour somme totale : LE PLUS PUISSANT GÉNIE, LE PLUS GRAND ÉCRIVAIN, ET LE MEILLEUR HOMME qui ait *encore paru sur la terre.*

Ainsi fait et arrêté, sauf erreur et omission.

A Ferney, le 1er du mois d'Auguste 1822.

FRANÇAIS et Comp.

En quittant Ferney, je jetai un dernier coup d'œil sur l'habitation du grand homme et sur les campagnes environnantes. Voilà, me dis-je, l'emblème le plus juste de cet esprit si vaste et si mesuré; de ce génie à-la-fois régulier et sublime: des allées droites et spacieuses, au milieu d'un parterre dessiné avec un goût exquis et émaillé de fleurs de tous les climats et de toutes les saisons; un monument simple, élégant, et solide, d'où l'on découvre le Mont-Blanc, la chaîne des Alpes, et toutes les magnificences de la nature.

FIN DU TROISIÈME VOLUME.

TABLE.

N° LXVI.	Le département de l'Isère. Le Deuil.. page	3
LXVII.	Saint-Marcelin........................	21
LXVIII.	La Sentence télégraphique.............	26
LXIX.	Les anciens Dauphins.................	41
LXX.	Mon Oreiller........................	53
LXXI.	Grenoble............................	71
LXXII.	Les Marronniers de Lesdiguières.......	89
LXXIII.	Le Gratin...........................	96
LXXIV.	La Lhauda...........................	107
LXXV.	Suite de Grenoble....................	124
LXXVI.	La Chartreuse........................	131
LXXVII.	L'Espion............................	140
LXXVIII.	Le Diplomate........................	153
LXXIX.	Le Trésorier de France...............	158
LXXX.	Les Hautes-Alpes.....................	170
LXXXI.	Gap.................................	201
LXXXII.	Chorges.............................	232
LXXXIII.	Embrun..............................	242
LXXXIV.	Briançon............................	251
LXXXV.	Le Retour...........................	270
LXXXVI.	Vienne..............................	276
LXXXVII.	Histoire de Lyon.....................	297
LXXXVIII.	La Ville............................	334

N° LXXXIX. Seconde course dans Lyon....... page 375
       XC. L'Échevinage...................... 394
      XCI. Le Dimanche à Lyon............... 414
     XCII. Ferney-Voltaire 433

FIN DE LA TABLE.

www.ingramcontent.com/pod-product-compliance
Lightning Source LLC
Chambersburg PA
CBHW070526230426
43665CB00014B/1585